Tomo ?

Moisés
el libertador

LA EDITORIAL DE SU CONFIANZA
Autor Reconocido

Dr. Kittim Silva

PORTAVOZ

La misión de *Editorial Portavoz* consiste en proporcionar productos de calidad —con integridad y excelencia—, desde una perspectiva bíblica y confiable, que animen a las personas a conocer y servir a Jesucristo.

De la serie: *Sermones de grandes personajes bíblicos.*

Tomo 7: Moisés el libertador, © 2010 por Kittim Silva y publicado por Editorial Portavoz, filial de Kregel Publications, Grand Rapids, Michigan 49501. Todos los derechos reservados.

EDITORIAL PORTAVOZ
P.O. Box 2607
Grand Rapids, Michigan 49501 USA

Visítenos en: www.portavoz.com

ISBN 978-0-8254-1772-6

1 2 3 4 5 edición / año 14 13 12 11 10

Impreso en los Estados Unidos de América
Printed in the United States of America

Dedicado al

Rvdo. Dr. José Martínez

Eres como un Josué que se paró al lado de un Moisés;
como un Eliseo que caminó al lado de un Elías;
como un Jonatán que recorrió al lado de un David.
José Martínez, has sido un amigo que luchó al lado mío
en un tiempo cuando la lealtad de unos me abandonó,
y la traición y el olvido de otros me acompañaron.
Como amigo pusiste tu "capa y espada" a mi servicio.
Juntos hemos prevalecido y estamos en pie de guerra espiritual.

José, ¡eso nunca lo olvidaré!

CONTENIDO

5

PRÓLOGO

Nuevamente llego al lector con otro libro de mi serie *Sermones de grandes personajes bíblicos*. Esta vez sumo el título *Moisés, el libertador*. Espero que este libro, otra de mis muchas aventuras homiléticas, sea útil a todos aquellos y aquellas que han recibido un llamado al ministerio para servir a la Iglesia de Jesucristo y en ella. Cada uno de estos sermones fue expuesto desde el púlpito de la *Iglesia Pentecostal de Jesucristo de Queens, Inc.* (IPJQ). Luego compartí varios sermones en congresos internacionales, convenciones conciliares y en congregaciones locales, tanto nacionales como internacionales. Algunas de esas audiencias selectas que escucharon las exposiciones de estos sermones fueron varios distritos de las Asambleas de Dios en México. La aceptación general del público ha sido muy positiva.

Moisés es el último de muchos longevos en la Biblia, que llegó a ver su cumpleaños ciento veinte. En longevidad sobrepasó a su hermana María y a su hermano Aarón, que murieron en el año cuarenta del éxodo de Egipto, destino que también le tocó a Moisés. Debido a que este líder golpeó la peña en Cades Meriba, él y su hermano fueron impedidos de entrar a la tierra prometida (Nm. 20:12). Esos ciento veinte años se dividen magistralmente en tres periodos de cuarenta años cada uno.

El *primer periodo de cuarenta años*, Moisés lo vivió en una cultura de adopción como príncipe egipcio, criado por la hija de Faraón, posiblemente la hermana de Ramsés II, cuya momia he visto en el Museo del Cairo en Egipto. Sin embargo, en sus primeros años, su propia madre hebrea llamada Jocabed fue la nodriza que trabajó para la princesa egipcia cuidando al niño Moisés. Esta mujer hebrea levita logró implantar en el corazón de este niño suyo y de crianza, principios y valores que luego en su vida de adulto salieron a flote. En su formación educativa egipcia, se alimentó de la historia y

7

la cultura de dicho país. Elementos y rasgos de este periodo los veremos más tarde en su liderato hebreo.

El *segundo periodo de cuarenta años*, Moisés lo vivió como fugitivo en la tierra de Madián, en el área del monte Sinaí, en Egipto o en Arabia. Fue el tiempo de adoptar una nueva cultura, la madianita, casándose con Séfora, la hija de Reuel (Éx. 2:18, RV-1960; en RV-1909 se lee Ragüel) o Jetro (Éx. 3:1). En esta segunda cultura, del desierto, vivió la vida de un beduino. Los rasgos de este periodo lo ayudaron en la tarea nada fácil de comandar a más de un millón de personas en los rigores de la vida desértica.

El *tercer periodo de cuarenta años* se inaugura con una revelación de Yahvéh a Moisés, desde una zarza ardiendo en fuego que no se consumía. En un diálogo abierto y franco con el Dios hebreo, Moisés se encuentra a sí mismo y descubre el propósito de su vida. Al descubrir quién era Dios, se descubrió a sí mismo. Allí en Horeb o Sinaí —un juego de nombres en hebreo para designar el mismo lugar—, Dios le encomendó la gran comisión de ser el libertador del pueblo hebreo. Y por medio de demandas a Faraón y de una serie de plagas, finalmente este accedió a dejar en libertad a este pueblo oprimido, que salió de Egipto remunerado y compensado por sus cautivadores.

Hablando en una ocasión con mi amigo Victor Oyosa —un pastor extraordinario que ha hecho una gran diferencia en Villa Hermosa, Tabasco—, mientras visitábamos las pirámides de Palenque en Chiapas, México, pudimos resumir los tres periodos de la vida de Moisés así:

- En el primer periodo, en Egipto, Moisés lo tenía todo. ¡Vivió en abundancia!
- En el segundo periodo, en tierra de Madián, a Moisés le faltaba todo. ¡Vivió en necesidad!
- En el tercer periodo, en la ruta del éxodo, la del desierto, Moisés no tenía todo lo que tenía. ¡Vivió dependiendo de Dios!

El famoso evangelista del siglo XIX, Dwight L. Moody, dijo: "Moisés pasó sus primeros cuarenta años pensado que era alguien. Luego pasó sus siguientes cuarenta años pensando que no era nadie. Pasó, por fin, sus últimos cuarenta años descubriendo lo que Dios puede hacer con un don nadie".

En estos tres periodos, Moisés lo tuvo todo, lo perdió todo y lo ganó todo. Muchos pecadores lo tienen todo en el mundo. A no ser que pierdan todo lo que es del mundo, jamás podrán ganar todo lo que el Señor Jesucristo les quiere dar en el reino de los cielos.

Luego vemos a un Moisés que enfrenta la oposición, la crítica y el rechazo de aquellos que había ayudado a recuperar su libertad del yugo egipcio. Estos mismos, en momentos de crisis, arremetían contra el líder, añorando hipócritamente la vida de esclavitud faraónica.

En cuarenta días, el pueblo hebreo que había salido de Egipto pudo haber estado en la frontera de la tierra prometida, sin embargo les tomó cuarenta años sacar a Egipto de ellos. Un viaje de cuarenta días se transformó en un recorrido de cuarenta años. Muchos se convierten y en una semana dejan el mundo, pero les toma muchos años sacar el mundo de sus corazones.

Vemos a un Moisés que tuvo resistencia de la propia familia. Su hermano Aarón se presenta carente de carácter para tomar decisiones en su ausencia. Luego su hermana María aparece confabulada con su hermano Aarón, criticando su intimidad espiritual y el liderazgo.

A Moisés le tocó guardar luto por María su hermana mayor y luego por Aarón su otro hermano, ambos murieron en el año cuarenta de la peregrinación del éxodo de Egipto. Luego, Moisés también debió subir al monte Nebo y morir.

En esta serie de predicaciones, veremos las muchas facetas de Moisés: el adoptado, el defensor, el despatriado, el exiliado, el yerno, el padre, el diplomático, el libertador, el dirigente, el determinado, el confiado, el organizador, el estadista, el legislador, el hombre temperamental, el líder criticado, el hombre manso y el hombre espiritual.

Como siempre, agradezco a mi secretaria personal, la Lic. Carmen Torres, que ha estado dispuesta a asistirme en el trabajo de mecanografía y computación. Aunque manejo estas áreas, su ayuda agiliza mi trabajo; y de esa forma trabajo con más facilidad. De igual manera, expreso mi agradecimiento al personal de la Editorial Portavoz, por haber hecho posible este proyecto literario.

Sin nada más, te invito a que me acompañes en este viaje homilético sobre uno de los personajes más influyentes de todos los tiempos: Moisés. ¡Esta lectura será una inversión para tu vida, tu llamado y tu ministerio!

Dr. Kittim Silva Bermúdez
Queens, New York
MMVII

"NO CONOCÍA A JOSÉ"

"Entretanto, se levantó sobre Egipto un nuevo rey que
no conocía a José; y dijo a su pueblo: He aquí, el pueblo
de los hijos de Israel es mayor y más fuerte que nosotros.
Ahora, pues, seamos sabios para con él, para que no se
multiplique, y acontezca que viniendo guerra, él también
se una a nuestros enemigos y pelee contra nosotros, y se
vaya de la tierra" (Éx. 1:8-10).

Introducción

Éxodo 1:1-22 y 2:1-10 cubre en estos pocos versículos unos
cuatrocientos treinta años de opresión del pueblo hebreo en Egipto.
El capítulo 2:1-5 cubre los primeros cuarenta años de la vida de
Moisés, desde que fue rescatado de las aguas del río Nilo por la hija
de Faraón hasta que huyó a tierra de Madián, por haber matado
intencionalmente a un egipcio.

Éxodo 2:16-25 cubre cuarenta años de la vida beduina de Moisés
en el desierto de la tierra de Madián y del Sinaí. El resto del libro de
Éxodo cubre cuarenta años más de peregrinaciones en el desierto,
después de haber logrado el éxodo del pueblo hebreo de la opresión
faraónica. Es decir, tres cuarentenas de años.

I. El olvido

"Entretanto, se levantó sobre Egipto un nuevo rey que
no conocía a José..." (1:8).

Con el patriarca Jacob, entraron a Egipto setenta personas (1:1-5).
Todos estaban bajo la protección de José y de la buena voluntad del

Faraón agradecido, que era de la dinastía de los hicsos, quienes ya habían conquistado a los egipcios para el tiempo del mencionado patriarca.

La vida trágica de José —que lo llevó del pastorado en Siquén a la esclavitud en Egipto; de mayordomo en la casa de Potifar a prisionero en una cárcel federal de Egipto— fue el proceso utilizado por Dios para, un día, providencialmente acercarlo a Faraón como intérprete de sueños.

La vida de José se movió en el péndulo de la aceptación al rechazo y del rechazo a la aceptación. Muchas veces Dios recicla las tragedias, las desgracias, los fracasos, las envidias, los celos, las discriminaciones y las heridas emocionales de muchos seres humanos para usarlos como instrumentos de su providencia. Sanadores heridos, caídos que levantan a otros, solitarios que dan compañía, despreciados que aprecian, rechazados que aceptan a los demás. En todo lo bueno y lo malo que ocurre en la vida, Dios siempre tiene alguna lección moral, humana y espiritual que enseñarnos. Y así, de esta manera, somos socorristas, rescatadores de aquellos que les hicieron daño y los privaron de derechos, privilegios y oportunidades que les correspondían en el plano de lo natural.

Por más de cuatrocientos años, exactamente cuatrocientos treinta, el pueblo hebreo en Egipto fue beneficiario del favor político faraónico. Pero aquel padrinaje social llegaría a su fin. Un día muchas oportunidades y beneficios sociales pueden llegar a su final. Lo que tenemos hoy, nos puede faltar mañana. Somos una generación bendecida y oraremos que las que nos sigan sean también favorecidas.

Leemos: "Y murió José, y todos sus hermanos, y toda aquella generación" (1:6). Aquellas generaciones de José y sus hermanos fallecieron, y le siguieron más de diez generaciones. Leemos: "Y murió José, y todos sus hermanos, y toda aquella generación". La muerte es para todos, fue para las generaciones que nos antecedieron, será para nosotros que vivimos y seguirá para nuestros hijos. ¡A no ser que Jesucristo retorne para levantar a la Iglesia, todos estamos en la nómina de la muerte!

Sobre los hijos de Israel, había una unción de multiplicación: "Y los hijos de Israel fructificaron y se multiplicaron, y fueron aumentados y fortalecidos en extremo, y se llenó de ellos la tierra" (1:7).

Sobre la Iglesia en estos días, hay unción de fructificación, multiplicación, aumento, fortalecimiento y llenura del Espíritu Santo. Por toda la tierra, el Espíritu Santo está produciendo en la Iglesia multiplicación y crecimiento.

Pero en medio de este crecimiento descomunal, se está levantando en el Egipto espiritual —el mundo— un espíritu faraónico que no conoce el espíritu de José, el soñador. Son enemigos de la Iglesia, que desconocen la historia espiritual de esta, y que no valorizan los aportes sociales y espirituales que ella ha hecho en el mundo sociopolítico de su entorno.

"Entretanto, se levantó sobre Egipto un nuevo rey que no conocía a José..." (1:8). En la historia de todo ser humano, aparecerá siempre alguien que no nos conocerá. No importa cuánto bien hayamos hecho a otros, llegará el día que seremos olvidados.

Leemos lo dicho por el Faraón: "He aquí, el pueblo de los hijos de Israel es mayor y más fuerte que nosotros" (1:9). Esto se conoce en psicología y sociología como xenofobia, el miedo a otros grupos étnicos. La fobia ante el progreso y desarrollo de otras etnias tiene a muchos preocupados. Muchos políticos presentan legislaciones que son discriminatorias y opresivas contra minorías trabajadoras y ejemplares.

Faraón vio en las estadísticas del censo hebreo una amenaza a la seguridad, estabilidad, economía y protección de su etnia egipcia. Él catalogó a la etnia hebrea como "mayor y más fuerte" que su propia etnia.

El temor de que los hebreos continuaran multiplicándose y que, eventualmente, se unieran a los enemigos de Egipto y se fueran del país era alarmante. La etnia hebrea realizaba muchos trabajos que ya no querían realizar los egipcios (1:10), con salarios bajos. Por supuesto, ellos no tenían sindicatos que pelearan por un contrato decente para los próximos años. Había que desarrollar un plan antiminoría para detener el avance y crecimiento de la etnia hebrea. Lo mismo ocurre hoy día en países desarrollados contra minorías de países subdesarrollados y minorías sociales.

Aún en países como el nuestro, los Estados Unidos de América, una tierra donde *fluye leche y miel* en su economía, el muro que se ha levantado en la frontera con México es un muro de vergüenza, de separación, es una verja de enemistad contra un país vecino y amigo. Lo mismo sucede con el muro que se ha levantado en muchos territorios palestinos, por parte de un pueblo que ha sufrido por el antisemitismo y la xenofobia. Pero si somos justos, podemos hablar de antipalestinos, antihispanos, antinativos, antinegros, antiorientales, antiárabes, antijudíos...

Pero nosotros no sigamos construyendo muros de discriminación, de separatismo, de rechazos sociales. No vivamos segregados los unos de los otros. Por causa de Jesucristo y del evangelio, busquemos la paz y la unidad como seres humanos. ¡Que jamás en nuestras congregaciones se levanten muros de ministerios que nos distancien de la visión del reino de Dios! ¡Luchemos por la unidad, la tolerancia y el respeto al prójimo!

II. La opresión

"Y los egipcios hicieron servir a los hijos de Israel
con dureza" (1:13).

Al pueblo hebreo se le impusieron "tributos" y "cargas", y se lo obligó a edificar las ciudades de "Pitón y Ramesés" (1:11). Satanás, y el Señor lo reprenda, quiere oprimir a un pueblo que ha vivido en libertad, le quiere imponer cargas espirituales y busca la manera de cansarlos espiritualmente.

* *Pitón* significa "estado real de Atum", dios egipcio, lugar ubicado próximo al Canal Ismalía, sesenta millas (noventa y seis kilómetros) al noroeste del Cairo.
* *Ramesés* fue una ciudad edificada por Ramsés II, posiblemente el Faraón del éxodo bajo Moisés. Según un registro egipcio, los Apirú trabajaron en esta ciudad, y el nombre puede referirse a los hebreos.

Leemos: "Y los egipcios hicieron servir a los hijos de Israel con dureza". Egipto representa el "mundo", y "los hijos de Israel" representan el pueblo de Dios —ahora la Iglesia— bajo esta economía o trato divino con la humanidad ante el rechazo de Israel.

El mundo impone sobre los seres humanos servicio duro; Jesucristo le pide a la Iglesia servicio voluntario. El mundo les pone cargas a las personas; Jesucristo le toma las cargas. El mundo busca oprimir a hombres, mujeres, jóvenes y niños; Jesucristo les quita las opresiones a los que creen en Él.

Leemos: "Y amargaron su vida con dura servidumbre, en hacer barro y ladrillo, y en toda labor del campo y en todo su servicio, al cual los obligaban con rigor" (1:14).

"Y amargaron su vida…" En Egipto solo hay amargura. Solo en Jesucristo y en la Iglesia encontramos gozo, alegría y felicidad. No nos amarguemos la vida nosotros mismos, no dejemos que otros nos amarguen la vida. ¡Disfrutemos la vida!

"…al cual los obligaban con rigor". Jesucristo no obliga a nadie para que haga las cosas. Obligar con rigor, con amenazas, con intimidaciones… es contrario a la libertad que Jesucristo ofrece.

Aprendamos a hacer las cosas para Dios y por otros con voluntad dispuesta y no por obligación. No porque nos obligan, sino porque lo sentimos.

III. La orden

> "Pero las parteras temieron a Dios, y no hicieron como les mandó el rey de Egipto, sino que preservaron la vida a los niños" (1:17).

El Faraón les ordenó a dos parteras egipcias llamadas "Sifra y Fúa", que asistían a las mujeres hebreas en sus alumbramientos, dar muerte a los niños varones que vieran nacer (1:15-16).

Dios se le reveló al corazón de estas dos mujeres y les infundió temor, de tal manera que desobedecieron el edicto infanticida del Faraón. Su temor a Dios estuvo por encima del temor a Faraón. Fueron rebeldes con causa. Entraron en desobediencia civil a causa de Dios. Cuando "...el rey de Egipto hizo llamar a las parteras y les dijo: ¿Por qué habéis hecho esto, que habéis preservado la vida a los niños?" (1:18), ellas declararon: "...Porque las mujeres hebreas no son como las egipcias; pues son robustas, y dan a luz antes que la partera venga a ellas" (1:19). Aunque parece que ellas mintieron, podríamos creer que era cierto, las mujeres hebreas eran "robustas" y ligeras en dar a luz.

Sifra y Fúa fueron dos heroínas que defendieron a niños indefensos y no cumplieron con una ley injusta. Hoy día se necesitan opositores a las prácticas faraónicas del aborto inducido. Necesitamos personas como estas parteras que teman a Dios y mantengan principios y valores humanos. Valientes que ayuden a los que no pueden ayudarse. Personas que defiendan a los que no se pueden defender. Para esto no tienes que ser republicano, demócrata o liberal, sino un creyente de principios y valores alimentados por la Palabra de Dios.

Dice la Biblia: "Y Dios hizo bien a las parteras; y el pueblo se multiplicó y se fortaleció en gran manera" (1:20). ¿Quieres que Dios te haga bien? ¡Haz tú bien a otros! ¡Siembra para cosechar! ¡Ayuda a otros, y Dios te ayudará!

No solo Dios las bendijo a ellas, leemos: "Y por haber las parteras temido a Dios, él prosperó sus familias" (1:21). ¡Teme a Dios y verás cómo tu familia prospera y es bendecida! En el mundo, hay personas bendecidas por Dios porque le han temido.

Faraón cambió su plan: "Entonces Faraón mandó a todo su pueblo, diciendo: Echad al río a todo hijo que nazca, y a toda hija preservad la vida" (1:22). Malos gobiernos contribuyen a producir malos ciudadanos. Cualquier egipcio que viera a un niño recién nacido tenía la orden de echarlo al río. En ese escenario de falta de respeto a la vida humana, de leyes enemigas de los valores y principios humanos, nacería Moisés, el gran libertador de un pueblo cautivo, el emancipador de los oprimidos, el defensor de las minorías, el luchador de los derechos humanos y el instrumento providencial de Dios para ayuda de los indefensos.

El derecho a nacer, el derecho a la vida, el derecho a la atención médica, el derecho a la propiedad, el derecho a la protección, el derecho a la educación, el derecho a la expresión pública, el derecho a la religión, el derecho a vivir con dignidad son derechos de todos los seres humanos.

Conclusión

Lo que hoy disfrutamos como generación y disfrutarán nuestros hijos puede que les falte a muchos descendientes nuestros. Hoy somos conocidos, no sabemos si mañana alguien sepa quiénes fuimos. El mundo es un tirano contra sus servidores, cuánto más le sirven, más los oprime. Es mejor obedecer a Dios y ser desobedientes civiles a los hombres en aquellas cosas que son contrarias a la voluntad de Dios. La desobediencia traerá malas consecuencias, pero la obediencia traerá buenas consecuencias. ¿Qué decidiremos?

"Y LE PUSO POR NOMBRE MOISÉS"

2

"Y cuando el niño creció, ella lo trajo a la hija de Faraón,
la cual lo prohijó, y le puso por nombre Moisés, diciendo:
Porque de las aguas lo saqué" (Éx. 2:10).

Introducción

A pesar de la orden faraónica de arrojar a los recién nacidos
varones a las aguas del Nilo, hubo una madre hebrea llamada
Jocabed, que con su hija mayor llamada María o Miriam, planificó
cómo preservar la vida del bebé.

La providencia divina la ayudó a realizar su plan de preservación.
Esa madre contribuyó a que el propósito de Dios se cumpliera en la
vida de Moisés. Una decisión que cambio el curso de la historia para
un pueblo oprimido.

I. Los padres

"Un varón de la familia de Leví fue y tomó por mujer a
una hija de Leví, la que concibió, y dio a luz un hijo; y
viéndole que era hermoso, le tuvo escondido tres meses"
(2:1-2).

Aún antes de nosotros haber nacido, el Señor Jesucristo ya había
elegido a nuestros padres. El nombre hebreo del padre de Moisés
era Amram, y el de su esposa Jocabed. Leemos así en Éxodo 6:20: "Y
Amram tomó por mujer a Jocabed su tía, la cual dio a luz a Aarón

y a Moisés. Y los años de la vida de Amram fueron ciento treinta y siete años".

Pero prestemos atención a esto: "Un varón de la familia de Leví fue y tomó por mujer a una hija de Leví" (2:1). El padre de Moisés y su madre eran levitas. De un matrimonio que no era un yugo desigual —ambos eran de las mismas tradiciones religiosas y de una tribu espiritual—, nacería Moisés. Un levita buscó casarse con una levita. Eso es yugo igual y no yugo desigual. Si eres soltero o soltera, busca pareja dentro de la tribu o, por lo menos, con alguien de otra tribu, pero de las mismas creencias y principios cristianos. Es posible que termine en fracaso la relación de todo aquel que busca noviazgo o matrimonio fuera de la tribu.

Amram fue padre de Moisés; Coat fue abuelo de Moisés, y Leví fue bisabuelo de Moisés; por lo tanto, Moisés era la cuarta generación de la tribu de Leví. Si se crían a los hijos en el temor de Dios, en la cuarta generación, un biznieto bien podría gozar de una gran bendición generacional. En los nietos, vemos a los hijos extendidos.

Jocabed era la tía-esposa de Amram y, por consiguiente, madre y tía abuela de Moisés. Para esto no había prohibición divina alguna, aunque puede que esta práctica haya sido influenciada por los egipcios, quienes la tenían como práctica común. Se echa de ver que la familia de Moisés era pobre, sencilla, humilde y modesta. A esa familia ordinaria elegiría Dios para levantar de ella a tres hijos extraordinarios, como María, Aarón y Moisés.

Jocabed fue una mujer "robusta" (1:19). El término hebreo implica que era de fuerte constitución física. Ya había dado a luz a María, la mayor; y a Aarón con tres o cuatro años de edad mayor que Moisés. La madre-tía abuela dio a luz su tercer hijo, descrito como "hermoso" (2:2). Matthew Henry, el famoso comentarista bíblico, dijo: "Justamente al tiempo que la crueldad de Faraón llegaba a su límite, nacía el libertador" (*Comentario bíblico de Matthew Henry* de Francisco Lacueva, Editorial CLIE, 2007, p. 77).

En Hebreos 11:23 leemos: "Por la fe Moisés, cuando nació, fue escondido por sus padres por tres meses, porque le vieron niño hermoso, y no temieron el decreto del rey". Durante tres meses, su padre y su madre lo mantuvieron escondido. Esto fue un acto de fe. Viendo que ya no podían continuar con su secreto, que puede que no haya sido secreto para sus vecinos (¿qué madre podría mantener en secreto los lloros de un bebé?), decidieron tomar un gran riesgo en su vida. Hombres y mujeres que hacen la diferencia son aquellos y aquellas que se atreven a tomar riesgos en fe para Jesucristo.

Notemos esta declaración: "porque le vieron niño hermoso". Mi buen amigo, el Dr. Vladimir Rivas, en su libro *Quién tiene una palabra, lo tiene todo*, ha dicho lo siguiente:

> Pero la hermosura que la Escritura revela, y he aquí el secreto, es provocada por la visión que los padres tienen de ese niño. Esta pareja está segura de que ese niño es especial, están tan convencidos que hasta han visto una foto de él entre los reyes, lo han visto abriendo el mar por la mitad, han soñado que su mano hace que la roca eche agua. Ellos poseían una visión de ese "niño hermoso", así que nada les importaba. "No nos ocurrirá ningún mal". ¿Acaso no habían visto ya la fotografía por fe del libertador que se había prometido hacía cuatrocientos años?" (p. 31).

¿Qué visión tienes de tus hijos pequeños? ¿De tus nietos? ¿Los ves hermosos? ¿Harás todo por preservarlos para Dios como bebés? Lamentablemente muchos padres y madres tienen una visión pobre y defectuosa de sus hijos y nietos. Ven en ellos las cualidades malas de sus antecesores, pero no ven las cosas buenas que Jesucristo puede hacer con la vida de ellos. No maldigas tu generación, bendícela. La visión que tengas de tus hijos determinará su futuro.

En la vida, muchos seres humanos viven escondiendo secretos, unos buenos y otros malos. Tarde o temprano tendrán que lidiar con ellos, especialmente con los malos secretos. Esos secretos podrían ser descubiertos por alguien, y las consecuencias pueden ser muy serias y perjudiciales.

Al no poder esconder a su hijo Moisés por más tiempo, su madre preparó una arquilla de juncos de papiro o mimbres, "...y la calafateó con asfalto y brea..." (2:3). Luego en fe, con todo calculado en fe, puso en aquella arquilla al niño, en fe, y estratégicamente, en fe, la puso en un lugar, "...a la orilla del río" Nilo (2:3). En el hebreo se lee: "y puso entre las cañas junto a la ribera del río" (*Antiguo Testamento Interlineal Hebreo-Español*, vol. 1, Editorial CLIE). Jocabed conocía aquel lugar donde la hija del Faraón acostumbraba bañarse y, en fe, esperó que llegara ese día. Tenemos que aprender a vivir y a tomar diariamente decisiones en fe. Toda la vida de Moisés se movió en el sube y baja del *cyclone* (maquina de diversión en Coney Island, Nueva York, que se mueve sobre elevados rieles).

Cito nuevamente al Dr. Vladimir Rivas:

Amram y Jocabed no temieron al Faraón. ¿Cuántos de esos faraones han castrado generaciones? ¿Cuántas de esas culturas destruyeron visiones? ¿Mataron a miles de empresarios, que por temor no comenzaron ese negocio que hoy sostendría misioneros y construiría iglesias? Pero muchos padres de visiones prefirieron rendirse ante la amenaza del rey malo, que creer a la Palabra que Dios depositó en su corazón. Los padres de Moisés siempre vieron al Invisible (*Quien tiene una palabra, lo tiene todo*, p. 35).

II. El milagro

"Y la hija de Faraón descendió a lavarse al río, y paseándose sus doncellas por la ribera del río, vio ella la arquilla en el carrizal, y envió una criada suya a que la tomase" (2:5).

Según el historiador judío del primer siglo, Flavio Josefo, esta princesa egipcia se llamaba Termutis. Y por lo que desprenderemos de esta historia, parece que no había tenido hijos.

La traducción literal de Éxodo 2:5 en el hebreo dice: "Y descendió la hija de Faraón a bañarse en el río y sus servidoras, andando junto a orilla del río, y vio la cesta entre las cañas y envió a su esclava y la tomó".

Jocabed puso en el río, sobre una improvisada y diminuta canoa, a su bebé llamado Moisés, y la providencia divina capitaneó la rara embarcación hasta llevarla al puerto seguro del destino.

Leemos: "Cuando la abrió, vio al niño; y he aquí que el niño lloraba. Y teniendo compasión de él, dijo: De los niños de los hebreos es éste" (2:6). Cuando abrió aquella arquilla —hoy día, en honor a aquel suceso histórico, se llama "moisés" a la pequeña cuna cubierta o descubierta donde se ponen a los niños—, la princesa egipcia vio que el niño lloraba quizás de hambre, o por la falta de calor humano o por la necesidad de lactancia materna. Ella supo de inmediato que aquella criatura era de los hebreos. Probablemente la forma en que se le había hecho la circuncisión fue una identificación étnica, porque aunque los egipcios la practicaban, había diferencia; o sencillamente concluyó que solo una mujer hebrea pudo haber hecho eso por la persecución de su padre, el Faraón. En un comentario a la Torá, se dice que ella vio que era un niño hebreo probablemente por sus ropas.

Es interesante notar que para salvar providencialmente al niño, que un día sería el libertador de toda una nación, Dios utilizó nada menos que a la hija del Faraón que se propuso exterminar a todos los niños hebreos.

La mujer de apellido O'Hare, que impulsó que de las escuelas norteamericanas se sacara la oración, reclamando que era atea, más tarde en la vida tuvo que enfrentar que el hijo que había criado como ateo se convirtiera en cristiano. Él fue un defensor de la oración en las escuelas, contradiciendo a su propia madre.

Dios puede usar a alguien cerca de tu peor enemigo para ayudarte a lograr el propósito divino en tu vida. Jonatán, el hijo de Saúl, contrario al espíritu de celo y envidia en su padre, ayudó a David en el plan de Dios y le dio protección (1 S. 18:1-5).

El famoso alemán Oscar Schindler, en su fábrica en Alemania donde trabajaban judíos durante el holocausto, salvó más judíos que cualquiera de morir en la cámara de gas, aunque él mismo gozaba privilegios en la estructura nazi. Hoy día su tumba está en el monte de los Olivos, y en el Yad Vashen (el Museo del Holocausto en Jerusalén), hay un árbol en el Jardín de los Justos en memoria de él.

María, la cómplice de Jocabed en esta aventura, intervino y dijo a la princesa faraónica: "...¿Iré a llamarte una nodriza de las hebreas, para que te críe este niño?" (2:7). Fue una joven de iniciativa y prontitud. Jóvenes como esta necesitamos en nuestros días. María intervino sin demora para presentar el plan de su mamá. Jocabed muy probablemente instruyó a su hija, y esta supo aprovechar bien aquellos breves minutos de audiencia con la hija de Faraón. En la vida, se nos presentan minutos que si no se aprovechan bien, nos lamentaremos en el devenir de los años. La jovencita hebrea recomendó a alguien para cuidar de ese hermoso niño, conforme a lo acordado con su madre. El plan se seguía al pie de la letra.

María fue una cómplice en el propósito de Dios para la vida de Moisés. Siempre se habla de malos cómplices. Pero hay buenos cómplices. Hombres y mujeres que se asocian para ser parte de cosas buenas, que les gusta ayudar a otros dentro de los márgenes legales. Sea un cómplice de lo que es justo, sea cómplice de la verdad, sea cómplice de la integridad, sea cómplice en servir a otros.

La hija de Faraón le dijo: "Ve" (1:8). María con prontitud fue y notificó a su madre, a quien trajo ante la princesa egipcia. Posiblemente Jocabed no estaba muy lejos, para poder desde allí observar al niño. La hija de Faraón le encargó: "...Lleva a este niño y críamelo, yo te lo pagaré..." (1:9).

Jocabed fue bendecida al criar al niño, se le pagaba por este trabajo. En minutos se convirtió en la nana, o nodriza o mucama de un príncipe egipcio. No tenía trabajo y ahora consiguió un trabajo federal con buena paga y buenos beneficios. Todo por haber actuado en fe y haber creído en fe. Ya listo el niño para comenzar los estudios primarios, se lo entregó a la princesa Termutis, y fue esta la que le puso ese histórico nombre "Moisés", que significa "sacado de las aguas" o "salvado de las aguas". Literalmente *mashah* significa "sacar". Para los judíos Moisés, en hebreo *Mosheh*, es un nombre profético que significa "quien saca afuera". Pero como nombre egipcio, Moisés puede significar "nacido de", como el nombre *Tutmosis*, "nacido de Tut" y "Asmosis". Dice la Biblia que la hija de Faraón "lo prohijó", o sea lo hizo hijo suyo, como si hubiera sido natural. Según el Talmud ese niño fue llamado Lekutiel.

En la Wikipedia, cuyo fundador es Jimmy Wales, se lee: "Se cree también que *Moisés* deriva de la supresión de una parte del nombre egipcio original que tenía este personaje, puesto que en el antiguo Egipto se colocaba el nombre de un dios antes de la palabra *mses*, por ejemplo Ramsés significaba engendrado por Ra, así que Moisés al huir de Egipto y renegar de su origen egipcio quedo solo como *mses* o Moisés".

En Hechos 7:21 leemos: "Pero siendo expuesto a la muerte, la hija de Faraón le recogió y le crió como a hijo suyo". Un hebreo convertido en egipcio, por una princesa que lo adoptó y le dio realeza egipcia.

Aquellos que adoptan hijos o hijas deben darles verdadero calor maternal o paternal, no verlos como hijos de segunda clase. Se les debe hacer sentir amados, no simplemente que son cuidados, protegidos o alimentados. Esos niños necesitan afecto, cariño, un hogar, una familia auténtica. No se les puede hacer sentir menos o inferiores a los consanguíneos o propios. Lo mismo debe aplicarse cuando personas divorciadas se casan, y existen hijos en una parte o ambas partes. A estos se les debe aceptar como naturales.

La adopción de Moisés envía un mensaje de esperanza a todos aquellos y aquellas que no son hijos legítimos, que viven en hogares prestados (*foster homes* en inglés), que son hijos adoptados: Jesucristo tiene un propósito con ellos o ellas.

El niño hebreo-egipcio fue sometido a un proceso de formación y educación en la cultura egipcia. Hechos 7:22 dice: "Y fue enseñado Moisés en toda la sabiduría de los egipcios; y era poderoso en sus palabras y obras".

No olvidemos lo que se nos dice de él: "...y era poderoso en sus palabras y obras", ya que luego leemos en Éxodo 4:10-13 lo siguiente:

"Entonces dijo Moisés a Jehová: ¡Ay, Señor! nunca he sido hombre de fácil palabra, ni antes, ni desde que tú hablas a tu siervo; porque soy tardo en el habla y torpe de lengua. Jehová le respondió: ¿Quién dio la boca al hombre? ¿o quién hizo al mudo y al sordo, al que ve y al ciego? ¿No soy yo Jehová? Ahora pues, ve, y yo estaré con tu boca, y te enseñaré lo que hayas de hablar. Y él dijo: ¡Ay, Señor! envía, te ruego, por medio del que debes enviar".

La expresión "y era poderoso en sus palabras y obras" puede referirse a una posición de alto rango militar y de actividades militares o también podría referirse a la vida posterior de Moisés. Los cuarenta años en el desierto le habían quitado a él mucha de la elocuencia de su juventud. Un complejo de no saber hablar dominaba su vida, y se sentía inferior para cumplir con la gran misión delegada por Dios. Él tuvo que ayudar a Moisés a superar esta incapacidad psicológica; la de limitar su potencial humano por un complejo de la mente.

Una vez más analicemos esta expresión: "y era poderoso en sus palabras y obras". Las palabras poderosas de Moisés se asocian con sus obras. Muchos dicen mucho y hacen poco. Hablan demasiado, pero a la hora de actuar son "buche y plumas" nada más. Es decir, muchos son poderosos en palabras, pero no en obras; otros son poderosos en obras, pero no en palabras.

Es probable que su contexto bicultural y bilingüe, de alguna manera, haya producido un hablar con acento en Moisés. Todos tenemos algún acento en la vida, sea nacional, territorial o regional. Jesús tuvo el acento galileo, Pedro también tuvo acento galileo, al igual que los discípulos. Ese acento en Pedro lo descubrieron aquellos que lo vieron calentándose al fuego en la casa de Caifás: "Un poco después, acercándose los que por allí estaban, dijeron a Pedro: Verdaderamente también tú eres de ellos, porque aun tu manera de hablar te descubre" (Mt. 26:73).

Pero tener el acento de Jesucristo en nosotros, su unción y su Palabra es algo que debe identificarnos donde sea. El mundo tiene que ver cómo nuestra manera de hablar nos descubre. Cuando tú y yo hablemos, se nos debe identificar como creyentes. Al escucharnos decir algo o expresar alguna cosa, los oídos de los inconversos deben distinguir que somos diferentes y que nuestro acento es cristiano. Todo lo que prediquemos, o enseñemos, o digamos, debe tener el acento de Jesucristo. ¿Tienes el acento de Jesucristo en tu vida?

Conclusión

Aprendamos a hacer decisiones en la vida movidos por la fe. A todo aquel o aquella que actúa en fe, tarde o temprano le espera un milagro de parte de nuestro Señor Jesucristo. La fe debe anteponerse a la razón.

"MOISÉS HUYÓ DE DELANTE DE FARAÓN"

"Oyendo Faraón acerca de este hecho, procuró matar a
Moisés; pero Moisés huyó de delante de Faraón, y habitó
en la tierra de Madián" (Éx. 2:15).

Introducción

Éxodo 2:11-25 registra el relato de cuando Moisés, al salir en
defensa de un hebreo, mató a un egipcio y escondió el cadáver en la
arena (2:11-12). Al siguiente día al tratar de mediar entre un hebreo
que maltrataba a otro, fue atacado verbalmente por el abusador
(2:13-14).

Moisés, al ser descubierto y sabiendo que Faraón lo quería matar
(2:15), huyó a Madián y, en un pozo, defendió a las siete hijas de Jetro,
el madianita (2:16-17). Ellas contaron a su padre sobre la valentía de
aquel forastero egipcio llamado Moisés (2:18-20). Por invitación del
padre, Moisés se fue a morar con esta familia y luego se casó con
Séfora, que le dio a luz un hijo llamado Gersón (2:21-22).

El capítulo termina con una campaña de oración por parte de
los hijos de Israel, después de muerto el Faraón, para clamar por
liberación de la servidumbre (2:23). Los dos versículos finales (2:24-
25) registran la atención de Dios: (1) "Y oyó Dios…", (2) "…y se
acordó…", (3) "Y miró Dios…" y (4) "…y los reconoció Dios".

I. La precipitación

"Entonces miró a todas partes, y viendo que no parecía
nadie, mató al egipcio y lo escondió en la arena" (2:12).

La expresión "...crecido ya Moisés..." (2:11) se lee en Hechos 7:23 así: "Cuando hubo cumplido la edad de cuarenta años...". Todo el acontecimiento de Éxodo 2:11-25 ocurrió cuando Moisés terminó de cumplir los cuarenta años. A esa edad, toda persona debe haberse realizado como ser humano, haber logrado su vocación, universidad, su carrera, tener una familia establecida, y si él o ella están en el ministerio, estarán definidos y debidamente ubicados.

Deseo enfatizar una vez más esto, "crecido ya Moisés". Muchos seres humanos crecen físicamente, pero no crecen emocional ni espiritualmente. Llegan a ser grandes en lo físico, pero se mantienen pequeños en su voluntad, emociones y decisiones.

"...salió a sus hermanos..." (2:11). El Moisés egipcio se siente en esta etapa de su vida como el Moisés hebreo. Hechos 7:23 dice: "...le vino al corazón el visitar a sus hermanos los hijos de Israel". Esa salida y visita a sus hermanos étnicos se cocinó en el horno de su corazón. Tuvo un corazón inclinado a su propio pueblo. De alguna manera, ya Dios estaba tratando con el corazón de este hijo adoptado de los hebreos.

Muy probablemente Jocabed, la madre de Moisés, se encargó de ayudarle a descubrir su propia identidad hebrea. El Espíritu Santo, mediante la revelación de la Palabra, nos ayuda en descubrir quiénes somos en Jesucristo y las promesas que de Dios Padre tenemos para nuestras vidas.

Muchos seres humanos viven fuera de su propio contexto cultural, no han aprendido a aceptar quiénes son y a qué grupo social pertenecen. Moisés en su corazón sabía quién era él. ¡Tenemos que salir a los nuestros!

"...y los vio en su dura tarea..." (2:11). Moisés fue un observador del sufrimiento ajeno. Aunque él vivía bien, lo tenía todo y no conocía el sufrimiento, pudo tener una visión de la "dura tarea" de sus homólogos; del abuso social y de la opresión que su etnia experimentaba. Él pudo haber ignorado la situación de otros y mirar al otro lado, pero no lo hizo. Leemos: "...y los vio...". Muchos seres humanos viven duramente, trabajan duramente, levantan familias duramente, luchan duramente en la vida y todo lo que obtienen en la vida ha sido duramente.

"...y observó a un egipcio que golpeaba a uno de los hebreos, sus hermanos" (2:11). Hechos 7:24 dice: "Y al ver a uno que era maltratado...". Moisés "vio" y "observó". Tuvo una visión del abuso social, del maltrato humano, de cómo alguien en poder abusaba contra alguien bajo dominio. Descubrió la discriminación racial, la cual es diabólica. Es condenada por Dios. Moisés fue un vidente

de justicia social, de derechos humanos y de calidad de vida.
Aquel egipcio representa la opresión de los inconversos con la cual
hombres y mujeres de Dios se tienen que enfrentar.

"Y al ver a uno que era maltratado, lo defendió, e hiriendo al
egipcio, vengó al oprimido" (Hch. 7:24). El espíritu del nacionalismo
resucitó en Moisés. El problema mayor de Moisés es que en vez de
dejar a Dios desarrollar su propósito en él, quiso ayudar a Dios en el
desarrollo de ese propósito. No esperó el tiempo de Dios, sino que se
adelantó a Dios. Antes de que nosotros trabajemos para Jesucristo,
este debe trabajar en nosotros.

Muchos le quieren dar una mano de ayuda a Jesucristo, y no
dejan que Jesucristo les dé la mano a ellos. Nosotros no ayudamos
a Jesucristo, Jesucristo nos ayuda a nosotros. Muchas veces al
querer adelantar el propósito de Dios en nosotros, arruinamos
todo el programa o plan divino; lo atrasamos o lo adelantamos, lo
demoramos o lo prolongamos más de la cuenta. Nos salimos del
tiempo de Dios. Llegamos a ser como esos vehículos que tienen
fuera de tiempo su cadena o mecanismo principal que hace girar el
motor. Dios tenía un plan de liberación nacional con Moisés, pero
su ligereza, su carnalidad, el ser demasiado rápido en actuar, le
atrasaría todo ese plan divino cuarenta años más. No solo a él, sino
a otros.

Todos tenemos que aprender a esperar en Dios. Muchos
malogran las cosas, las dañan, porque actúan fuera de tiempo y sin
haber madurado. Tenemos que meternos en el tiempo de Dios. Sin
la ayuda de Moisés, Dios mató a todo el ejército de Faraón en el Mar
Rojo.

"Entonces miró a todas partes, y viendo que no parecía nadie,
mató al egipcio y lo escondió en la arena" (2:12). Aquí se enumera
una serie de acciones realizadas por Moisés:

"Entonces miró a todas partes..." El pecador se las pasa mirando
a todas partes. Anda buscando cómo evitar el ojo de los demás
cuando peca y cuando actúa mal. Pero se olvida de que hay un lugar
donde no mira: el cielo, y desde allí los ojos de Jesucristo lo ven
todo y nos ven a todos. Lo único que le faltó fue mirar hacia arriba,
al cielo, donde está Dios; y por eso cometió tan grave error, que le
costó cuatro décadas de atraso en su misión.

Lot miró hacia Sodoma y Gomorra, y tuvo que pagar serias
consecuencias. Sansón miró hacia las filisteas y perdió sus ojos, su
libertad, su posición, su familia, su tribu y su respeto. David miró
hacia la terraza de su vecina Betsabé y perdió su unción y moral
como rey de Israel y Judá.

"...y viendo que no parecía nadie..." Eso se creyó Moisés. Él no vio al que lo estaba viendo a él. En algún lugar, habrá unos ojos humanos que nos verán haciendo maldad. Dijo el autor de Hebreos, posiblemente Pablo: "Por tanto, nosotros también, teniendo en derredor nuestro tan grande nube de testigos, despojémonos de todo peso y del pecado que nos asedia, y corramos con paciencia la carrera que tenemos por delante" (12:1).

"...mató al egipcio y lo escondió en la arena". Moisés se volvió un asesino. ¡No controló sus impulsos emocionales! ¡Actuó apasionadamente! ¡Fue iracundo! ¿Cómo mató al egipcio? No sabemos, pero lo mató. Y complicó más la situación porque "...lo escondió en la arena". Al igual que Moisés, muchos andan escondiendo su pecado, sus faltas, su mala conducta. Están enterrando faltas, engaños, mentiras, acciones y muchas otras cosas en la arena del engaño y la falsedad. Viven y se pasan la vida enterrando siempre algo.

II. La mediación

"Al día siguiente salió y vio a dos hebreos que reñían; entonces dijo al que maltrataba al otro: ¿Por qué golpeas a tu prójimo?" (2:13).

El ser humano tarde o temprano se verá en el coliseo del conflicto, metido en la arena de las rivalidades, en el cuadrilátero de las luchas. El conflicto en la vida se enfrenta de tres maneras en particular:

(1) *Atacando*. La persona se enoja. Pelea con el opositor. Le descarga en él o ella la ira que tiene. Hace daño al otro verbal, emocional o físicamente. Atacar es la manera más simple de enfrentar conflictos.

(2) *Huyendo*. Ante el conflicto, muchos huyen y no lo confrontan. Una situación conflictiva los acelera para alejarse en vez de buscar una solución sabia y pacífica. Huyen de los trabajos, huyen del matrimonio, huyen de la familia, huyen de las congregaciones, siempre están huyendo.

(3) *Negociando*. Se debe hablar del asunto. Ver los pros y los contras de la crisis, el problema o la situación. Buscar la solución de manera pacífica y ventajosa para ambas partes en desacuerdos o conflictos es la mejor opción. Hacer la paz en un punto neutral, si es entre personas. Aceptar el problema y desarrollar un mecanismo de solución. En resumen, al lidiar con el conflicto, pierde el otro, pierdo yo, o ganamos los dos.

El día anterior, Moisés no pudo lidiar correctamente con el conflicto personal que encaró y lo enfrentó atacando para ayudar a su compatriota. En los trabajos, se ofrece un seminario que se conoce como *Anger Management* o *Manejo de la Ira*. Moisés necesitaba tomar un curso como este. Al otro día, el mismo Moisés en otro espíritu estaba mediando para que dos partes en oposición negociaran: "Al día siguiente salió y vio a dos hebreos que reñían; entonces dijo al que maltrataba al otro: ¿Por qué golpeas a tu prójimo?" (2:13). Aconsejaba al abusador para que no abusara. Muchas veces un abusado abusa a otros. Un oprimido oprime a otros. Un discriminado discrimina a otros.

Moisés podía dar un consejo sabio para ayudar a otros, pero no pudo aplicar sabiduría en su propia vida. ¡Así somos muchos de nosotros, aconsejamos a otros en aquello que nosotros mismos necesitamos consejo! Ofrecemos soluciones a otros que para nosotros mismos no descubrimos. Sabemos mediar en conflictos de los demás, pero no dejamos a nadie mediar en nuestros conflictos. Somos expertos resolviendo problemas ajenos, pero los nuestros nos consumen y nos ahogan.

"Y él respondió: ¿Quién te ha puesto a ti por príncipe y juez sobre nosotros? ¿Piensas matarme como mataste al egipcio? Entonces Moisés tuvo miedo, y dijo: Ciertamente esto ha sido descubierto" (2:14). Antes, Moisés trató con un egipcio del tipo inconverso, ahora trata con un hebreo del tipo creyente. El abusador, el opresor, el castigador de un indefenso, se las tenía guardadas a Moisés. Algo le sacaría en la cara. Aquel hombre regañado lo enfrentó con su crimen del día anterior. A muchos les gusta guardar información de otros para echársela en cara el día que sean molestados. Lo que él hizo ayer, hoy este se lo recordó.

Moisés, cuyo espíritu nacionalista bullía dentro de él y en el cual actuó desenfrenadamente, fue confrontado con su pasado. Ya tenía un mal precedente en su vida. Los precedentes pueden meter a los líderes y a cualquiera en problemas. Algún día alguien le sacará algo en cara a otro.

La actitud liberadora, el espíritu nacionalista y la acción contra el opresor egipcio del día anterior, en vez de verse como un acto heroico por parte de Moisés, como defensor del oprimido, fue visto por la propia etnia hebrea como un mal ejemplo, como un crimen. Vemos cómo lo interrogó con tanto rechazo y desprecio humano: "¿Quién te ha puesto a ti por príncipe y juez sobre nosotros?". En ese momento, no tuvo la visión de ver en aquel Moisés inmaduro el libertador de toda una nación hebrea.

"Y él respondió: ¿Quién te ha puesto a ti por príncipe y juez sobre nosotros? ¿Piensas matarme como mataste al egipcio? Entonces Moisés tuvo miedo, y dijo: Ciertamente esto ha sido descubierto" (2:14). El hebreo acusó a Moisés de que este podía matarlo como lo hizo con el egipcio. ¡Rechazó su intervención! ¡Denunció su ayuda!

Muchos seres humanos rechazan la ayuda que otros les puedan dar; es más, no buscan consejería ni asesoría para ellos. Hay quienes, mirando el pasado de una persona, no aceptan todo el favor que este o esta les está ofreciendo. No son capaces de ver que, aunque alguien haya tenido sus fracasos en el pasado, en el día anterior, hoy puede ser un recurso disponible para ayudar.

La reacción de Moisés fue: "…Entonces Moisés tuvo miedo…". ¿Miedo a quién? ¿Miedo a qué? Al Faraón y a las consecuencias de prisión y muerte por haber matado a un egipcio. Sobre todo tuvo miedo a ser descubierto. Muchas cosas malas se hacen clandestinamente, a puerta cerrada, en secreto, enterrando cosas en la arena. Pero saber que pueden ser descubiertas o que pueden salir a la luz produce piel de gallina en cualquiera. Saber que, además de nosotros, alguien conoce nuestras faltas, nuestras debilidades y nuestros pecados ocultos produce un sentimiento de miedo. Ese día marcó un antes y un después en Moisés.

Leemos: "…Ciertamente esto ha sido descubierto". Ya su acción pasada no era un secreto de guerra, fue visto por aquel hebreo opresor y discriminador que tenía delante de sus ojos. Muy pocos que caen atrapados en pecados inmorales los confiesan voluntariamente. Aun más, no ponen freno a su vida secreta de pecado. Alguien los tiene que delatar.

Un reconocido pastor y predicador moralista y de la derecha política en los Estados Unidos —con una congregación de diecisiete mil miembros y que presidía una organización moralista de veinte millones de miembros— fue acusado por un "gay" o "alegre" con el cual había mantenido relaciones inmorales por los últimos tres años. No solo cayó en el pecado que con mano de hierro atacaba; también hacía uso de una droga prohibida. En él se cumplió: "Ciertamente esto ha sido descubierto". Para muchos, lo que más atacan es lo que más los atrae. El pecado que más condenan es el pecado que más los seduce. Atacar demasiado un pecado puede ser la manera que una persona tiene para protegerse de su propia debilidad.

"Oyendo Faraón acerca de este hecho, procuró matar a Moisés; pero Moisés huyó de delante de Faraón, y habitó en la tierra de Madián" (2:15). De alguna manera, el crimen cometido por Moisés llegó a oídos del Faraón; y ante el peligro de muerte que Moisés tenía, no le quedó otra alternativa que huir al desierto de Madián, lo que hoy día es Arabia Saudita.

Esta huida marcó el primer éxodo de Moisés, su hégira, su salida. Esto cerró en su vida un periodo de cuarenta años y dio inicio a un segundo periodo de cuarenta años más.

En la vida y peregrinación del creyente, siempre habrá uno o más éxodos. Salir del mundo, huir de la vida de pecado, escapar del gobierno del Faraón espiritual para buscar refugio en Jesucristo y en la Iglesia es un éxodo espiritual, es dejar la tranquilidad del palacio en el que estamos acostumbrados a vivir, para peregrinar en el desierto del llamado, del crecimiento espiritual y de la formación para la obra del ministerio.

Conclusión

En la vida, tenemos que aprender a esperar en Dios, antes de actuar precipitadamente. La impaciencia, el temperamento sin controlar y la ira explosiva pueden arruinar muchas cosas en nuestras vidas. Para aconsejar a otros en sus problemas, nosotros mismos debemos haber tenido la victoria sobre los nuestros.

"SENTADO JUNTO AL POZO"

"Y estando sentado junto al pozo, siete hijas
que tenía el sacerdote de Madián vinieron a sacar
agua para llenar las pilas y dar de beber a las ovejas
de su padre" (Éx. 2:16).

Introducción

En el pozo de Madián, Moisés defendió a las siete hijas de Jetro, el madianita, maltratadas por un grupo de pastores (2:16-17). Ellas entonces le comunicaron a su padre la noticia de su defensa por alguien a quien describieron como "un varón egipcio" (2:19).

Jetro invitó a Moisés a su tienda para introducirlo al clan tribal y le dio a su hija Séfora por mujer, de la cual nació un hijo llamado Gersón (2:20-22).

El Faraón que decretó muerte para Moisés falleció. Los hijos de Israel clamaban a Dios por "...motivo de su servidumbre" (2:23). Dios los "oyó", los "miró" y "los reconoció" (2:24-25).

I. El descanso

"Y estando sentado junto al pozo, siete hijas que tenía el
sacerdote de Madián vinieron a sacar agua para llenar las
pilas y dar de beber a las ovejas de su padre" (2:16).

El fugitivo y fatigado príncipe de Egipto huyó y se refugió en la tierra de Madián, al otro lado del Mar Rojo por el brazo de agua conocido como Aqaba, lejos de la frontera con Egipto, posiblemente en lo que hoy día es Arabia Saudita. En Hechos 7:29 leemos: "Al oír esta palabra, Moisés huyó, y vivió como extranjero en tierra de Madián, donde engendró dos hijos".

Moisés dejó la seguridad del palacio por la inseguridad del desierto; dejó la comodidad de Egipto por la incomodidad del desierto; aunque salió vestido como príncipe egipcio, cambiaría su vestido por las ropas rústicas de un beduino del desierto.

En Hebreos 11:23-29, el escritor vio una cadena de actos de fe en la vida de Moisés que van desde su nacimiento hasta que inauguró la primera pascua hebrea.

Dios muchas veces nos impulsará al desierto para tratar personalmente con nosotros. En las experiencias del desierto, uno crece en su relación con Dios. En el desierto, dejaremos de depender de nosotros mismos, o depender siempre de otros, para depender más de Dios. El desierto es el lugar donde nos quitamos la etiqueta del orgullo, para ponernos los vestidos de la humildad. Allí cambiamos el uniforme del orgullo por el uniforme de la humildad.

Allí en el desierto de Madián, Moisés llegó a un pozo de agua, lugar de refrigerio y descanso: "Y estando sentado junto al pozo...". En un desierto, un pozo de agua para un ser humano jadeante, cansado y sediento es un milagro divino. Junto a aquel pozo, el peregrino sin dirección geográfica, sin meta de destino, se sentó a descansar.

¡Todos necesitamos un pozo de descanso! Un lugar donde paremos y busquemos dirección. El pozo es el lugar de la meditación, de la reflexión, de la recapacitación, de la autoevaluación y de la redirección.

Para el alma abatida y cansada del mundo, Jesucristo es el pozo de la esperanza. El creyente sediento de Dios —como el salmista describe: "Mi alma tiene sed de Dios, del Dios vivo" (Sal. 42:2)— reconoce que Jesucristo es ese pozo que satisface su sed interior.

Las siete hijas de Jetro, sacerdote de Madián, llegaron allí con sus cántaros para buscar agua para las ovejas de su padre (2:16). Lo inesperado ocurrió en aquel pozo. Unos pastores machistas, abusadores de los derechos de las mujeres, opresores de los indefensos, injustos con las minorías y con su clase social, empleadores de su fuerza, "echaron de allí" a aquellas indefensas mujeres.

Una vez más, la adrenalina se activó en el fugitivo Moisés, un ser humano que se airaba fácilmente, se enojaba ante el abuso de otros. Él reaccionó ante la injusticia como defensor de los oprimidos, como luchador de los derechos humanos; y "defendió" aquel grupo de pastoras. No solo eso, sino que también "...dio de beber a sus ovejas" (2:17).

Moisés siempre se estaba metiendo en líos por ayudar a otros. Era el "Chapulín colorado" de sus días, que diría: "No contaban con mi astucia". ¡Esa clase de persona con un corazón identificado con el dolor humano es la que Jesucristo está buscando! Hombres y mujeres que no simpaticen con el mal sobre otros, sino al contrario.

II. La oportunidad

> "Y dijo a sus hijas: ¿Dónde está? ¿Por qué habéis dejado
> a ese hombre? Llamadle para que coma" (2:20).

Jetro se sorprendió de que sus hijas pastoras hubieran regresado tan pronto del pozo de Madián: "...¿Por qué habéis venido hoy tan pronto?" (2:18). A lo que ellas respondieron: "...Un varón egipcio nos defendió de mano de los pastores, y también nos sacó el agua, y dio de beber a las ovejas" (2:19).

Ellas hablaron sorprendidas a su padre. Describieron a su defensor como "un varón egipcio". Moisés tenía nombre egipcio y vestía todavía como egipcio. Era un hebreo vestido de egipcio. ¿Cuántos cristianos hoy día andan vestidos del mundo? La actitud de Moisés fue servil al dar "de beber a las ovejas".

Muchos, aunque libres de Egipto, todavía no se han cambiado sus vestidos de egipcio. Todavía se parecen a ellos. Pero lo que Moisés representaba exteriormente no era la realidad de su ser interior. Tenemos que cuidarnos de no estar clasificando, criticando, discriminando a otros, simplemente por su apariencia externa.

Jetro preguntó: "¿Dónde está?". El trato de Dios comienza en el lugar donde estamos. ¿Dónde estás tú? ¿Dónde estoy yo? Con la hospitalidad característica de los que habitan el desierto, lo mandó a buscar. Moisés sería su invitado de honor a su tienda de pieles negras de cabras; comería con aquel jeque beduino. El trato de Dios en nuestra vida comienza precisamente donde estamos.

Dios muchas veces utilizará situaciones sin sentido y encuentros desprovistos de propósitos, para sencillamente meternos en el círculo de su voluntad. Por eso debemos ser sensibles a lo que Dios puede hacer a nuestro favor.

III. La compañía

> "Y Moisés convino en morar con aquel varón; y él dio su
> hija Séfora por mujer a Moisés" (2:21).

Aquella fue la comida del compromiso. Moisés estaba entre siete pretendientes; pero la costumbre del desierto era dar la hija mayor (Gn. 29:16-30), y parece ser este el caso con Séfora: "...y él dio su hija Séfora por mujer a Moisés" (Éx. 2:21).

Moisés y Jetro conversaron por mucho tiempo. Jetro quizá le habló del pacto de Abraham y de las promesas al pueblo hebreo, y de cómo él siendo madianita creía en el Dios de los hebreos.

Moisés le contó la verdad de su vida, de cómo siendo hebreo de nacimiento fue criado como príncipe egipcio en el palacio de Faraón, teniendo a Faraón como abuelo por adopción. Le contaría a Jetro de su impulsividad emocional y de cómo su ira lo había metido en serios problemas que lo llevaron hasta allí. Moisés y Jetro se complementaron; los dos se necesitaban.

Leemos: "Y Moisés convino en morar con aquel varón..." (2:21). ¡Fue una decisión correcta! Moisés necesitaba un lugar de refugio, además ya tenía cuarenta años de edad, y era tiempo de pensar seriamente en el matrimonio y en una familia. Mejor oportunidad que esta, nunca la encontraría. Moisés se ganó a Jetro por suegro, y Jetro se ganó a Moisés por yerno. Los dos ganaron.

Al primogénito que le nació de Séfora, le puso como nombre Gersón, literalmente: "Forastero", porque dijo: "...Forastero soy en tierra ajena" (Éx. 2:22). La tierra de Madián era para Moisés "tierra ajena" y nunca sería su tierra. Él era un peregrino de la fe. Madián fue una estación más en la vida. Moisés siempre vivió como un peregrino. Como uno que buscaría la tierra de la promesa, la cual vería, pero no entraría a ella. Dice un himno evangélico: "Peregrino soy aquí, mi hogar lejano está en la mansión de luz".

Tú y yo siempre seremos forasteros en tierra ajena; este mundo tiene sus puntos de detención geográficos, que son estaciones en nuestro éxodo espiritual. Jesucristo nos dirige a las mansiones celestiales.

En "tierra ajena" están aquellos que viven indocumentados en ciudades con buenos recursos económicos, con muchas fuentes de trabajo, donde hay oportunidades educativas para los hijos. Allí son forasteros, pero la Iglesia ora por ellos sin cesar pidiendo que Jesucristo los ayude.

En "tierra ajena" viven los misioneros que cruzan fronteras geográficas, lingüísticas y culturales, guiados por el solo propósito de ganar almas para Jesucristo. Llegan para enriquecer una cultura con el evangelio de Cristo y no para imponer su propia cultura.

En "tierra ajena" estamos, cuando movidos por la pasión del evangelio, nos trasladamos a otro país o continente y dejamos por un tiempo nuestra familia social y nuestra familia de la fe, para proclamar que ¡solo Cristo salva, solo Cristo sana!

En "tierra ajena" nos sentimos cuando mayorías partidistas, mayorías étnicas, mayorías de clases sociales privilegiadas nos marginan socialmente y nos tratan como a ciudadanos de segunda y tercera clase.

En "tierra ajena" nos encontramos cuando la discriminación y la segregación política o religiosa nos empujan a vivir atemorizados y oprimidos detrás del muro de la vergüenza y el dolor humano.

En "tierra ajena" se está cuando el flagelo del divorcio golpea la sensibilidad humana; o cuando la infidelidad de una pareja quiebra la tasa de la confianza; o cuando somos víctimas del chantaje emocional, del abuso doméstico, de la traición de un amigo o del abandono de un familiar.

En "tierra ajena" se encuentran todos aquellos que realizan trabajos que les disgustan, que no estudiaron para trabajar de esa manera, pero la necesidad apremiante los obliga a mantenerlos.

En "tierra ajena" están todos aquellos que viven en lugares indeseados, insalubres, incómodos, pero la necesidad los impele a estar ubicados allí, hasta que el Señor Jesucristo les provea de algo mejor.

En "tierra ajena" se encuentran hermanos y hermanas en la fe, a quienes les toca compartir con personas que no tienen valores ni principios, y menos la misma clase de fe que ellos tienen.

Todos nosotros hemos estado o visitado la "tierra ajena". El lugar donde estamos y no quisiéramos estar; donde jamás nos llegaremos a acostumbrar; donde veremos a otros como extraños, y ellos nos verán a nosotros como extraños.

Conclusión

Allí en Madián, murió espiritualmente el príncipe egipcio, el hombre del palacio, el ser humano de finas atenciones; y nació el pastor madianita, el hombre del desierto, el beduino rudo y tosco formado por las inclemencias del árido desierto. Pero sobre todo, allí en el desierto de Madián, Moisés pasaría cuarenta años en la educación y transformación de Dios. En el desierto, Dios forma hombres y mujeres con una visión del reino espiritual.

"Y LOS RECONOCIÓ DIOS"

5

"Y miró Dios a los hijos de Israel, y los reconoció Dios"
(Éx. 2:25).

Introducción

Éxodo 2:23-24 es un pasaje donde se pinta un cuadro de un pueblo en esclavitud, servidumbre y opresión, que clama, y Dios lo oye. Vemos que Dios presta atención a su pueblo. Interesante es señalar el precipicio cronológico entre Éxodo 2:23 y Éxodo 3:1; pasarían exactamente cuarenta años, toda una generación que clamó a Dios. A Dios le tomó cuarenta años contestar al pueblo hebreo.

I. El clamor

"Aconteció que después de muchos días murió el rey de Egipto, y los hijos de Israel gemían a causa de la servidumbre, y clamaron; y subió a Dios el clamor de ellos con motivo de su servidumbre" (2:23).

"Aconteció que después de muchos días murió el rey de Egipto…" En esos cuarenta años, el Faraón había fallecido, ahora un hijo de aquel, llamado Ramsés, era el monarca egipcio. Mientras Moisés maduraba en el desierto y crecía en la disciplina y formación divina, el cuadro de los hebreos en Egipto era uno de dolor, de abuso, de maltrato, de servidumbre. Las cosas iban de mal en peor. Para ellos no había un año mejor, sino un año peor.

El tiempo puede ser el peor enemigo o el mejor aliado. En este caso, "murió el rey de Egipto". Tarde o temprano el faraón de nuestra persecución tendrá que morir. De algún lugar, Dios traerá respiro y liberación. El tiempo del milagro se aproxima; la hora de la liberación viene de camino; tu opresión está por terminarse. En algún lugar, Jesucristo está preparando a algún Moisés o a alguna Ester para ayudarnos a ser libres.

En el libro de Ester 4:13-14, leemos:

> "Entonces dijo Mardoqueo que respondiesen a Ester: No pienses que escaparás en la casa del rey más que cualquier otro judío. Porque si callas absolutamente en este tiempo, respiro y liberación vendrá de alguna otra parte para los judíos; mas tú y la casa de tu padre pereceréis. ¿Y quién sabe si para esta hora has llegado al reino?"

"...y los hijos de Israel gemían a causa de la servidumbre y clamaron..." (Éx. 2:23). En la *Biblia del Peregrino*, se traduce la expresión anterior como: "...y los israelitas se quejaban de la esclavitud y clamaron...". Solo se escuchaba de ellos notas discordantes, cánticos de pena; el dolor hacía eco en sus almas, sus campanas repicaban tristezas. Gemir es orar llorando.

Muchos seres humanos gimen a causa de la servidumbre del pecado. Son esclavos de sus vicios, de sus malos hábitos, de sus apetitos insaciables. Desean cambiar, quieren ser libres, pero no saben cómo. ¡Jesucristo es la respuesta! ¡Él es la solución! ¡Recíbelo en tu vida! ¡Déjalo que te transforme y te haga libre!

"...y subió a Dios el clamor de ellos con motivo de su servidumbre" (2:23). La *Biblia del Peregrino* dice: "...Los gritos de auxilio de los esclavos llegaron a Dios". ¡Dios oyó su clamor! Les tomó a ellos cuatrocientos treinta años de oración, pero finalmente Dios haría algo. Dios no estaba tardando. ¿Cuánto tiempo llevas clamando a Dios por algo? No te desanimes, el día de ser escuchado tu clamor puede estar cerca.

Dice Dios: "Clama a mí, y yo te responderé, y te enseñaré cosas grandes y ocultas que tú no conoces" (Jer. 33:3). Con Dios tenemos una línea abierta las veinticuatro horas del día, los siete días de la semana, un 24/7. Por medio de la oración, llegan respuestas divinas, y viene revelación divina. A aquel que ora, Dios le enseña muchas cosas, le revela muchos misterios y lo lleva a muchas profundidades espirituales.

II. La memoria

"Y oyó Dios el gemido de ellos, y se acordó de su pacto
con Abraham, Isaac y Jacob" (2:24).

¡Dios todo lo oye! Que no responda en nuestro tiempo no significa
que esté sordo o desatento. Él sabrá cuándo responder en su tiempo.
Por nuestra parte, debemos ser pacientes y aprender a esperar en
Dios. El día de tu milagro, el día de tu liberación, el día de tu escape
viene de camino.

"Y oyó Dios el gemido de ellos..." ¡Qué buena noticia! La línea
911 de emergencia al cielo recibió aquel clamor. Dios no necesita de
un buzón de llamadas o de una máquina contestadora automática.
Él nos oye cuando gemimos. Cuando el pueblo apretó su clamor,
Dios apretó su respuesta.

Ora a Dios cuando necesites una solución a tus problemas.
Ora a Dios cuando todo te salga al revés. Ora a Dios cuando se
te cierren todas las puertas, para que Jesucristo te abra una. Ora a
Dios cuando llegues a un laberinto sin salida, para que Jesucristo
te abra camino.

"...y se acordó de su pacto con Abraham, Isaac y Jacob". ¡Qué buena
memoria! Dios no olvida nada. Es un Dios de pactos. Los pactos son
bilaterales, uno ofrece y el otro recibe; ambas partes tienen que estar
seriamente comprometidas. El pacto hecho a Abraham, confirmado
a Isaac y certificado a Jacob, ahora tenía que ser transferido a aquel
pueblo oprimido por la esclavitud, abusado por el poder, segregado
por la discriminación, rebajado por los orgullosos, aplastado por los
poderosos. Haz pactos con Dios y verás la bendición de Él para tus
generaciones.

José, el patriarca, recordado por los sueños, antes de morir en
Egipto les profetizó a sus hermanos: "Y José dijo a sus hermanos:
Yo voy a morir; mas Dios ciertamente os visitará, y os hará subir de
esta tierra a la tierra que juró a Abraham, a Isaac y a Jacob. E hizo
jurar José a los hijos de Israel, diciendo: Dios ciertamente os visitará,
y haréis llevar de aquí mis huesos. Y murió José a la edad de ciento
diez años; y lo embalsamaron, y fue puesto en un ataúd en Egipto"
(Gn. 50:24-26).

Pasaron cuatrocientos treinta años antes de que esta profecía
se cumpliera. Pero la cuenta profética había llegado al final. La
alarma del reloj divino estaba por sonar. El pacto abrahámico, de
tres generaciones, se cumpliría. Todos los pactos que Dios hizo con
la nación de Israel se tienen que cumplir antes de ver el reinado
milenario establecido.

Recuérdale a Dios en oración sus pactos, sus promesas bíblicas. Cítale a Él lo que ha prometido en su Palabra. Ora profetizando la Palabra escrita para tu vida.

Para el traslado, rapto o *arpazo* (gr.) de la Iglesia, no hay una sola profecía que se tenga que cumplir, solo estamos esperando el pronto retorno de Jesucristo a la tierra para levantar a un pueblo lavado en la sangre del Cordero. Pero antes de la segunda venida de Jesucristo a la tierra para establecer su reino milenario, muchas profecías apocalípticas y de los profetas se tienen que cumplir. Dios volverá a tratar con Israel como nación, y muchos judíos se volverán a Dios como el remanente de los 144.000 sellados de Apocalipsis 7 y 14. La tribulación será un tiempo de Dios para tratar con el pueblo de Israel y para juzgar al mundo.

Dios se acuerda de todo lo que le has pedido. Él sabe todo lo que te han hecho. Sabe todo lo que te han engañado. Él conoce todo tu sufrimiento. Está consciente de todo tu dolor. Te ha visto en toda tu soledad. Conoce todos tus errores. No ignora ninguna de tus debilidades. Considera todas tus tentaciones. ¡De todo, Él se acuerda! No solo de ti, sino también de mí. Él nunca se olvida de nosotros.

Es muy probable que la noticia del clamor de los hijos de Israel hubiera llegado a Moisés. En esta etapa de su vida, Moisés era más paciente y dejaba todo en las manos de Dios. La experiencia en el desierto nos enseña a confiarlo todo a Dios, a esperar todo de Dios y a dejar a Dios hacer todo lo que Él tenga programado.

III. La atención

"Y miró Dios a los hijos de Israel, y los reconoció Dios"
(2:25).

Tal parece que por cuatrocientos treinta años, Dios no miró a su pueblo hebreo: "Y miró Dios a los hijos de Israel…". ¿Te has sentido alguna vez como si Dios no te estuviera mirando? ¿Como si lo que te está ocurriendo a Él no le importase? ¿Has tratado de llamar la atención de Dios hacia tu situación, pero tan solo sientes que Dios es indiferente? Todos, tú, otros y yo, nos hemos sentido en algún momento de nuestra historia espiritual como abandonados por Dios; náufragos refugiados en la isla de la esperanza.

Dios no perdió su visión del pueblo de Israel: "Y miró Dios a los hijos de Israel…". Aunque ellos no lo miraran a Él, Él los miró a ellos. Dios te está mirando. Dios me está mirando. Él mira dónde estamos y mira cómo estamos. Su óptica divina está enfocada en ti y en mí. Nos mira en nuestra desesperación. Mira nuestro entorno de adversidades. Nos mira en nuestras luchas y pruebas. Mira nuestras faltas y desaires. Mira el abuso contra nosotros. Nos mira sentados en la mecedora o dormilona del desánimo. Mira nuestro pasado, mira nuestro presente y mira nuestro futuro. Nos mira en donde estamos.

"...y los reconoció Dios". ¿Has tenido la experiencia de no ser reconocido por alguien a quien tú reconoces? ¿Cómo te sientes cuando alguien no te reconoce? ¿Te ha reconocido alguien al cual no reconoces? Personalmente tengo muy buena memoria reconociendo a amigos y conocidos hasta con cuarenta años de no haberlos visto. El rostro me es conocido, aunque de momento no recuerde su nombre. Pero en el trueque de información social y transmisión emocional, por fin logro reconciliar, la mayoría de las veces, el nombre con el rostro.

En la *Biblia del Peregrino* se lee: "Y viendo a los israelitas, Dios se interesó por ellos". Tú y yo le interesamos a Dios. Él nos ve en nuestra aflicción y dolor humano. Dios mira y reconoce a sus hijos, aunque cambien, sean indiferentes, ya no hablen con Él, no mantengan comunión con su persona ni busquen su rostro. Dios nunca se olvida de ellos. Jesucristo siempre nos reconocerá. Seremos siempre identificados por Él.

Conclusión

Por más lejos que huya el pecador y el descarriado de la presencia del Señor Jesucristo, a la distancia geográfica y del tiempo, el Salvador siempre los reconocerá. Aunque el pecador se esconda en el disfraz del engaño, Jesucristo lo descubrirá.

"Y TE ENVIARÉ A FARAÓN"

"Ven, por tanto, ahora, y te enviaré a Faraón,
para que saques de Egipto a mi pueblo,
los hijos de Israel" (Éx. 3:10).

Introducción

En el monte Horeb (3:1), Jehová se le reveló a Moisés en una llama de fuego que estaba en medio de una zarza que ardía y no se consumía (3:2-3). Entre Moisés y Dios, se desarrolló un diálogo (3:4-22). Allí Moisés fue comisionado con la misión de solicitar de parte de Dios a Faraón la liberación del pueblo hebreo.

Lo que Moisés deseó hacer cuarenta años atrás sin la palabra de Dios, al ver que un egipcio maltrataba a un hebreo, ahora con la palabra de Dios, estaba autorizado para actuar en una misión respaldada por el cielo.

I. La visión

"Entonces Moisés dijo: Iré yo ahora y veré esta grande
visión, por qué causa la zarza no se quema" (3:3).

La escena introduce oficialmente a Moisés como un pastor madianita. Los madianitas y los hebreos estaban emparentados por Abraham con su otra esposa, Cetura. De esta descendió, a través de su hijo Madián, este pueblo que habitó en Arabia. Leemos en Génesis 25:1-5:

"Abraham tomó otra mujer, cuyo nombre era Cetura, la cual le dio a luz a Zimram, Jocsán, Medán, Madián, Isbac y Súa. Y Jocsán engendró a Seba y a Dedán; e hijos de Dedán fueron Asurim, Letusim y Leumim. E hijos de Madián: Efa, Efer, Hanoc, Abida y Elda. Todos estos fueron hijos de Cetura. Y Abraham dio todo cuanto tenía a Isaac. Pero a los hijos de sus concubinas dio Abraham dones, y los envió lejos de Isaac su hijo, mientras él vivía, hacia el oriente, a la tierra oriental".

Las ovejas que no eran de él, Moisés las llevó por el desierto hasta el monte Horeb, el monte de Dios (3:1). Una tradición muy difundida identifica al *Jabel-Musa* en la Península del Sinaí con el monte de Dios, el monte Horeb, el monte Sinaí, al sur de dicha península. Fue desde los días del emperador cristiano Constantino y de su madre Elena que se señaló al *Jabel-Musa*, como el lugar tradicional. Desde luego otra tradición identifica al Monte Sinaí en la Arabia Saudita.

Leemos: "Apacentando Moisés las ovejas de Jetro su suegro, sacerdote de Madián, llevó las ovejas a través del desierto..." (3:1). Realizando un simple oficio de pastor de ovejas, Dios estaba preparando a Moisés para el gran oficio de dirigir a un gran pueblo. El Señor Jesucristo muchas veces utilizará las experiencias de un trabajo secular e insignificante para algunos, para capacitarnos en la obra del ministerio.

De príncipe egipcio, de general militar, de ser parte de la realeza, Moisés descendió a una baja posición social. Muchos de nosotros nos encontraremos como Moisés realizando trabajos para los cuales no fuimos formados ni nos preparamos en nuestra juventud, porque las necesidades nos obligarán a realizarlos. Moisés nunca pensó, mientras se educaba como príncipe egipcio, que un día sería degradado a un trabajo detestado por la cultura egipcia.

En Génesis 46:31-34 dice:

> "Y José dijo a sus hermanos, y a la casa de su padre: Subiré y lo haré saber a Faraón, y le diré: Mis hermanos y la casa de mi padre, que estaban en la tierra de Canaán, han venido a mí. Y los hombres son pastores de ovejas, porque son hombres ganaderos; y han traído sus ovejas y sus vacas, y todo lo que tenían. Y cuando Faraón os llamare y dijere: ¿Cuál es vuestro oficio? entonces diréis: Hombres de ganadería han sido tus siervos desde nuestra juventud hasta ahora, nosotros y nuestros padres; a fin de que moréis en la tierra de Gosén, porque para los egipcios es abominación todo pastor de ovejas".

En el pastorado de ovejas, Moisés aprendió a ser paciente con aquellas ovejas de actitudes tontas y llenas de pereza; las alimentaba, les daba cariño, mediaba entre ellas cuando se peleaban por cosas insignificantes, las buscaba cuando se extraviaban del camino y no sabían cómo regresar, las dirigía en tiempos buenos y malos, y les daba afecto y atención. En mis viajes a Israel, Jordania, Egipto y Turquía, he podido observar cómo muchas veces los pastores no van frente al rebaño, sino que se mueven con el rebaño o detrás de este.

Junto a Jetro, el sacerdote de Madián, Moisés aprendió a adorar a Dios, aprendió de liturgia religiosa, aprendió a representar a Dios ante el pueblo y al pueblo ante Dios. Jesucristo siempre pondrá en nuestra vida algún mentor o *coach* espiritual para enseñarnos cosas que en el desarrollo de un futuro ministerio serán esenciales.

Leemos: "...y llegó hasta Horeb, monte de Dios" (Éx. 3:1). Horeb desde el principio aparece designado como el "monte de Dios"; el lugar alto de Dios. Ya dije que una tradición lo identifica con el *Jabel-Musa* al sur del Sinaí. Pero el apóstol de Tarso parece identificarlo como ubicado en Arabia:

> "Lo cual es una alegoría, pues estas mujeres son los dos pactos; el uno proviene del monte Sinaí, el cual da hijos para esclavitud; éste es Agar. Porque Agar es el monte Sinaí en Arabia, y corresponde a la Jerusalén actual, pues ésta, junto con sus hijos, está en esclavitud" (Gá. 4:24-25).

Allí en las inmediaciones del "monte Horeb", el Ángel de Jehová se le apareció a Moisés en una llama de fuego, en medio de una zarza y habló con él.

Era común y ordinario ver alguna zarza ardiendo en el desierto. Seca y expuesta a las altas temperaturas del calor, era material combustible. Leemos en Jueces 9:14-15 lo siguiente: "Dijeron entonces todos los árboles a la zarza: Anda tú, reina sobre nosotros. Y la zarza respondió a los árboles: Si en verdad me elegís por rey sobre vosotros, venid, abrigaos bajo de mi sombra; y si no, salga fuego de la zarza y devore a los cedros del Líbano".

Lo extraordinario, lo fuera de serie, lo que en verdad ocurrió es que esta zarza no se consumía. Fue esto lo que hizo a Moisés exclamar: "...Iré yo ahora y veré esta grande visión, por qué causa la zarza no se quema" (Éx. 3:3).

Muchos de nosotros somos como zarzas ordinarias, simples personas, seres humanos comunes y corrientes, nada especial se ve en nuestras vidas; pero la presencia del fuego del Espíritu Santo nos puede hacer arder en pasión evangelística y no nos dejará consumir. Hay quienes arden por un tiempo, pero luego se consumen; para los apasionados el fuego los termina, o ellos terminan el fuego.

Dios, tomando la delantera, le habló desde la zarza: "Viendo Jehová que él iba a ver, lo llamó Dios de en medio de la zarza, y dijo: ¡Moisés, Moisés! Y él respondió: Heme aquí. Y dijo: No te acerques; quita tu calzado de tus pies, porque el lugar en que tú estás, tierra santa es" (3:4-5).

"...No te acerques..." Dios muchas veces nos amonesta a guardar distancia, a mantenernos en nuestro lugar, a no cruzar la frontera de su permiso, a no acercarnos demasiado con la finalidad de satisfacer nuestro raciocinio. Tenemos que esperar que Dios nos hable donde estamos. La curiosidad había hecho que Moisés deseara acercarse para ver por qué la zarza no se consumía.

Cuando Dios nos dice que no nos acerquemos a algo, tenemos que obedecerlo, aun cuando veamos y sintamos que la acción hecha por nosotros es espiritual. Dios ha dicho que no, y si lo hiciéramos, estaríamos en desobediencia.

En ese desierto, Dios creó un lugar santo. Donde está Dios, allí está su santidad. El lugar no hace a Dios, Dios hace el lugar. El templo no hace santo a Dios, Dios hace santo el templo. El lugar no nos hace a nosotros, nosotros hacemos el lugar cuando le servimos a Dios.

La zarza no era lo importante, lo importante era Dios. Muchas veces nos confundimos con las cosas y las personas que Dios usa. Dios es más importante que el milagro. La zarza no era nada, pero Dios la hizo ser algo. En algún desierto nuestro, Dios puede encender alguna zarza para hablarnos a nuestras vidas. Aun tú y yo podemos ser una zarza encendida para cualquier vida que necesita escuchar a Dios. No nos sorprendamos cuando alguien diga que Dios habló por medio de nosotros. En especial, en esos días en que nos sentimos secos espiritualmente como aquella zarza del Sinaí.

II. La revelación

"...¡Moisés, Moisés! Y él respondió: Heme aquí" (3:4).

"...¡Moisés, Moisés!..." A Abraham Dios también llamó (Gn. 22:1). Y a lo largo de la Biblia, encontramos a Dios hablando personalmente con muchos de los que llamó a su obra. De alguna manera, los que son llamados por Dios deben tener esa confianza de que un día Dios les habló.

El Dios de la visión se transformó en el Dios de la revelación. De igual manera, el Dios de la unción tiene que ser el Dios de la revelación. Con la repetición del nombre de Moisés, Dios le afirmaba su llamado, captaba su atención humana. Interesante es que el milagro de la zarza se asocia con la palabra de Dios, con lo que Dios dice. Dios le llamó la atención con la zarza para hablar con él.

Matthew Henry dijo: "Pero Moisés conoció a Dios en el desierto mucho mejor de lo que le había conocido en la corte de Faraón" (*Comentario bíblico de Matthew Henry*, Editorial CLIE, p. 79). En el desierto, en la prueba, en la soledad, el Espíritu Santo habla a nuestras vidas.

Leemos: "Y dijo: No te acerques; quita tu calzado de tus pies, porque el lugar en que tú estás, tierra santa es" (Éx. 3:5). Dios le pidió a Moisés distancia y lo instruyó a descalzarse. Costumbre muy común en el oriente es la de quitarse los zapatos al entrar a las casas o a los santuarios. Los musulmanes, asiáticos y orientales practican quitarse el calzado.

En visitas realizadas a países del medio oriente (Turquía, Jordania e Israel) y del oriente (Corea y Japón), y en la India, donde prediqué entre indios cristianos, me tuve que quitar los zapatos. Aun en la ciudad de Nueva York, en visitas a hogares de personas del oriente, he tenido que quitarme los zapatos. Quitarse el calzado es una manifestación de respeto, como lo es entre nosotros quitarse el sombrero.

Cuando los sacerdotes entraban al templo, se tenían que quitar el calzado como señal de limpieza, de autonegación, de sumisión a Dios. Al descalzarse demostraban que ahora andaban en santidad para Dios.

Dios muchas veces nos amonesta a guardar distancia, a man-tenernos en nuestro lugar, a no cruzar la frontera de su permiso, a esperar que Él nos hable donde estamos. La curiosidad había hecho que Moisés deseara acercarse para ver por qué la zarza no se consumía. Un dicho popular dice: "La curiosidad mató al gato".

Dios no dice: "Porque la zarza que estás viendo, zarza santa es". Lo que dijo fue: "...porque el lugar en que tú estás, tierra santa es". Fue la primera vez que se designaba parte de lo que sería conocido como "tierra santa". La otra mención con una connotación similar se le dio a Josué cerca de Jericó: "Y el Príncipe del ejército de Jehová respondió a Josué: Quita el calzado de tus pies, porque el lugar donde estás es santo. Y Josué así lo hizo" (Jos. 5:15).

Nosotros designamos cosas santas, Dios designa lugares santos. En muchos templos evangélicos, el altar donde se predica es santo.

Pero ¿qué del resto del santuario? ¿De los cuartos o las habitaciones? ¿De los servicios sanitarios? ¿Del atrio o patio del templo? ¿De los instrumentos musicales? ¿De los equipos de la iglesia? Todo lo que es de Dios es santo.

Del término "tierra santa", se acuñó la expresión o eslogan para referirse a Israel como "tierra santa"; aunque Dios vio a Sinaí en Egipto y a lo que hoy es Jordania como "tierra santa".

Leemos: "Y dijo: Yo soy el Dios de tu padre, Dios de Abraham, Dios de Isaac, y Dios de Jacob. Entonces Moisés cubrió su rostro, porque tuvo miedo de mirar a Dios" (Éx. 3:6). A Moisés, Dios se le presentó como el Dios de sus generaciones anteriores, la generación de su padre, la de Abraham, la de Isaac y la de Jacob. Con una nómina de patriarcas, Dios le exhibió su identificación a Moisés. Y le dejó ver que es un Dios de pactos que honra generaciones.

Ahora Moisés estaba seguro de quién estaba en medio de la zarza ardiendo y que le hablaba, "...entonces Moisés cubrió su rostro, porque tuvo miedo de mirar a Dios" (3:6). No sería la primera ni la última vez que Moisés tendría experiencias con Dios de esta índole, y también se cubriría el rostro. Leemos:

> "Dijo luego Jehová: Bien he visto la aflicción de mi pueblo que está en Egipto, y he oído su clamor a causa de sus exactores; pues he conocido sus angustias, y he descendido para librarlos de mano de los egipcios, y sacarlos de aquella tierra a una tierra buena y ancha, a tierra que fluye leche y miel, a los lugares del cananeo, del heteo, del amorreo, del ferezeo, del heveo y del jebuseo. El clamor, pues, de los hijos de Israel ha venido delante de mí, y también he visto la opresión con que los egipcios los oprimen" (3:7-9).

Dios le dijo a Moisés que Él sabía de la condición de su pueblo: (1) "he visto la aflicción"; (2) "he oído su clamor"; (3) "he conocido sus angustias". ¡Vi, oí, conocí! Dios se identifica con la aflicción, el clamor y las angustias de un pueblo oprimido, desesperado, abandonado al infortunio de la vida. Es el Dios de los pobres, de los oprimidos, de los desamparados, de los discriminados.

Dios reaccionó solidarizándose con ellos al decir: (1) "y he descendido para librarlos de mano de los egipcios" (2) "y sacarlos de aquella tierra a una tierra buena y ancha, a tierra que fluye leche y miel".

El Dios trascendental se hace inmanente en el tiempo y el espacio. Se ubicó en el presente de la aflicción y las angustias de su pueblo.

Jesucristo también descendió en la encarnación para sacarnos de la opresión y esclavitud que el pecado imponía sobre nosotros en el mundo.

III. La comisión

"Ven, por tanto, ahora, y te enviaré a Faraón, para que saques de Egipto a mi pueblo, los hijos de Israel" (3:10).

"Ven, por tanto, ahora…" A Moisés, Dios le hizo un llamado inmediato, era para "ahora". Lo llamó en su "ahora". A muchos el Señor Jesucristo los llama en su "ahora", pero quieren responder en su "después".

Ellos le responden al Espíritu Santo que los llama: "Ahora no, déjalo para después". No esperes retirarte de tu trabajo, para comenzar a trabajar en el trabajo al cual el Señor te llama "ahora". ¡Trabaja ahora! ¡Gana almas para Jesucristo ahora! ¡Haz trabajo misionero ahora! ¡Predica ahora! ¡Siembra financieramente ahora! ¡Asiste al templo ahora, no desees hacerlo cuando te quede poco tiempo en esta tierra!

"…y te enviaré a Faraón…" Moisés volvería donde cuarenta años atrás había salido como un fugitivo. El recuerdo del palacio de Faraón con sus largos pasillos, salas amplias, antesalas, habitaciones reales, habitaciones de visitas, habitaciones de trabajadores, y toda la etiqueta y el protocolo del palacio faraónico lo capturó en el momento que Dios le dijo: "Te enviaré a Faraón" .

Antes, Moisés trató de hacer las cosas en su tiempo y a su manera. En el desierto, aprendió que sería en el tiempo de Dios. Regresaría a Egipto bajo comisión divina porque Dios era el que lo estaba enviando a Faraón.

¿A quién nos está enviando Dios? ¿A quién tenemos que hablar de Jesucristo? ¿Qué vidas estarán esperando que lleguemos a ellos? ¿Por qué debemos sembrar y regar en otros? ¿A cuántos faraones de este mundo, ya Dios les tiene preparado algún Moisés? ¿Serás tú o seré yo?

"…para que saques de Egipto a mi pueblo, los hijos de Israel". Esa misión sería "Operación Moisés". Dios no le dio detalles. En el proceso vendrían los detalles. Dios nunca da una agenda clara, desarrollada o explicada, porque a medida que respondemos a su voluntad y hacemos el trabajo, la agenda se va clarificando. ¡Muchas personas no entienden esto! Quieren de parte del Señor Jesucristo todos los detalles y los pormenores. Por eso no llegan a ser efectivos en el ministerio.

Primero, Dios llamó a Moisés con las palabras: "¡Moisés, Moisés!". Y luego Dios lo comisionó diciéndole: "Para que saques de Egipto a mi pueblo". El llamado divino antecede a la tarea profética y ministerial. Eso determinará el éxito o el fracaso de un ministerio. Notemos la aclaración: "los hijos de Israel". Dios elige personas para grupos determinados. A nosotros nos ha elegido para los latinos, a otros para los anglos y así sucesivamente.

En este milagro de liberación para los hebreos, Dios necesitaba la ayuda de Moisés. El Señor Jesucristo realiza muchos milagros contando con nuestro apoyo y con nuestra disposición. Moisés en sí era un milagro para el pueblo hebreo. Tú y yo somos milagros de Dios para alguien en necesidad. Dios podía hacer esa liberación sin Moisés, pero lo haría con Moisés.

Conclusión

Sin nosotros Jesucristo puede hacer mucho, pero ese mucho lo quiere hacer contigo y conmigo. Seamos socios con Él, y juntos cumplamos con un gran propósito.

"¿QUIÉN SOY YO?"

"Entonces Moisés respondió a Dios: ¿Quién soy yo para que vaya a Faraón, y saque de Egipto a los hijos de Israel?" (Éx. 3:11).

Introducción

Moisés, ante la comisión dada por Dios para que hablara al Faraón, se vio insignificante (3:11). Dios lo afirmó en su comisión (3:12). Ante la inquietud de ser rechazado por su coterráneos, Dios se le reveló como el "...YO SOY EL QUE SOY..." (3:14) y como el Dios del pacto de tres generaciones (3:15-16).

Jehová le aseguró a Moisés que el pueblo oiría su voz (3:17-18), aunque Faraón no los dejaría "...sino por mano fuerte" (3:19). Al final a causa de las plagas que vendrían sobre Egipto, este monarca los dejaría ir (3:20). El pueblo hebreo saldría con gracia delante de los egipcios, recibiendo ofrendas financieras de estos (3:21-22).

¿Cuáles son algunas razones por las cuales las personas no toman ciertos retos en la vida? ¿Cuáles son las excusas típicas para evadir retos? ¿Cómo pueden ayudarnos los retos difíciles en el desarrollo personal y en el carácter?

I. La inseguridad

"Entonces Moisés respondió a Dios: ¿Quién soy yo para que vaya a Faraón, y saque de Egipto a los hijos de Israel?" (3:11).

Las pruebas del desierto enseñan humildad. Moisés se sintió incapaz de realizar la gran tarea asignada por Dios. Se veía muy insuficiente, incompetente, no apto para esta misión profética. En realidad Moisés era el más adecuado para cumplir con la gran tarea asignada por Dios, pero él en su humildad no sentía que lo fuera. En Jueces 9:8-15, hay una alegoría sobre diferentes árboles, como el olivo, la higuera, la vid y la zarza. Esta última, la zarza, que nada podía ofrecer fue la que quiso ser rey. Esta alegoría bien puede ilustrar la humildad de los que verdaderamente pueden hacer algo, contra la de aquellos que se creen ser algo, pero no califican.

Los hombres y las mujeres de Dios que han realizado grandes hazañas en el reino de Dios, al principio consideraron que Él estaba equivocado con ellos. Ni ellos mismos podían creer lo que Dios era capaz de hacer a través de ellos. Ante las grandes misiones de Dios, los hombres y las mujeres llamados por Jesucristo se ven muy pequeños, limitados e impotentes para las demandas de un ministerio. ¡El grande se siente pequeño! ¡Da pena ver a un pequeño sentirse grande! Los verdaderos gigantes de la fe son pequeños ante los ojos del mundo.

"¿Quién soy yo?" Esta es la pregunta existencial que se hacen muchos seres humanos. Es la búsqueda del yo, encontrarnos a nosotros mismos. Descubrir quiénes somos. Muchos piensan que son algo cuando no lo son. Otros piensan que una persona es algo, cuando esta sabe que no es nada. La gran mayoría anda siempre preguntándose: "¿Quién soy yo?". En el caso de Moisés, esta interrogante de la vida revela su falta de identidad. Hasta ese encuentro de revelación de lo divino a lo humano —porque nosotros no nos revelamos a Dios, sino que Dios se revela a nosotros—, Moisés carecía de una identidad.

En sus primeros cuarenta años, Moisés vivió pretendiendo ser alguien que en realidad no era. Estudió en el templo de Atón. Aprendió el protocolo de la realeza faraónica. Hablaba, vestía y se comportaba como un príncipe egipcio. Por fuera era egipcio, pero en su corazón era hebreo. La crianza de su madre Jocabed lo había marcado desde adentro.

Sus segundos cuarenta años, Moisés vivió como forastero en tierra ajena (2:22). Tomó prestada otra cultura que no era la destinada para él; en realidad era todo lo opuesto a la primera. Su lenguaje, vestidura y comportamiento contrastaban con todo lo que había sido anteriormente.

Moisés pasó los últimos cuarenta años de su vida descubriendo quién era Dios y quién era él. A medida que se tiene una revelación que produce conocimiento de Dios, nos conocemos a nosotros mismos. Según especula la Midrash hebrea, a Dios le tomó siete días convencer a Moisés de que aceptara esta asignación divina.

Una gran mayoría de seres humanos viven toda una vida pretendiendo ser lo que en realidad no son. Viven de apariencias, de autoengaños, de mentiras, de hipocresías, queriendo ser lo que no son. Viven actuando un personaje que en realidad no son. ¡Buscan su verdadera identidad en la montaña rusa de la vida!

"¿Quién soy yo?" revela la falta de identidad en Moisés. Es la pregunta que todos debemos hacernos. Es realizar un inventario personal de nuestros gustos, emociones, sentimientos, pensamientos. Es descubrir ese *soy* en el *yo*. Reconocer lo que no somos y aceptar lo que somos. Hasta que no sepamos quiénes somos, no sabremos hacer lo que debemos hacer.

Como veremos más adelante, descubrimos nuestro "soy yo", cuando Dios revela su "YO SOY". Nuestra identidad se descubre en la revelación que tengamos del Señor Jesucristo en nuestras vidas. Al descubrirlo a Él, nos descubrimos a nosotros mismos. De su revelación llegamos a nuestra revelación.

Dios afirmó a Moisés en su misión humana: "Y él respondió: Ve, porque yo estaré contigo; y esto te será por señal de que yo te he enviado: cuando hayas sacado de Egipto al pueblo, serviréis a Dios sobre este monte" (3:12).

"...Ve, porque yo estaré contigo..." Es una orden divina acompañada de la presencia divina. No era la tarea de Moisés solo, sino la tarea de Moisés con Dios. Él llegaría a Faraón y ante el pueblo hebreo con la compañía invisible de Dios. El ministerio no es de uno, sino de Jesucristo con uno. Ese uno hace la diferencia. Podemos ser un cero a la derecha, pero Jesucristo es el uno a la izquierda; y uno más cero forman el diez (**1+0, 10**).

"...y esto te será por señal..." Muchas señales de Dios son simples. Nosotros somos los que complicamos las cosas divinas. En algo sencillo, Jesucristo nos puede dar una señal. No busquemos muchas señales de Dios, una sola señal puede ser suficiente. Recuerda que las señales de Dios se necesitan cuando no estamos seguros o no conocemos la voluntad de Dios. Jesucristo fue simple. El evangelio es simple. La Iglesia es simple. Las predicaciones son simples. Nosotros hemos complicado la tarea de la evangelización. Hoy día nos pasamos de programa en programa, la mayoría complicados, para cumplir con la Gran Comisión. Regresemos a la simpleza del libro de los Hechos y veremos mejores resultados.

"...serviréis a Dios sobre este monte". El monte Sinaí por muchos años fue el punto de referencia de Dios a Moisés y al pueblo hebreo. Allí fue donde Dios habló a Moisés. En aquel monte que santificó con su presencia, el pueblo le serviría con ofrendas y sacrificios. Cada uno de nosotros debe tener un monte donde servir a Dios. Eso es todo lo que Dios espera de nosotros, servicio a Él, no que Él nos sirva a nosotros, aunque Él sí lo hace. Que Dios esté contigo y conmigo es la mejor señal que podemos dar a cualquiera acerca de Él.

II. La revelación

"Dijo Moisés a Dios: He aquí que llego yo a los hijos de Israel, y les digo: El Dios de vuestros padres me ha enviado a vosotros. Si ellos me preguntaren: ¿Cuál es su nombre?, ¿qué les responderé?" (3:13).

Moisés estuvo hablando con Dios, pero no conocía el nombre de Dios. No tuvo problemas en aceptar a Dios como el Dios de los padres Abraham, Isaac y Jacob. Pero sí le preocupó cuál era su nombre. Presentía que los hebreos le harían esa pregunta.

Leemos: "Y respondió Dios a Moisés: YO SOY EL QUE SOY. Y dijo: Así dirás a los hijos de Israel: YO SOY me envió a vosotros" (3:14). Esto es claro, Dios es el que es. Es el Dios del pasado, del presente y del futuro. Se manifestó como el "YO SOY". A los hebreos, Moisés les daría esta recomendación: "YO SOY me envió a vosotros". Con ese nombre Dios revelaba su existencia, su eternidad y su inefabilidad. Literalmente significa: "Yo soy el que estaré siempre con ustedes para salvarlos" (Reina-Valera 1995, Edición de Estudio).

La revisión de Cipriano de Valera de 1602 se lee en castellano antiguo, y deseo mantener el escrito tal y como es: "Y refpodió Dios a Movfe: Seré: El que Seré: Y dixo: Anfi dirás a los hijos de Iftael: Seré me ha embiado a vosotros". Se traduce el nombre de Dios como: "Seré: El que seré". Esto habla de la inmutabilidad y eternidad de Dios. Jesús de Nazaret también se presentó como el "YO SOY": "Yo soy el camino". "Yo soy la vida". "Yo soy la luz". "Yo soy el Buen Pastor". "Yo soy la estrella de la mañana". "Yo soy la raíz de David".

Usar o emplear el nombre de alguien denota representar a esa persona y participar de su autoridad. El nombre de Jesús de Nazaret confiere esas atribuciones a la Iglesia y al creyente (Lc. 9:49; Jn. 1:12; 16:23; Hch. 3:16; 4:12; 8:16; 10:43; 15:17; 26:9; Ro. 9:17; 10:13; Ef. 1:21; Fil. 2:9; Col. 3:17; 1 Jn. 5:13; Ap. 2:13).

El autor de Hebreos dijo sobre Él: "Jesucristo es el mismo ayer, y hoy, y por los siglos" (13:8). En Jesucristo se reconcilia el ser con la eternidad; el pasado y el presente con lo eterno. Nuestra confianza y esperanza cristiana está en uno que es inmutable, que no cambia, que permanece para siempre.

Moisés les diría a los hebreos cautivos en Egipto que "...el Dios de Abraham, Dios de Isaac y Dios de Jacob..." (Éx. 3:15) lo había enviado a ellos (3:15). Interesante es notar que Abraham, Isaac y Jacob fueron bendecidos por Dios. Ellos también fueron seres humanos con flaquezas, debilidades, falta de carácter, que en muchos momentos de sus vidas tuvieron cavilaciones. Pero a pesar de todo esto, Dios dice que es el Dios de ellos.

Jehová dijo: "...Este es mi nombre para siempre; con él se me recordará por todos los siglos" (3:15). Notemos cómo el "YO SOY EL QUE SOY" presenta su nombre a Moisés diciendo: "Así dirás a los hijos de Israel: Jehová, el Dios de vuestros padres..." (3:15).

A ese nombre divino "Jehová" se lo conoce como el tetragrama YHVH, que viene del verbo hebreo *hayah* o *ser* (Éx. 3:15-16, 12:36). Es el nombre impronunciable para los judíos ortodoxos, que en su lugar lo sustituyen por Adonai o Señor. Cuando ellos escriben Dios, lo hacen escribiendo D_ _ s, o en inglés G_ d (para referirse a *God*).

En Éxodo 3:16 vemos repetido mucho de Éxodo 3:15, pero se añade: "...me apareció diciendo: En verdad os he visitado, y he visto lo que se os hace en Egipto" (3:16). A Moisés, Yahvéh se le apareció y le dio esas palabras proféticas. El problema hebreo era el problema de Dios. Después de cuatro siglos, Dios descendió a visitar a su pueblo para ver la opresión que tenía en Egipto.

Donde hay opresión, abuso, maltrato, discriminación, racismo, separatismo... allí en su tiempo visitará Dios. Él hará su reporte de cuándo y cómo se hizo mal a los indefensos o desvalidos de la sociedad. Se espera que en la Iglesia de Jesucristo no haya abuso ni maltrato, aunque lamentablemente no es así. La dictadura espiritual es marca de muchos líderes. Hombres y mujeres espirituales que maltratan las congregaciones, maltratan sus parejas, maltratan sus hijos. ¡Son abusadores domésticos y congregacionales! ¡Personas emocionalmente enfermas que enferman a otros! Esta clase de líderes no deben ser tolerados en las congregaciones. Alguien tiene que hacer algo, se tiene que protestar. Ese espíritu de opresión espiritual, de maltrato verbal y de abuso emocional tiene que ser erradicado de los púlpitos y de las congregaciones.

III. La profecía

"Y he dicho: Yo os sacaré de la aflicción de Egipto a la tierra del cananeo, del heteo, del amorreo, del ferezeo, del heveo y del jebuseo, a una tierra que fluye leche y miel" (3:17).

"Yo os sacaré de la aflicción de Egipto... a una tierra que fluye leche y miel". A ese pueblo oprimido, explotado y enajenado, Yahvéh le ofreció una teología de esperanza y una tierra de promesa: tierra de ganados y tierra de cosechas, tierra de prosperidad. Para el mundo, los Estados Unidos de América es la "tierra que fluye leche y miel". Para los de otros estados, Nueva York es el estado de la "tierra que fluye leche y miel"; para los del estado Nueva York, es la ciudad de Nueva York la "tierra que fluye leche y miel". Pero he escuchado amigos y ministros de Long Island, Nueva York, decir que Nassau y Suffolk son condados de "tierra que fluye leche y miel". Dondequiera que Dios bendiga a su pueblo, le provea para sus necesidades y haga milagros para la familia es "tierra que fluye leche y miel".

Pero para ti que vives en algún lugar de la geografía mundial, tu país es "tierra que fluye leche y miel". Créelo, proclámalo, enséñalo, ora siempre y di que en tu tierra "fluye leche y miel". Tu tierra es también tierra bendecida por Dios.

Leemos: "Y oirán tu voz; e irás tú, y los ancianos de Israel, al rey de Egipto, y le diréis: Jehová el Dios de los hebreos nos ha encontrado; por tanto, nosotros iremos ahora camino de tres días por el desierto, para que ofrezcamos sacrificios a Jehová nuestro Dios" (3:18). Los hebreos oirían la voz de Moisés y con los ancianos de Israel se presentarían delante de Faraón para decirle que fueron encontrados por Jehová Dios y que, a la distancia de tres días caminando, es decir en el Sinaí, el monte Horeb, ellos ofrecerían sacrificios a su Dios (3:18).

Muchas veces escuchamos esta expresión: "¿Y eso es fácil?". Lo grande es que Dios ya sabía que Faraón no sería fácil: "Mas yo sé que el rey de Egipto no os dejará ir sino por mano fuerte. Pero yo extenderé mi mano, y heriré a Egipto con todas mis maravillas que haré en él, y entonces os dejará ir" (3:19-20).

Mediante maravillas o plagas, Dios movería el cerrojo de la voluntad de Faraón. Lo que Dios haría ya se lo revelaba a su pueblo. La incredulidad de Faraón le daría a Dios oportunidades para demostrar su poder a los ojos de toda una nación y para testimonio a otras naciones. Los prepararía para lo que vendría.

De Egipto saldría el pueblo hebreo con manos llenas, porque Dios lo pondría en gracia ante los egipcios (3:21). La gracia de Dios hace que el mundo le done, le dé, le regale y le ofrende a la Iglesia.

"Y yo daré a este pueblo gracia en los ojos de los egipcios, para que cuando salgáis, no vayáis con las manos vacías;

sino que pedirá cada mujer a su vecina y a su huéspeda alhajas de plata, alhajas de oro, y vestidos, los cuales pondréis sobre vuestros hijos y vuestras hijas; y despojaréis a Egipto" (3:21-22).

Las mujeres hebreas pedirían oro, plata y vestido a las egipcias para vestir a sus hijas y vestir a sus hijos (3:22). Mucho de lo que tiene el mundo le será entregado, dado y traspasado a la Iglesia de Jesucristo.

Desde luego, muchos exponentes del mensaje extremado de la prosperidad toman este pasaje, lo reinterpretan y lo aplican para su propia conveniencia. Al enseñar prosperidad, lo que buscan es ser prosperados con aquellos a los cuales les enseñan. Y ante ellos se presentan como tierra fértil donde otros pueden sembrar y cosechar con abundancia. Yo creo en la prosperidad del pueblo de Dios, pero creo en una prosperidad con balance y equilibrio, una prosperidad para todos y en su contexto social.

Es tiempo, hablando proféticamente, de orar y reclamar las finanzas que al mundo le sobran y que la Iglesia necesita para cumplir con las misiones y el alcance evangelístico, conforme a la gran comisión: "...Id por todo el mundo y predicad este evangelio a toda criatura" (Mr. 16:15).

¡El tiempo de la Iglesia es ahora! Todo se ha preparado para que la Iglesia siga avanzando y tomando posesión de las promesas de Dios para esta. Iglesia, no es tiempo de dormir, de sentarnos a descansar, de tomarnos una siesta sermonaria o unas vacaciones espirituales; el tiempo de la liberación ha llegado. Como Iglesia te tienes que posicionar, tienes que buscar tu lugar en Dios.

Interesante es notar que Dios le cobraría a Egipto una indemnización y bonificaciones retroactivas para el pueblo hebreo, por el trabajo que esa generación última de israelitas había dado gratuitamente a Egipto. Dios cobra las deudas que otros tienen con nosotros, sus hijos.

En Deuteronomio 15:13-15, se menciona la ley del esclavo liberado en el séptimo año:

"Y cuando lo despidieres libre, no le enviarás con las manos vacías. Le abastecerás liberalmente de tus ovejas, de tu era y de tu lagar; le darás de aquello en que Jehová te hubiere bendecido. Y te acordarás de que fuiste siervo en la tierra de Egipto, y que Jehová tu Dios te rescató; por tanto yo te mando esto hoy".

En esas acciones de consideraciones y compensaciones al esclavo, Israel recordaría siempre lo que Dios hizo por ellos al salir de Egipto con manos llenas. Esto es un principio de justicia humana.

Vendrán días cuando muchos que han sido abusados laboralmente saldrán de sus trabajos con retroactivos de años. Dios pondrá gracia sobre ti, a fin de que haya inconversos que siembren para bienestar tuyo. Tendrás las manos vacías ahora, pero se acerca el tiempo cuando otros llenarán tus manos. ¡Nada te faltará! Pero no te olvides que Dios te dará, para que también des a su obra. El pueblo supo ofrendar cuando Moisés solicitó ofrenda para la construcción del tabernáculo, por eso Dios movió el corazón de los egipcios para dar a su pueblo.

Conclusión

Serás bendecido y prosperado económicamente para que ayudes a que la obra de Dios prospere. Siembra la semilla de lo que Dios te da y verás siempre fruto en tu tierra. Muchos se comen la semilla y luego se quedan sin cosecha. ¡Siembra y cosecha! ¡Da y recibe! ¡Bendice y serás bendecido!

"NO ME CREERÁN, NI OIRÁN MI VOZ"

"Entonces Moisés respondió diciendo: He aquí que ellos
no me creerán, ni oirían mi voz porque dirán: No te ha
aparecido Jehová" (Éx. 4:1)

Introducción

Ante la duda de Moisés, de que el pueblo hebreo no creyera que
Dios se le había aparecido (4:1), el Señor le dio la señal de la vara
convertida en culebra (4:2-5) y de la mano sana y leprosa (4:6, 7). La
señal final sería la de echar agua del Nilo en la tierra para que se
volviera sangre (4:8-9).

De su duda, Moisés se movió a un complejo de inferioridad
(4:10-13). Confesó que era "...tardo en el habla y torpe de lengua"
(4:10). Dios le respondió como el Dios de los capacitados y los
discapacitados: Él le enseñaría a hablar (4:11-12). Moisés rechazó los
argumentos divinos y optó por un sustituto (4:13). Dios, molesto, le
reveló que Aarón sería ese sustituto (4:14-17).

I. El temor

"Entonces Moisés respondió diciendo, He aquí que ellos
no me creerán, ni oirían mi voz porque dirán: No te ha
aparecido Jehová" (4:1).

Moisés expresó temor de que su prédica, su proclamación, su
mensaje, no fuera escuchado y que sus oyentes hebreos dijeran: "No
te ha aparecido Jehová". Su experiencia personal con Dios podía

ser cuestionada por su audiencia. Además de palabras, Moisés necesitaba alguna credencial divina o prueba que demostrara ante aquellos receptores que Dios se le había aparecido.

"Y Jehová dijo: ¿Qué es eso que tienes en tu mano? Y él respondió: Una vara" (4:2). ¡Todos tenemos algo en la mano! Moisés tenía una vara. Dios comenzará a hacer milagros con lo que tú y yo tenemos disponibles para Él. "¿Qué es eso que tienes...?". ¿Un talento? ¿Una habilidad? ¿Un don? ¿Una vocación? ¿Una educación? ¿Una experiencia? ¿Una herencia genética?

¿Cuál es la vara que tú, como ser humano y creyente, tienes en tus manos? Si eres carpintero, tienes un serrucho, un listón, un metro... Esa es tu vara. Si eres policía, tienes una placa, un uniforme que representa autoridad, protección y cuidado. Esa es tu vara. Si eres médico o enfermera, tienes algún instrumento médico. Esa es tu vara. Si eres maestro o maestra, tienes un cuaderno, un escritorio, un marcador. Esa es tu vara. Si eres negociante, tienes productos, recursos. Esa es tu vara. Si eres escritor, tienes un lápiz, un bolígrafo, un cuaderno para escribir o una computadora. Esa es tu vara. Si eres agricultor, tienes azada, machete, arado. Esa es tu vara. Tu herramienta de trabajo es tu vara que puedes poner al servicio de la obra del Señor Jesucristo. En este momento, mi vara es este sermón que estoy predicando (y ahora este libro que estás leyendo o utilizando).

"Él le dijo: Échala en la tierra. Y él la echó en tierra, y se hizo una culebra; y Moisés huía de ella. Entonces dijo Jehová a Moisés: Extiende tu mano, y tómala por la cola. Y él extendió su mano, y la tomó y se volvió vara en su mano" (4:3-4). Dios le ordenó a Moisés que echara la vara en la tierra. La vara se hizo culebra, y la culebra se hizo vara. La materia se transformó en vida, y la vida se transformó en materia. Cuando Moisés echó la vara en tierra y se volvió culebra, este huyó de ella. Si Moisés no hubiera echado la vara en la tierra, esta no se hubiera transformado en un milagro. Muchos milagros ocurrirán cuando nosotros hagamos algo. Pero Dios le ordenó tomarla por la cola, y en su mano volvió a ser vara. Muchas cosas milagrosas que salen de nuestras manos volverán a nuestras manos de manera natural. Tenemos que aprender a operar en lo natural y en lo sobrenatural. ¿Cuántas cosas tenemos en nuestras manos que no las ponemos a trabajar? ¿Estaremos nosotros huyendo de algunos milagros que ocurren en nuestras vidas?

Muchos huimos de las cosas milagrosas que Dios transforma, cambia y activa en nuestra vida. Lo que vemos sin vida en nuestras manos, ese talento, esa habilidad, ese don, el Señor Jesucristo lo activa como señal para otros de que hemos estado en intimidad con Él.

Dios le presentó a Moisés el Plan B, en caso de que no aceptaran el Plan A. Le ordenó meter la mano en el pecho. Al hacerlo, esta se le volvió leprosa y al meterla de nuevo, volvió a su estado anterior (4:6-7). El Plan C sería tomar agua del río Nilo y echarla en tierra para que se volviera sangre (4:8-9).

Con tres señales milagrosas, Dios daría testimonio público de la comisión de Moisés. ¡Jesucristo no tiene un solo plan! Nosotros no podemos tener un solo plan. Si el Plan A falla, aplicamos el Plan B; si este falla, aplicamos el Plan C. Sea como fuese, el propósito de Dios debe cumplirse. Cuando Dios nos llame, Él sabrá cómo confirmar ese llamamiento. Señales hablarán de que hemos tenido intimidad con la presencia de Jesucristo.

II. El complejo

> "Entonces dijo Moisés a Jehová: ¡Ay, Señor! Nunca he sido hombre de fácil palabra, ni antes ni desde que tú hablaras a tu siervo; porque soy tardo en el hablar y torpe de lengua" (4:10).

Primero, Moisés se escudó bajo la percepción de que no le creerían que Jehová se le había aparecido. Las percepciones no siempre son realidades. Muchos se mueven más en las percepciones que en las realidades de la vida. Por eso no han logrado muchas cosas. Nuestras percepciones pueden limitar el potencial que Dios nos ha dado. ¿Cómo nos perciben otros? ¿Cómo nos percibimos tú y yo?

Segundo, Moisés se escudó bajo la confesión de no saber hablar bien. Tenía problemas, pues era pesado de lengua. Su comunicación verbal era defectuosa. No era un gran orador. Hablar públicamente le producía piel de gallina. Ante Dios, Moisés admitió su discapacidad. Dios sabía de su deficiencia, pero sin embargo, lo eligió. Por encima de tus defectos y mis defectos, el Señor Jesucristo ve su perfección en ti y en mí. No es lo que carecemos, sino lo que Él nos da.

Ese "nunca he sido" tiene a muchos creyentes confinados a la derrota, presos del pasado, esclavos del temor. Deja que ese "nunca he sido hombre de fácil…" se vuelva un "he sido hombre de fácil…" para Jesucristo. Todo lo negativo en nosotros se debe volver en un positivo para Jesucristo.

El texto bíblico en castellano antiguo de Cipriano de Valera de 1602 dice: "Entonces dijo Moisés a Jehová: Ay Señor, yo no soy hombre de palabras de ayer ni de antier, ni aun desde que tú hablas a tu siervo: porque soy pesado de boca y pesado de lengua".

Rabbenu Nissim, teólogo judío, declaró sobre esta incapacidad de Moisés: "Esta fue ordenada para que la gente no dijera que fue por su elocuencia que convenció a Israel" (*The Torah, A Modern Commentary* [La Torá, Comentario moderno] Editado por W. Gunther Plaut, Union of American Hebrew Congregations [Unión de congregaciones hebreas americanas], New York, 1981, p. 408).

S. R. Hirsch, otro teólogo judío, expresó: "Moisés hablaría la verdad, sin compromiso. Siendo lento de habla, él lo haría mejor que siendo elocuente, porque la elocuencia del orador fácilmente reacciona a las opiniones de una audiencia y tiende a incorporar sus ideas para ser mejor apreciado" (ibíd.).

Jeremías, el profeta, tuvo complejo de niño por ser joven en el momento de su llamado a la tarea profética, pero con la ayuda de Dios se superó y fue un profeta mayor. De profeta niño, Dios lo cambió en profeta mayor. ¡Un verdadero milagro!

> "Y yo dije: ¡Ah! ¡Ah, Señor Jehová! He aquí, no sé hablar, porque soy niño. Y me dijo Jehová: No digas: Soy un niño; porque a todo lo que te envíe irás tú, y dirás todo lo que te mande. No temas delante de ellos, porque contigo estoy para librarte, dice Jehová. Y extendió Jehová su mano y tocó mi boca, y me dijo Jehová: He aquí he puesto mis palabras en tu boca" (Jer. 1:6-9).

A los apóstoles Pedro y Juan, se los consideró hombres del vulgo, iletrados, no académicos, personas sin elocuencia verbal. Pero la opinión de unos no les impidió ministrar a otros. "Entonces viendo el denuedo de Pedro y de Juan, y sabiendo que eran hombres sin letras y del vulgo, se maravillaban; y les reconocían que habían estado con Jesús" (Hch. 4:13).

Ubiquémonos en 1602 y años posteriores, y leamos ese pasaje en la Versión Cipriano de Valera de la época: "Entonces viendo la constancia de Pedro y de Juan, sabido que eran hombres sin letras y idiotas, maravillase y conociálos, que habían sido con Jesús".

La unción del Espíritu Santo sobre ellos los transformó en dirigentes generales de los creyentes judeocristianos; y por si fuera poco, fueron teólogos y escritores para la Iglesia. Salieron más inteligentes que aquellos que los criticaron y prejuzgaron.

Pablo de Tarso, el gran teólogo de la Iglesia, el misionero a los gentiles, no fue un hombre de elocuencia verbal. Ante el verbo oral de Apolos, se veía incompetente. A los corintios les confesó su complejo verbal.

"Porque diciendo el uno: Yo ciertamente soy de Pablo; y el otro: Yo soy de Apolos, ¿no sois carnales? ¿Qué, pues, es Pablo, y qué es Apolos? Servidores por medio de los cuales habéis creído; y eso según lo que a cada uno concedió el Señor. Yo planté, Apolos regó; pero el crecimiento lo ha dado Dios" (1 Co. 3:4-6).

"No que seamos competentes por nosotros mismos para pensar algo como de nosotros mismos, sino que nuestra competencia proviene de Dios" (2 Co. 3:5).

"Porque a la verdad, dicen, las cartas son duras y fuertes; mas la presencia corporal débil, y la palabra menospreciable" (2 Co. 10:10).

A Moisés, Dios le respondió: "¿Quién dio la boca al hombre? ¿o quién hizo al mudo y al sordo, al que ve y al ciego? ¿No soy yo Jehová?" (Éx. 4:11).

En otras palabras, le dijo a Moisés: "No te preocupes de tu discapacidad. Yo sé cuál es tu problema. Esa boca te la he dado yo. El que no habla y el que no oye, el que ve y el que no ve son mis criaturas. Yo soy Dios, y el problema o la incapacidad de cualquier ser humano, yo lo sé".

Luego le añadió: "Ahora pues, ve, y yo estaré con tu boca, y te enseñaré lo que hayas de hablar" (4:12). Parafraseando, Dios le dijo: "Déjate de ese complejo de inferioridad, obedece lo que te he dicho, yo me encargaré de ese problema vocal. Y más importante que ese defecto es que te voy a enseñar cómo hablar".

Dios puede tomar una discapacidad, incapacidad o complejo nuestro y utilizarlo de manera positiva para cumplir en otros su propósito. Ríndele a Jesucristo esa limitación humana. Entrégale a Jesucristo ese complejo de inferioridad. Esa desventaja tuya puede ser tu mayor ventaja en el reino de Dios.

A causa de una enfermedad desconocida, en febrero de 1882, Helen Keller se quedó ciega y sorda a la edad de diecinueve meses; y al no oír no podía hablar. Alexander Graham Bell, inventor del teléfono, les sugirió a los padres de Helen que se pusieran en contacto con una institución para ciegos en Massachusetts, para que le envíen una maestra. Gracias a la determinación, disciplina y persistencia de una maestra llamada Ana Sullivan —quien también había experimentando ceguera parcial en su vida y había logrado sobreponerse—, la discapacidad de Helen Keller se transformó en un ejemplo de superación para el mundo. Sobre todo, ella fue una gran creyente de nuestro Señor Jesucristo.

Joni Eareckson quedó cuadripléjica debido a un accidente de natación en el año 1967. Pero su fe en el Señor Jesucristo, sus continuas oraciones y su apoyo en las promesas bíblicas lograron resucitar en ella un espíritu positivo, y se transformó en una pintora de arte, una autora y una embajadora de Jesucristo en su nación y ante naciones. Es la fundadora y presidenta del Ministerio *Joni and Friends International Disability Center* [Centro internacional de discapacidad Joni y amigos]. A pesar de no poder caminar —tampoco utilizar sus manos, todo lo hace con su boca—, ha visitado cuarenta y un países motivando e inspirando a miles de personas, dejándoles saber que una incapacidad se puede transformar en una capacidad.

A causa de un atentado en el bajo mundo, Richard Nazario fue herido gravemente cuando una bala le atravesó sus sienes de un lado al otro. Siendo apenas un joven, quedo permanentemente ciego de ambos ojos. Hoy es un evangelista que ha tocado muchos estados de la nación norteamericana y ha viajado solo a países de Latinoamérica para predicar el evangelio de Jesucristo. Con su ejemplo nos demuestra que con Cristo cualquier incapacidad puede ser una capacidad para hacer algo por Dios.

A pesar de la inyección motivadora y del estimulante alentador que Dios le puso a Moisés, este no daba su brazo a torcer: "Y él dijo: ¡Ay, Señor! Envía, te ruego, por medio del que debes enviar" (4:13).

Podemos llamar a Moisés, en ese momento de su vida, el "¡Ay, Señor!". Siempre lo tenía a flor de labios. Muchos se la pasan cantando el "¡Ay Señor! ¡Ay Señor!". Mi amigo, el apóstol Carlos Jiménez, de Barranquilla, Colombia, los llama: *Los creyentes quejabanza.*

"...Envía, te ruego, por medio del que debes enviar". Claramente le dice a Dios: "Busca a otro mejor que yo". Mejor que nosotros hay muchos, pero eso lo sabe Dios, y por algo nos ha llamado y elegido. Novecientos noventa y nueve pueden ser mejores que tú y que yo, pero Dios nos llama a nosotros para ser ese número mil que Jesucristo usará. ¿Sabes que Dios sabe que no somos los mejores? ¿Sabes que Dios conoce nuestros defectos? A pesar de todo, Jesucristo cuenta con nosotros, nos quiere usar y tiene planes eternos para nuestras vidas.

Muchos como Moisés siempre traspasan o entregan el llamado y el ministerio a otros. Dios te está llamando a ti, pero le estás diciendo: "Dios, llama a fulano, o mengano o zutano". Dios no necesita que tú lo ayudes a llamar a otro. ¡Responde tú a ese llamado personal de Él! Las congregaciones y los concilios están llenos de aquellos que dicen que fueron llamados, pero nunca respondieron a ese llamado; le ponían demasiadas condiciones a Jesucristo. Por eso están todavía estacionados en el estacionamiento de la fantasía.

Leemos: "Entonces Jehová se enojó contra Moisés, y dijo: ¿No conozco yo a tu hermano Aarón, levita, y que él habla bien? Y he aquí que él saldrá a recibirte, y al verte se alegrará en su corazón" (4:14).

"Entonces Jehová se enojó contra Moisés..." Dios tiene sentimientos, aunque no sea humano. Aquí se enojó por la terquedad, la insensatez, la falta de confianza de Moisés en Él. El razonamiento de Moisés fue más emocional que intelectual. Habló sin analizar lo que había dicho. Dios mismo dijo de Aarón: "...Aarón, levita, y que él habla bien...". Dios conoce a todos esos que hacen las cosas mejores que nosotros.

Con una interrogante, Dios le reveló que había uno que hablaba bien, y era su propio hermano mayor conocido como "Aarón, levita". Es probable que Aarón ya estuviera ejerciendo el oficio sacerdotal entre el pueblo hebreo. Posteriormente, sería cabeza del sacerdocio levita, al ser ungido como el primer Sumo Sacerdote, y su tribu y descendientes gozarían de los derechos y privilegios sacerdotales.

Dios siempre tiene alguien que es mejor y hace las cosas mejor que nosotros. No somos imprescindibles ni dejaremos sin terminar la obra del Señor Jesucristo. Pero no por eso dejaremos de hacer lo que Jesucristo nos ha llamado a realizar. Lo mejor de otros no debe quitarnos el deseo de hacer lo mejor de nosotros. Soy autor y entre autores me he dicho: *Jesucristo es increíble por haberme llamado a mí, entre tantos que son mejores que yo.* Soy predicador y entre tantos predicadores me he dicho: *Jesucristo, ¿cómo se te ocurrió llamarme a mí para la predicación?* Una cosa sé, y es muy cierta: no soy el mejor, pero trato de hacer lo mejor para Jesucristo y para su reino aquí en la tierra.

"...Y he aquí que él saldrá a recibirte, y al verte se alegrará en su corazón". Dios tenía preparado a Aarón para Moisés. Cuando Moisés llegara ante el pueblo hebreo, Aarón lo introduciría con mucha alegría. Pero antes se encontrarían en el desierto, décadas sin verse, se cerrarían en un simple abrazo fraternal. Ver a un ser querido o un amigo que no hemos visto hace años —sobre todo diez, veinte, treinta, cuarenta años o más— produce alegría en el corazón.

Leemos: "Tú hablarás a él, y pondrás en su boca las palabras, y yo estaré con tu boca y con la suya, y os enseñaré lo que hayáis de hacer. Y él hablará por ti al pueblo; él te será a ti en lugar de boca, y tú serás para él en lugar de Dios y tomarás en tu mano esta vara, con la cual harás las señales" (4:15-17).

Aarón no hablaría por cuenta suya, sería un delegado o representante de Moisés. En ambas bocas, estaría la inspiración del Espíritu de Dios. Él mismo les enseñaría a los dos. Todos los nacidos de nuevo somos discípulos y portavoces de Dios. A todos nos enseña el Espíritu Santo.

Aarón sería el portavoz de Moisés, y este último sería para Aarón el comunicador de Dios. En realidad Dios hablaría primero por mediación de Moisés y luego a través de Aarón. ¡Una cadena de revelación divina! ¡El profeta era Moisés! ¡El responsable también era Moisés! El trato era de Dios con Moisés y de Moisés con Aarón.

La autoridad espiritual en Moisés estaba representada en la vara milagrosa. Al principio se la conocería como la vara de Moisés, pero luego sería llamada la vara de Dios (Éx. 7:9-12, 15; 4:20; 17:9).

Lo que comienza siendo de uno, como creyente en Dios, termina siendo de Dios. Al principio nos sentimos dueños de las cosas, pero con la experiencia e intimidad con Jesucristo, las cosas dejan de ser nuestras, y Jesucristo se hace el dueño absoluto. ¡Eso es entrega total! ¡Es darlo todo a Dios!

La vara que tenemos deja de ser nuestra y pasa a ser la vara de Dios. Ya no nos pertenece, le pertenece a Él. No es mi casa, es su casa; no es mi carro, es su carro; no es mi oficina, es su oficina; no son mis posesiones, son sus posesiones; no son mis posiciones, son sus posiciones; no es mi dinero, es su dinero; no es mi familia, es su familia; no es mi educación, es su educación; no es mi ministerio, es su ministerio; no es mi don, es su don; no es mi tiempo, es su tiempo. Como decía un antiguo cántico: "Todo lo que tengo se lo debo al Señor".

Conclusión

Al rendir y entregar todo a Dios, lo hacemos dueño de todo; eso también incluye nuestro ser. Pero para que eso ocurra, tiene que haber una rendición total en nuestras vidas.

"VE Y VUÉLVETE A EGIPTO"

"Dijo también Jehová a Moisés en Madián: Ve y vuélvete a Egipto, porque han muerto todos los que procuraban tu muerte" (Éx. 4:19).

Introducción

Moisés informó a su suegro de su viaje a Egipto (4:18). Dios y Jetro dijeron a Moisés: "Ve..." (4:18 cp. 4:19). Acompañado de su familia, Moisés viajó a Egipto con "...la vara de Dios en su mano" (4:20).

Dios instruyó a Moisés para que hiciera las señales delante de Faraón, aunque el monarca egipcio no dejaría salir al pueblo hebreo (4:21). Moisés solicitaría que Israel, el primogénito de Dios, fuera dejado libre por Faraón (4:22-23).

En el camino, parece que Moisés se enfermó en una posada, y Séfora su mujer circuncidó al hijo mayor Gersón (4:24-26). Luego Moisés y Aarón se encontraron, y el primero le compartió al segundo las experiencias tenidas con Dios (4:27-28). Juntos se reunieron con los ancianos de Israel, y Aarón les habló, y Moisés hizo señales. Esto hizo al pueblo creer (4:29-31).

I. El permiso

"Así se fue Moisés, y volviendo a su suegro Jetro, le dijo: Iré ahora, y volveré a mis hermanos que están en Egipto, para ver si aún viven. Y Jetro dijo a Moisés: Ve en paz" (4:18).

Aunque Moisés iría a Egipto bajo comisión divina, eso no lo eximía de informar a su suegro Jetro y de salir bajo bendición (4:18). Él voluntariamente se había puesto bajo la cobertura espiritual de Jetro, sacerdote de Madián, y era parte de su familia por vivir bajo su techo. Las decisiones no se deben tomar a escondidas; se debe dar cuentas e informar a aquellos a los cuales somos responsables. De Moisés leemos: "...y volviendo a su suegro Jetro, le dijo: Iré ahora...". A la casa de Jetro, entró por la puerta del frente y no saldría por la puerta de atrás. Muchos líderes y creyentes salen huyendo de sus autoridades, aun bajo comisión divina. Muchos creyentes abandonan las congregaciones, abandonan los puestos, fugándose sin la bendición pastoral y congregacional.

La razón expuesta para su viaje fue: "...y volveré a mis hermanos que están en Egipto, para ver si aún viven...". Lo que había sucedido entre Moisés y Jehová fue algo que aquel omitió. Posiblemente Jetro no hubiera comprendido la experiencia espiritual de Moisés y el trato individual de Dios con su vida. Lo que Dios nos habla y nos revela a nosotros, no todos lo podrán entender. Muchas cosas reveladas por el Espíritu Santo no pueden ser contadas a otros antes de tiempo. No les digas a otros lo que el Señor todavía no te ha revelado plenamente a ti.

Desde luego, a Moisés le hacía falta saber de sus hermanos María y Aarón. Por décadas estuvo distanciado de ellos, y en los últimos cuarenta años no sabía nada de ellos. En esa etapa de su vida, necesitaba la familia. Los hombres y las mujeres de Dios son personas de familia. ¡La buscan! Necesitan el calor fraternal, paternal y maternal. El ambiente de calidad humana es necesario en la vida de todo ser humano. A medida que uno va envejeciendo, la familia hace más falta.

Aquellos que desean ser efectivos en el ministerio deben comenzar siendo ministros en su familia. Más importante que el ministerio a otros es ministrar a los de su casa. De nada vale servir a otros, si no servimos a nuestra familia. No podemos ser cariñosos con los demás y no serlo con nuestra familia. No podemos tratar bien a las hermanas en la fe y no tratar bien a la esposa. No podemos ser amables con los jóvenes y no tener amabilidad con los hijos. Debemos reenfocarnos en la familia. Un matrimonio saludable es una familia saludable, es una congregación saludable y es una sociedad saludable.

Leemos: "...Y Jetro dijo a Moisés: Ve en paz". Su suegro le dio permiso de salida. Le pronunció una bendición de paz. ¡Salgamos siempre con la bendición de otros, salgamos en paz del lugar donde estamos! Si te vas a ir enojado de un lugar, espera hasta que el enojo se te vaya para salir en paz.

Jehová también le dio permiso a Moisés: "...Ve y vuélvete a Egipto, porque han muerto todos los que procuraban tu muerte" (4:19). En cuarenta años suceden muchas cosas. Esa generación que quería matar a Moisés había fallecido. El Faraón que enfrentaría Moisés no era el mismo del cual él había huido. Dios había cambiado el escenario profético para el octogenario Moisés. El tiempo *karios* había llegado y había que aprovecharlo. Para un tiempo especial, Dios tiene lugares especiales y personas especiales. El tiempo de Dios tiene que ser conocido.

Dios le dijo a Moisés: "Ve y vuélvete a Egipto". Moisés no iría a Egipto por deseo humano, por cuenta propia, por capricho emocional, por impulso momentáneo; sino por permiso divino y confirmación humana. Es posible que a muchos creyentes Dios los envíe algún día de regreso al lugar de donde salieron.

Moisés regresaría a Egipto diferente, cambiado, transformado. El Moisés orgulloso fue quebrantado en el desierto. Aquel que sirvió a Faraón como príncipe egipcio regresaría como aquel que servía al Rey del universo.

Regresar a Egipto era el gran reto en la vida de Moisés. Ver de nuevo las pirámides, los templos egipcios, las enormes construcciones, pasearse por los jardines y llegar al salón de recepciones era algo inimaginable para Moisés.

II. El viaje

> "Entonces Moisés tomó su mujer y sus hijos, y los puso
> sobre un asno, y volvió a tierra de Egipto. Tomó también
> Moisés la vara de Dios en su mano" (4:20).

El hombre de familia sale a la obra del ministerio con la familia. Se muda a otro lugar, pero no deja atrás la familia. Leemos que Moisés: "...tomó su mujer y sus hijos...". El ministerio comienza primero en la familia y con ella. Ser esposo y padre fue asunto prioritario en el llamado de Moisés.

"...y los puso sobre un asno..." Quien caminaría a pie y se sacrificaría en el camino sería Moisés. Hoy muchos quieren montar ellos el asno y a su familia la dejan a pie. Ellos disfrutan todo, la familia sufre todo. Las bendiciones son de ellos, y las maldiciones son de la familia. Por eso muchas familias maldicen el ministerio de aquellos que han sido llamados y la religión de aquellos que sirven a Dios.

"Ve y vuélvete a Egipto"   69

Leemos: "...Tomó también Moisés la vara de Dios en su mano". La vara pastoral de Moisés, transformada en vara-culebra, ahora es llamada "la vara de Dios en su mano". Lo que Moisés rindió a Dios y confió en Dios se hizo el instrumento de Dios.

David rindió su honda a Dios y derrotó al gigante Goliat (1 S. 17:40-50). Gedeón rindió a Dios trescientos cántaros vacíos con teas ardiendo, y fueron derrotados los madianitas (Jue. 7:16).

Elías rindió su manto, y Dios abrió las aguas del río Jordán (2 R. 2:8). Eliseo rindió un palo a Dios, y Dios hizo flotar el hierro de un hacha (2 R. 6:6). ¿Qué espera Jesucristo de ti y de mí que le podamos rendir? Vamos a rendirle todo lo que somos y todo lo que tenemos.

Aunque Moisés fue instrumento de Dios para hacer las señales delante de Faraón, Dios le aclaró: "Y dijo Jehová a Moisés: Cuando hayas vuelto a Egipto, mira que hagas delante de Faraón todas las maravillas que he puesto en tu mano; pero yo endureceré su corazón, de modo que no dejará ir al pueblo" (Éx. 4:21).

A pesar de las señales, de la diplomacia, de las conversaciones y de las solicitudes hechas delante de Faraón, su corazón estaría endurecido. Dios endurece al que se endurece y ablanda al que se ablanda (9:12; 10:1 cp. 8:15, 32; 9:34). El que no acepta la voluntad de Dios, la rechaza y la resiste, y se endurece en el corazón. En vez de que las señales doblegaran la voluntad de Faraón, este se endurecía con cada una de ellas.

Daniel 12:10 dice: "Muchos serán limpios, y emblanquecidos y purificados; los impíos procederán impíamente, y ninguno de los impíos entenderá, pero los entendidos comprenderán".

Apocalipsis 22:11 dice: "El que es injusto, sea injusto todavía; y el que es inmundo, sea inmundo todavía; y el que es justo, practique la justicia todavía; y el que es santo, santifíquese todavía".

El mensaje profético a Faraón era: "...Jehová ha dicho así: Israel es mi hijo, mi primogénito. Ya te he dicho que dejes ir a mi hijo, para que me sirva, mas no has querido dejarlo ir; he aquí yo voy a matar a tu hijo, tu primogénito" (Éx. 4:22-23).

"...Jehová ha dicho así..." Es la primera vez que se presenta esta introducción, prefacio o prólogo divino. Posteriormente, esta sería la forma de los profetas para introducir la palabra profética divina. Ese "Jehová ha dicho así" daría autoridad a los pronunciamientos y a las declaraciones divinas.

Dios reclamó al pueblo hebreo llamándolo "Israel", nombre que le cambió a Jacob y que significa: "el que lucha con Dios" o "Dios lucha" (Gn. 32:28). Además Dios le reconoció la primogenitura a Israel al decir "mi primogénito" (Gn. 27:30-38). Dios le exigió a

Faraón: "Deja ir a mi hijo para que me sirva". La orden divina era sin negociaciones: libertad incondicional, emancipación étnica. ¿Qué quería Dios del pueblo hebreo? ¡Servicio! Eso es lo que Dios quiere de aquellos y aquellas que libera, que le sirvan a Él. Dios nos creó con el propósito de servir a Jesucristo, ser parte de la familia de Dios, parecernos a Jesucristo, evangelizar en el mundo y hacer trabajo misionero. Rick Warren, en *Una vida con propósito*, presenta de manera gráfica y explícita lo antes expresado.

Con anticipación, Dios le dijo a Faraón: "No has querido dejarlo ir". Dios sabía que Faraón sería terco, inflexible y no vacilaría en su decisión. Nada lo movería de su postura. Dios sabe cuando el ser humano no quiere hacer su voluntad.

Pero con adelanto profético, Dios afirmó a Faraón: "He aquí yo voy a matar a tu hijo, tu primogénito". Le preanunció el juicio de la décima plaga, la muerte de los primogénitos. ¡Interesante! Dios pudo haber comenzado con la última plaga, y ¡todo resuelto! Pero Dios es un Dios de misericordia, y antes de ver llorar a Faraón y a todo el pueblo egipcio por la muerte de sus hijos primogénitos, les daría oportunidades para arrepentirse, para cambiar de mente y para ablandar su corazón.

III. La enfermedad

"Y aconteció en el camino, que en una posada Jehová le salió al encuentro, y quiso matarlo" (4:24).

Los comentaristas bíblicos, en su mayoría, están de acuerdo en que Éxodo 4:24 se refiere a alguna enfermedad grave que Moisés experimentó en el lugar donde posó para descansar del viaje junto con la familia. Esa condición se atribuye al juicio de Dios. Esto se deduce por la acción de Séfora al circuncidar a su hijo, cuyo nombre se omite, pero se puede referir a Gersón. En Éxodo 4:20 se habla de los "hijos" de Moisés. En el pasaje bajo consideración, solo se trata de un hijo. Posiblemente, había circuncidado al menor y descuidó la circuncisión del mayor (aunque puede ser lo contrario). Al no circuncidar al hijo, este quedaba excluido del pacto abrahámico (Gn. 17:14).

Leemos: "Entonces Séfora tomó un pedernal afilado y cortó el prepucio de su hijo, y lo echó a sus pies, diciendo: A la verdad tú me eres un esposo de sangre" (Éx. 4:25).

Moisés había descuidado una responsabilidad espiritual como era la de guardar el pacto de la circuncisión. Muchos descuidos espirituales traen graves consecuencias a los creyentes. En 1

Corintios 11:29-30 leemos: "Porque el que come y bebe indignamente, sin discernir el cuerpo del Señor, juicio come y bebe para sí. Por lo cual hay muchos enfermos y debilitados entre vosotros, y muchos duermen".

Este ritual de la circuncisión renueva el pacto con Dios; y Séfora se benefició también. La expresión: "Así le dejó luego ir..." (Éx. 4:26) podría referirse a la aceptación que Dios tuvo de este ritual, y a la sanidad que pudo experimentar Moisés. Séfora añade: "...Esposo de sangre, a causa de la circuncisión" (4:26).

La circuncisión se vincula con el matrimonio hebreo, quizás a partir de esta ocasión. Esta práctica se asocia con la ofrenda de los primeros frutos, la cual representa una ofrenda de sangre que limpia. Es probable que después de lo ocurrido a Moisés y de haber realizado esta ceremonia, la familia de Moisés haya regresado a Madián (18:2-5).

IV. El encuentro

"Y Jehová dijo a Aarón: Ve a recibir a Moisés al desierto.
Y él fue, y lo encontró en el monte de Dios,
y le besó" (4:27).

Dios le habló a Aarón, hermano de mayor de Moisés, y lo instruyó para recibirlo en el desierto, que creo fue el de Sinaí. Aarón obedeció, y ambos se encontraron "en el monte de Dios", que en la geografía bíblica es el monte Horeb. Tradicionalmente, este se asocia con el monte Jabel-Musa, que significa en árabe "monte de Moisés".

Ese encuentro entre los dos hermanos sería una mezcla de tristeza y alegría, de lágrimas y risas, una reconciliación del pasado con el presente, del ayer con el hoy. Siempre es bueno encontrarse con alguien a quien uno ama y aprecia. ¡Eso es terapia familiar! Si tu familia no te busca, búscala tú a ella. No vivas fugitivo de tu familia. Esta puede estar tan distante como una visita, una llamada telefónica o un correo electrónico. En treinta segundos, uno se puede reunir con sus familiares, y los años y las semanas de distanciamiento quedan borrados.

Aarón fue el que llegó a Moisés y lo encontró. Allí, con una demostración de cultura oriental, se acercó "y lo besó". Moisés le contó todo a Aarón: "Entonces contó Moisés a Aarón todas las palabras de Jehová que le enviaba, y todas las señales que le había dado" (4:28). Lo puso al día en todo, reconciliando los últimos cuarenta años de separación y, quizá, cuarenta anteriores de distanciamiento. ¡Los dos estaban viejos! Pero se amaban como hermanos. ¡La sangre se busca! ¡La sangre pesa más que el agua! "Y fueron Moisés y Aarón, y reunieron a todos los ancianos de los hijos de Israel" (4:29). Ellos convocaron una reunión con los ancianos de Israel. "Y habló Aarón acerca de todas las cosas que Jehová había dicho a Moisés, e hizo las señales delante de los ojos del pueblo" (4:30). Allí Aarón compartió lo dicho por Moisés de parte de Jehová, y Moisés hizo las señales con la vara-culebra y con la mano leprosa conforme a las instrucciones divinas. (Aunque el texto bíblico parece sugerir que quien hizo las señales fue Aarón).

Leemos: "Y el pueblo creyó; y oyendo que Jehová había visitado a los hijos de Israel, y que había visto su aflicción, se inclinaron y adoraron" (4:31). En Éxodo 4:1, Moisés había altercado con Dios: "...ellos no me creerán, ni oirán mi voz...". Ahora después de ese encuentro de Moisés y Aarón con el pueblo, la noticia fue: "Y el pueblo creyó; y oyendo..." (4:31).

Los *no* fueron cambiados por *sí*. Cuando Dios tiene el control, las cosas cambian a nuestro favor. No sigas tratando de controlar las cosas, ponte de lado y deja a Jesucristo que sea el que las controle. El temor y su gemela, la duda, desaparecen cuando la fe se hace presente. La única vacuna contra la incredulidad se llama fe. Pidámosle a Jesucristo que nos inocule con la vacuna de la fe.

El pueblo sabía "...que Jehová había visitado a los hijos de Israel, y que había visto su aflicción, [por eso] se inclinaron y adoraron" (4:31). En Moisés y Aarón, Dios se había identificado con su aflicción. Era el Dios de la visitación y el Dios de los afligidos. El capítulo se cierra con estas palabras: "...se inclinaron y adoraron" (4:31). Esto demuestra agradecimiento a Dios. Allí le rindieron culto. La mayor visita de Dios al mundo la realizó a través de su Hijo Jesucristo, Emanuel, "Dios con nosotros".

Conclusión

Los encuentros familiares siempre son importantes para mantener la preservación y continuidad de la familia. Si nuestros parientes no nos buscan, nosotros debemos buscarlos a ellos.

"DEJA IR A MI PUEBLO"

"Después Moisés y Aarón entraron a la presencia de
Faraón y le dijeron: Jehová el Dios de Israel dice así:
Deja ir a mi pueblo a celebrarme fiesta en el desierto"
(Éx. 5:1).

Introducción

Moisés y Aarón se presentaron ante Faraón con este mensaje:
"…Deja ir a mi pueblo a celebrar fiesta en el desierto" (5:1). Faraón
reaccionó negativamente ante los embajadores de Dios (5:2-5) y a
los hebreos les aumentó el trabajo de hacer ladrillos (5:6-18). Los
capataces hebreos se quejaron ante Moisés y Aarón, a quienes
culparon de su aflicción (5:19-23).

I. La entrevista

"Después Moisés y Aarón entraron a la presencia de
Faraón y le dijeron: Jehová el Dios de Israel dice así: Deja
ir a mi pueblo a celebrarme fiesta en el desierto" (5:1).

"Jehová el Dios de Israel…". Dice Matthew Henry: "Cuando trata
con los ancianos de Israel, Moisés debe llamar a Dios, *el Dios de sus
padres* (3:15); pero al tratar con Faraón, lo llama *el Dios de Israel*". Por
vez primera, se introduce el nombre de Dios revelado a Moisés, que
es *Jehová*.

La petición al Faraón era que le permitiera al pueblo hebreo
salir de Egipto para celebrarle "…fiesta en el desierto" a Dios
(5:1). El culto que se le da a Dios es una fiesta dedicada a Él, es
una celebración espiritual. El que falta al culto, faltó a la fiesta del
Espíritu Santo.

"Deja ir a mi pueblo" es el mensaje que tenemos que dar en este mundo que oprime a muchos. En Jesucristo —el Moisés posterior—, vino el mensaje de redención y perdón para todos aquellos que creen en su nombre y lo confiesan como único y exclusivo Salvador.

"Deja ir a mi pueblo" es un mensaje de liberación que nos corresponde dar ante aquellos poderes opresivos que restringen la libertad, que discriminan a muchos seres humanos, que abusan y oprimen a un pueblo indefenso.

"Deja ir a mi pueblo" es un mensaje de libertad, de emancipación, de derechos humanos, de igualdad social, de respeto mutuo, de consideración para cada una de las criaturas hechas a imagen y semejanza de Dios.

"Deja ir a mi pueblo" es el mensaje que tenemos que transmitir a los principados y las potestades que tratan de oprimir a nuestra familia, buscando desviar a nuestros hijos de la fe y de la confianza en Jesucristo y en su Palabra.

Faraón respondió: "...¿Quién es Jehová?... Yo no conozco a Jehová..." (Éx. 5:2). Una de las creencias en la religión egipcia era que Faraón era el dios sol. Él era Dios, por eso rehusó reconocer a Yahvéh. Faraón se negó a reconocer a Jehová Dios y no quiso escuchar su voz. Rotundamente afirmó: "...tampoco dejaré ir a Israel" (5:2).

Muchos, hoy día, todavía se preguntan lo mismo: "¿Quién es Dios?". Y luego ellos mismos responden: "No conozco a Dios". Jesucristo mismo preguntó a sus discípulos: "...¿Quién dicen los hombres que es el Hijo del Hombre?" (Mt. 16:13). La respuesta fue: "...Unos, Juan el Bautista; otros, Elías; y otros Jeremías, o alguno de los profetas" (16:14). Luego Jesús se dirigió al círculo de discípulos y preguntó: "...Y vosotros, ¿quién decís que soy yo?" (16:15). La respuesta de Pedro fue: "...Tú eres el Cristo, el Hijo del Dios viviente" (16:16).

Las interrogantes ¿quién es Jehová? o ¿quién es Jesucristo? nos invitan a dar una respuesta de fe, declarar nuestra opinión acerca de la deidad. Sobre todo, nos instan a afirmar que conocemos a Jehová y a Jesucristo.

Moisés y Aarón le dieron testimonio a Faraón al decirle: "...El Dios de los hebreos nos ha encontrado..." (Éx. 5:3). Su testimonio era que ellos no encontraron a Dios, sino que Dios los encontró a ellos. Nosotros no encontramos a Jesucristo, sino que Jesucristo nos encontró a nosotros.

Ese encuentro divino-humano, esa cita providencial, despertó en ellos el deseo de ir a ofrecer sacrificios a su Dios. A tres días de distancia, y esa exactamente es la distancia a pie desde donde vivían hasta el monte Horeb en el desierto, ellos como pueblo hebreo presentarían sacrificios a Dios para librarse de juicio divino (5:3). La distancia nunca debe ser una excusa para no ir a la iglesia. Cuando amamos a Dios, estamos dispuestos a hacer sacrificios de tiempo y recursos en agradecimiento por lo que Jesucristo ha hecho por nosotros. Él nunca puso distancias como excusas para no darnos atención divina. La distancia del cielo a la tierra, de Belén a Egipto; de Egipto a Nazaret; de Galilea a Jerusalén; del Calvario al "seno de Abraham"; de allí de regreso a la tierra; de Jerusalén al cielo; Jesús las recorrió por nosotros. Y todavía le queda la distancia del cielo a la tierra, cuando venga a levantar a su Iglesia; luego volverá con ella para establecer su reino milenario.

Faraón respondió al dúo representativo de Dios: "...Moisés y Aarón, ¿por qué hacéis cesar al pueblo de su trabajo? Volved a vuestras tareas" (5:4). Para Faraón, Moisés y Aarón estaban procurando la pereza, holgazanería, vagancia y falta de productividad laboral en el pueblo hebreo (5:4-5).

Faraón pudo haber dejado que Dios lo encontrara, pero lo negó y no lo reconoció como Dios. Si le hubiera dado una oportunidad a Dios en su vida, sin lugar a dudas, hubiera llegado a ser el mejor Faraón del alto y del bajo Egipto. Pero como la mayoría de los pecadores, él estaba ocupado con otros asuntos. ¡A él solo le interesaba el trabajo del pueblo hebreo!

II. El castigo

"De aquí en adelante no daréis paja al pueblo para hacer ladrillo, como hasta ahora; vayan ellos y recojan por sí mismos la paja" (5:7).

Las funciones laborales del pueblo hebreo, que hacía ladrillos, eran vigiladas por cuadrilleros egipcios que supervisaban a capataces hebreos, y estos a su vez estaban encargados de los esclavos hebreos (5:6, 10, 13-14, 19).

Los cuadrilleros instruyeron por orden de Faraón a los capataces para informarle al pueblo que ya no se les daría más paja, ellos tendrían que buscarla y aún rendir el mismo trabajo (5:7-8).

Muchas veces los milagros y las bendiciones de Dios vienen envueltos en aflicciones, pruebas, opresiones, trabajos y dolores. Antes de que el pueblo viera la liberación de Egipto, experimentaría un alto grado de opresión y desesperación. Muchos que han experimentado la liberación en Jesucristo la recibieron cuando más afligidos estuvieron, cuando todas las puertas se les cerraron, cuando estuvieron entre la espada y la pared, encerrados en un callejón sin salida.

"...Volved a vuestras tareas" (5:4). Faraón, en buen castellano, les dijo: "Metan sus narices en lo que les importa". Es decir: "Pónganse a trabajar y déjense de holgazanería". Al diablo —y el Señor Jesucristo lo reprenda— le molesta cuando reclamamos la liberación de aquellas vidas que este esclaviza y oprime. Pero el trabajo y la tarea de Moisés y Aarón era la de ser libertadores de un pueblo cautivo y reclamarlos para ellos.

"...y vosotros les hacéis cesar de sus tareas" (5:5). Faraón culpa a Moisés y Aarón del paro laboral de los hebreos. Durante la lucha por los derechos civiles en Birmingham Alabama, y otros lugares, el Dr. Martin Luther King Jr. y sus asociados fueron acusados de promover los paros laborales y las huelgas sociales de afroamericanos que vivían segregados por la sierra o el serrucho de la discriminación.

"...y no les disminuiréis nada..." (5:8). En vez de aliviarles la carga, esta aumentó. El enemigo busca oprimir más a los que ya están oprimidos, cargar más a los que ya están cargados, angustiar más a los que ya están angustiados. Pero eso no es para siempre. Jesucristo vino a traer liberación, a llevar nuestras cargas y a hacernos libres del Faraón de este mundo.

Leemos: "Agrávese la servidumbre sobre ellos, para que se ocupen en ella, y no atiendan a palabras mentirosas" (5:9). Faraón quería que el pueblo estuviera ocupado, sirviéndole a él y trabajando para él. La verdad proclamada por Moisés y Aarón era para Faraón "palabras mentirosas". El enemigo tuerce las "palabras verdaderas" de Dios para hacerlas ver como "palabras mentirosas"; y las mentiras de él, las hace sonar como verdades.

"...Yo no os doy paja" (5:10). A veces el enemigo de toda verdad y de toda justicia les quita la "paja" a muchos. ¡Todo se lo hace más difícil! A muchos pecadores les quita la "paja" y sin "paja" quiere que sus esclavos produzcan lo mismo (5:11). El pueblo recolectó "...rastrojo en lugar de paja" (5:12). Parece que la "paja" era traída de otros lugares y allí no había. Tuvieron que traer "rastrojos". Muchos comienzan en la vida del pecado con "paja" y terminan con "rastrojo". Comienzan vendiendo drogas y terminan usando drogas. Empiezan robándoles a otros y terminan robándole a su propia familia.

El pueblo fue presionado por los cuadrilleros (5:13) que le exigían trabajo y más trabajo. Luego los cuadrilleros azotaban a los capataces hebreos por no haber cumplido con la tarea de trabajo (5:14). Los capataces se le quejaron al Faraón: "...¿Por qué lo haces así con tus siervos?" (5:15). Su queja principal era: "No se da paja a tus siervos..." (5:16). Faraón los acusó de estar "...ociosos, sí, ociosos..." (5:17). Así veía él esa petición de ir al desierto para presentar sacrificios a Jehová (5:17). Un dios falso, con *d* minúscula, tenía celos del Dios verdadero, con *D* mayúscula. Ese dios humano envidiaba al Dios de la verdadera adoración. Del pueblo hebreo, Faraón esperaba la misma productividad sin darle paja (5:18).

III. La culpa

"Les dijeron: Mire Jehová sobre vosotros, y juzgue, pues nos habéis hecho abominables delante de Faraón y de sus siervos, poniéndoles la espada en la mano para que nos maten" (5:21).

Faraón logró lo que estaba buscando. Los capataces hebreos reaccionaron con coraje ante Moisés y Aarón (5:21). Al ver a Moisés y Aarón salir del salón de audiencias con el Faraón, ellos los confrontaron y culparon de todo ese nuevo mal. Como dicen los adagios, estaban pagando santos por pecadores; alguien rompió la vajilla, y otro la pagó.

Desde que se inventaron las excusas, el ser humano las ha sabido emplear bien para su propio beneficio. Culpará a otros de sus fracasos, de sus desgracias, de sus problemas... haciendo uso de un antiguo mecanismo de defensa psicológico. Adán culpó a Eva, Eva culpó a la serpiente, y así sucesivamente, el ser humano vive culpando a otros por todo lo malo que le ocurre.

"...poniéndoles la espada en su mano para que nos maten" (5:21). Todo el trabajo de mediación de Moisés y Aarón ante el Faraón fue malinterpretado. Esta expresión de los capataces debe de haber herido los corazones de Moisés y Aarón. ¡Están ayudando, pero los acusan de no ayudar!

Es triste cuando otros no pueden ver la ayuda y los favores que se les están haciendo. Están tan sumergidos en sus problemas, en sus crisis, en sus depresiones que no tienen ojos ni oídos para ver el bien que otros realizan a su favor. Ven en los verdaderos amigos a enemigos. A su pareja que lo quiere ayudar, la ven como alguien en oposición. Piensan que lo que se está haciendo es poniendo la espada en la mano de otros para que los maten.

Leemos: "Entonces Moisés se volvió a Jehová y dijo: Señor, ¿por qué afliges a este pueblo? ¿Para qué me enviaste? Porque desde que yo vine a Faraón para hablarle en tu nombre, ha afligido a este pueblo; y tú no has librado a tu pueblo" (5:22-23).

Moisés transfirió a Dios la presión que los capataces le habían transmitido a él. Y cuestionó a Dios por la aflicción del pueblo; más aún, culpó a Dios. Moisés reconoció que desde que sesionó con Faraón en representación de Dios, el rey egipcio afligió al pueblo hebreo. Moisés habló de "este pueblo" y de "tu pueblo". ¡Era el pueblo de Dios, y Él estaba comprometido a defenderlo! ¡Tú y yo no somos cualquier pueblo, somos el pueblo de Dios! ¡Y Dios nos defiende!

Conclusión

En la vida tenemos que ser personas decididas, que estemos dispuestos a tomar posición en todo aquello que es justo y humano. Luchar por los marginados y afligidos es una manifestación de valentía.

"Y OS TOMARÉ POR MI PUEBLO"

"Y os tomaré por mi pueblo y seré vuestro Dios; y vosotros sabréis que yo soy Jehová vuestro Dios, que os sacó de debajo de las tareas pesadas de Egipto" (Éx. 6:7).

Introducción

Dios le dijo a Moisés que con mano dura Faraón dejaría salir al pueblo (6:3). También le recordó el pacto con las tres generaciones de Abraham, Isaac y Jacob (6:2-4); y por eso escuchó Dios el gemido de sus descendientes (6:5). A los hijos de Israel, Jehová les envió un mensaje de liberación (6:6), de esperanza (6:7) y de promesa (6:8).

Aunque los hijos de Israel no escucharían a Moisés (6:9-12), él le tenía que dar un mensaje a Faraón (6:11) y a todos (6:12). En Éxodo 6:14-27, se presenta la genealogía de Moisés y Aarón: se menciona la tribu de Rubén (6:14), la tribu de Simeón (6:15) y los descendientes de la tribu de Leví (6:16-27). El capítulo termina mencionando a Moisés (6:28-30).

I. Lo dicho

"Jehová respondió a Moisés: Ahora verás lo que yo haré a Faraón; porque con mano fuerte los dejará ir, y con mano fuerte los echará de su tierra" (6:1).

"...Ahora verás lo que yo haré a Faraón..." (6:1). Dios quería dejar ver su poder sobre el poder de Faraón; su grandeza sobre la grandeza de Faraón. Es una profecía de la salida del pueblo hebreo de Egipto, y de cómo Dios trataría a Faraón "con mano fuerte". La diplomacia divina con Faraón había terminado, ahora Dios lo trataría "con mano fuerte". El resultado sería que Faraón "los dejaría ir" y "los echaría de su tierra". Antes de rendir su voluntad a Dios, muchos seres humanos deben ser apretados por Él "con mano fuerte". Son muchos los testimonios que escuchamos de cómo algunos creyentes llegaron a los pies del Señor Jesucristo después de haber atravesado por una gran tragedia, una depresión emocional, un matrimonio roto, una enfermedad. Y aun otros le entregaron su corazón a Jesucristo estando en una prisión. A muchos pecadores Dios los tiene que rendir "con mano fuerte".

Aunque Dios se reveló a Abraham, Isaac y Jacob, no les reveló a estos su nombre "JEHOVÁ" (6:3). El nombre Jehová se emplea siete veces (6:1-3, 6, 8, 10, 13). Con ese nombre los patriarcas no lo conocieron. Con ellos hizo un pacto *trigeneracional* y les prometió "la tierra de Canaán" (6:4), ya antes habitada y pisada por estas cabezas hebreas (6:4). Ese mismo Dios, al escuchar el gemido de Israel en Egipto, se acordó de su pacto (6:5).

El ser humano falla y se olvida, pero nuestro Dios no falla ni tampoco se olvida. Su Palabra y sus promesas lo hacen actuar. Por medio de Moisés, Dios le envió palabras de promesas a ese pueblo cautivo (6:6-8).

"…Yo soy JEHOVÁ…" (6:6). El nombre que no se dio a conocer al trío patriarcal, se le dio a conocer al pueblo hebreo del éxodo. Dios les dijo a ellos quién era Él. En el relato bíblico de Éxodo 6:1-8, varias veces Dios se presenta como "Yo soy JEHOVÁ" y "Yo JEHOVÁ".

"…y yo os sacaré de debajo de las tareas pesadas de Egipto…" (6:6). Dios sacaría de Egipto lo que era de Él. Dios saca de un problema, de dificultades y de adversidades a los que son de Él. ¿Eres de Dios? ¿Estás bajo el pacto de Dios?

"…y os libraré de su servidumbre…" (6:6). El que saca también libra. Él nos sacó del mundo, pero también nos libró del maligno, nos libró de la maldición, nos libró del infierno, nos libró de toda atadura.

"…y os redimiré con brazo extendido, y con juicios grandes" (6:6). Dios sería el pariente cercano de este pueblo. Según la ley mosaica, el pariente más cercano era el que tenía el derecho primario de redimir (Est. 2:20; 3:1-13). Para la Iglesia, Jesucristo es el pariente cercano, el Redentor.

"Y os tomaré por mi pueblo y seré vuestro Dios…" (6:7). La doctrina de la elección descansa sobre la soberanía divina. La iniciativa divina es salvar al ser humano. A nosotros nos toca responder a esta invitación con arrepentimiento y fe.

"…y vosotros sabréis que yo soy JEHOVÁ vuestro Dios…" (6:7). Dios no quiere que sus seguidores ignoren quién es Él. Por eso se da a conocer para ser conocido. ¿Sabes tú quién es Dios? ¿Conoces bien a Jesucristo?

"Y os meteré en la tierra por la cual alcé mi mano jurando..." (6:8). Los sacaría de Egipto para meterlos en la tierra de la promesa revelada a los patriarcas. Cumpliría el juramento que hizo ante aquellas figuras patriarcales. ¡Dios es un Caballero de Palabra! Si Jesucristo te ha prometido algo, confía, espera, sé paciente, mantén la fe, no sueltes la esperanza, Él lo cumplirá.

Notemos la secuencia de verbos futuros: sacaré, libraré, redimiré, tomaré, sabréis y meteré. Se presenta un orden progresista, son acciones divinas, son promesas reveladas. Lo que le dijo a Israel, hoy se lo dice a la Iglesia. Jesucristo hace todo eso por la Iglesia. Él nos sacó del mundo, nos libró del pecado, nos redimió de la maldición, nos tomará para ir al cielo, sabremos que es el Verbo de Dios y nos meterá en la Nueva Jerusalén. ¡Aleluya! Tú y yo hemos vivido el pasado, y el presente lo estamos viviendo; pero tu futuro y mi futuro está en las manos de Dios. Dios es el que está en control del presente y del futuro. Lo que no haga ahora lo hará después.

Moisés fue al pueblo de Israel con el mensaje dado por Jehová Dios (6:6-8); pero ellos no escucharon a Moisés (6:9). No todo el mundo nos escuchará, pero tenemos que obedecer a Dios y entregar el mensaje que Él nos ha encargado dar a otros.

"...a causa de la congoja de espíritu..." (6:9). El ser humano aguanta y resiste muchas presiones hasta cierto límite. En este caso, los israelitas llegaron hasta lo último con el sufrimiento. Pero la tristeza muchas veces cierra los oídos ante los demás. Aunque a otros, les abre los oídos.

"... y de la dura servidumbre" (6:9). Ser esclavo es trabajar sin voluntad propia para otros. Es ser privado del derecho de decidir, y dejar que otro decida arbitrariamente sobre uno. Para muchos seres humanos, la vida es dura. Es duro trabajar. Es duro criar hijos. Es duro mantener un matrimonio equilibrado. Es duro estudiar y formarse. Es duro pagar la hipoteca de una casa. Es duro abrirse paso ante los obstáculos de la sociedad. Pero tenemos que vencer, luchar hasta el extremo, movernos con metas en la vida, no flaquear ante las pruebas.

II. Lo ordenado

> "Y habló Jehová a Moisés, diciendo: Entra y habla a Faraón rey de Egipto, que deje ir de su tierra a los hijos de Israel" (6:10-11).

Moisés fue un hombre con una misión divina: "Entra y habla a Faraón rey de Egipto". Recibió una doble orden: una física y otra verbal. Para cada uno de nosotros, Dios tiene una misión y un propósito en esta tierra. Aquí no estamos por accidente. Él programó nuestra concepción, nacimiento y conversión. Descubre el plan divino para tu vida y serás un ser humano realizado.

Moisés fue un hombre con un mensaje divino: "Que Faraón deje ir de su tierra a los hijos de Israel". Iría ante Faraón con un mensaje de reclamo y de liberación, exigiendo la libertad del pueblo hebreo.

Moisés pensaba y creía que si los hijos de Israel no le prestaban atención, tampoco lo haría el Faraón que se creía ser un dios y cuyos súbditos lo reverenciaban como tal. "Y respondió Moisés delante de Jehová: He aquí, los hijos de Israel, no me escuchan..." (6:12).

Moisés fue un hombre con un complejo humano. "...¿Cómo, pues, me escuchará Faraón siendo yo torpe de labios?" (6:12). De nuevo Moisés se excusa de que le falta algo. Más importante que la elocuencia del mensajero, es el mensaje que le corresponde dar de parte de Dios. Moisés continuaba confesando ese complejo del habla. ¡No era un pico de oro, pero era un pico de Dios!¡No tendría un sermón homilético y hermenéutico, pero tenía un mensaje de parte de Dios! ¡No era un gran orador, pero era un gran rogador! Cualquiera podrá predicar un mejor sermón que el tuyo y el mío, o ser mejor orador que nosotros, pero nadie predicará un mejor mensaje que el nuestro. Cualquiera podrá predicar el evangelio mejor que nosotros, pero nadie podrá predicar un mejor evangelio que el nuestro.

Ya antes Moisés había dicho: "...¡Ay, Señor!, nunca he sido hombre de fácil palabra... soy tardo en el hablar y torpe de lengua" (4:10). El texto original hebreo dice: "soy incircunciso de labios" (así se tradujo en la versión Casiodoro de Reina 1569 y la versión Cipriano de Valera 1602). Aun después de ese encuentro y diálogo milagroso con la deidad, se cumplió lo que Moisés antes profetizó negativamente sobre su vida: "...ni antes, ni desde que tú hablas a tu siervo..." (4:10).

Dios desea hacernos libres de complejos y traumas pasados, el "antes". Sin embargo, a pesar de nuestra intimidad con Él, no le rendimos ese "antes" a Jesucristo. Por eso mantenemos la atadura en el "después". En Jesucristo tiene que haber un "antes" de atadura y luego un "después" de liberación. El "antes" y el "después" no pueden continuar siendo lo mismo. Tenemos que cambiar. ¡No seremos lo mejor para el mundo, pero haremos lo mejor para Jesucristo!

Por cierto, uno de los mejores predicadores que tenemos en los Estados Unidos de América es T. D. Jakes, y uno se da cuenta al oírlo que en ocasiones, ¡se le traba la lengua! Aun él mismo acepta que su lengua es torpe. Pero su lengua la ha rendido al Señor Jesucristo y la ha puesto bajo la unción del Espíritu Santo; con ella nos mueve, nos inspira y nos motiva. Hoy día T. D. Jakes es uno de los mejores predicadores que ha escuchado nuestra generación.

La famosa predicadora y maestra de televisión Joyce Meyer ha confesado que ella no tiene una de las mejores voces, más bien considera que tiene una voz desagradable, pero el Espíritu Santo la ha usado para bendecir a muchos con esa voz ungida.

Moisés disfrazaba el temor de enfrentar a Faraón, de entrar a la corte real, bajo la excusa de no ser un buen comunicador, de ser una persona de habla lenta. Dios necesitaba un lento como Moisés, para hablarle a un rápido como Faraón. Una desventaja humana, pero ungida por el Espíritu Santo, puede hacer de ti un instrumento de Dios para bendecir a otros.

El famoso emperador romano César Claudio, tío de Calígula y padre adoptivo de Nerón, era tartamudo, tenía defectos físicos, pero ha sido uno de los césares más grandes que tuvo el Imperio romano. ¡Un intelectual sin precedentes cesarianos!

El propio apóstol de Tarso, Pablo, se consideraba a sí mismo como alguien común y corriente, lleno de defectos en su habla y en su apariencia física. Pero entre los apóstoles llegó a ser el *Supra Cum Laude*. El primer líder cristiano con derecho a un *Doctorado en Divinidades*.

Dios no se dejó disuadir por la campaña de excusas de Moisés. Muchas veces el Señor tendrá que ignorar esos argumentos que le presentamos para no querer hacer el trabajo para el cual nos ha seleccionado. Le habló a Moisés y a Aarón, y "...les dio mandamiento para los hijos de Israel y para Faraón... que sacasen a los hijos de Israel de Egipto" (6:13). El Dios del cielo es firme en su propósito con nosotros.

III. Lo revelado

"Y Amram tomó por mujer a Jocabed su tía, la cual dio a luz a Aarón y a Moisés. Y los años de la vida de Amram fueron ciento treinta y siete años" (6:20).

El padre de Moisés, Aarón y María se llamaba Amram, y su madre, Jocabed (fue tía-esposa de Amram); por lo tanto, Jocabed era madre y tía abuela de Moisés y sus hermanos. Por ende, Moisés y sus hermanos fueron hijos y sobrinos nietos de Jocabed. La práctica del matrimonio consanguíneo en varias generaciones era muy popular en la época patriarcal.

Antes de ser introducida la descendencia de la tribu de Leví (6:16-25), se mencionan las descendencias limitadas de la tribu de Rubén (6:14) y de la tribu de Simeón (6:15).

La genealogía de Leví, que termina con los hijos, da autenticidad y credenciales históricas de la misión liberadora del pueblo cautivo en Egipto por parte de estos dos hermanos, Moisés y Aarón, llamados y elegidos por la providencia divina.

A Moisés se le acredita la Torá, o Pentateuco, que es una compilación de tradiciones de la historia del pueblo hebreo, recopilados oralmente por ancianos que la contaban. Se incluye en su escrito la historia genealógica de su propia tribu, lo cual acredita legítimamente a él y a su hermano Aarón.

A eso le llamo confirmación personal. Nuestro llamado al ministerio tiene que ser confirmado. ¿Cuál es nuestra genealogía espiritual? ¿Quiénes han sido nuestros padres y hermanos espirituales? ¿Dónde nos preparamos teológicamente para el ministerio? ¿Gozamos de la aceptación y el endoso público? ¿Hemos sido ordenados para dicho ministerio? ¿Cumplimos con los requisitos ministeriales? ¿Nos pusimos nosotros en el ministerio o nos ha puesto Dios? ¿Tenemos raíces ministeriales? ¿Cuál es nuestro currículo espiritual? ¿Somos creyentes estables y consistentes en la obra del Señor Jesucristo? ¿Trabajamos para el Señor Jesucristo con pasión? ¿Somos lectores habituales de la Biblia y practicamos con frecuencia la oración? ¿Somos fieles a nuestros líderes? ¿Somos sacerdotes espirituales en nuestros hogares?

Hoy día muchos que han ingresado al ministerio son huérfanos espirituales, carecen de paternidad espiritual (no tienen padres-pastores, padres-líderes, padres-maestros) ni familia espiritual (carecen de hermanos espirituales, hermanos mayores que los aconsejen y que los corrijan). No se reúnen en ninguna congregación y no dan cuentas espiritual o ministerialmente a nadie. Ellos son su propia autoridad espiritual.

El abuso de títulos, como apóstoles, profetas, pastores, evangelistas, misioneros, ha degenerado en presunción, orgullo y prepotencia en muchos de sus usuarios, que buscan llenarse con los títulos, cuando ellos no los llenan. Tenemos una proliferación de apóstoles de la prosperidad, apóstoles de bendiciones, apóstoles de lujos, apóstoles de fama, apóstoles de números. Pero no apóstoles del dolor, de la pobreza, de la necesidad, del sufrimiento, de la persecución, del rechazo, del menosprecio, de la entrega total ni del servicio desinteresado. Necesitamos apóstoles al estilo paulino según atestigua 1 y 2 Corintios. ¡Esa clase de apostolado ninguno lo quiere! ¡Quieren la miel del apostolado, pero no la hiel!

La genealogía concluye con el nieto de Aarón, hijo de Eleazar, llamado Finees (6:25). El versículo 26 comienza con: "Este es aquel Aarón y aquel Moisés, a los cuales Jehová dijo...". El árbol genealógico fue demostrado. Los versículos 27 al 30 hablan del encargo que Dios le dio a Moisés, de hablar a Faraón, y de la excusa que Moisés presentó de su torpeza al hablar. Es la tercera vez que se menciona el complejo de habla que tenía Moisés (Éx. 4:10-16; 6:12, 30).

Moisés fue constituido el representante directo de Dios, de ahí la expresión: "...Mira yo te he constituido dios para Faraón..." (7:1). Por mediación de Moisés, Dios se manifestaría a Faraón. Los milagros y las señales revelan a Dios en nosotros.

Aarón fue constituido el delegado de Moisés. Leemos: "...y tu hermano Aarón será tu profeta" (7:1). Esto implica que Aarón no hablaría por su cuenta, sino por cuenta de Moisés. Un delegado no se representa a sí mismo, representa al que lo envió. Nosotros somos delegados de Jesucristo para proclamar las buenas nuevas. En la entrega de ese mensaje divino, debemos ser fieles a la Palabra de Dios.

Moisés hablaría a Aarón lo ordenado por Dios, y Aarón lo transmitiría a Faraón (7:2). Una vez más, Jehová Dios le reveló a Moisés la incredulidad del Faraón y de cómo Él sacaría al pueblo "...con grandes juicios" (7:3-4), para demostrarle al pueblo egipcio que Él era Dios (7:5).

Moisés y Aarón obedecieron a Jehová Dios: "...como Jehová les mandó; así lo hicieron" (Éx. 7:6). ¡Órdenes y obediencia! Dios les ordenó, y ellos cumplieron. Eso es todo lo que Jesucristo desea de nosotros: obediencia a su Palabra y que nos alineemos con su voluntad. ¡Solidarízate con el plan de Dios! ¡Oye a Dios y actúa!

Leemos: "Era Moisés de edad de ochenta años, y Aarón de edad de ochenta y tres, cuando hablaron a Faraón" (7:7). Uno de ochenta años, y el otro de ochenta y tres años. ¡Dos octogenarios! La edad nunca es una excusa válida ante Dios para eludir el llamado al ministerio. Los sexagenarios, los septuagenarios, los octogenarios y aun nonagenarios pueden realizar algún trabajo para el Señor Jesucristo. ¿Qué edad tienes para Dios? La edad de comenzar a trabajar para Él.

En Éxodo 7:8-13 vemos a Moisés y Aarón en su segundo encuentro con Faraón. Aarón, delante de Faraón y sus asociados, echó su vara y se volvió culebra (7:9-10). Los "sabios y hechiceros" de Faraón hicieron lo mismo (7:11); pero la vara-culebra de Aarón se tragó las varas-culebras de ellos (7:12). Así se demostró la superioridad del poder divino contra el poder de la hechicería y los encantamientos. Dios te dará una vara milagrosa que se tragará las varas de muchos.

En 2 Timoteo 3:8, se menciona a estos hechiceros como Janes y Jambres. Estos nombres aparecen en escritos judíos o bíblicos, escritos paganos y otras fuentes. Como el apóstol Pablo los menciona, se les da inclusión canónica.

Lo de Dios devora aquello que no es de Dios: "...la vara de Aarón devoró las varas de ellos" (7:12). Lo original devora las imitaciones. La naturaleza espiritual devora la naturaleza carnal. La fe devora la incredulidad. La verdad devora la mentira. La oración devora los problemas. El León de la tribu de Judá devora al león que ruge en el mundo. Jesucristo devorará al anticristo.

A pesar de esta señal de la vara-culebra, Faraón no quedó impresionado para nada: "...Faraón se endureció, y no los escuchó..." (7:13). Esa actitud faraónica no sorprendió a los dos testigos de Dios, porque "...Jehová lo había dicho" (7:13).

Conclusión

Hay personas tan endurecidas, incrédulas, carnales y rebeldes, que los milagros de Dios no les mueven el corazón. Ya están predispuestos a rechazar a Jesucristo. Prefieren no creer en Dios ni creerle a Dios. Pero ¡eso Dios lo sabe! Con el Espíritu Santo y con la Palabra de Dios, el corazón de muchos puede ser ablandado. ¡Predica a Jesucristo! Declara: ¡Solo Cristo salva, solo Cristo sana!

12

"NO HAS QUERIDO OÍR"

"...Deja ir a mi pueblo, para que me sirva en el desierto; y he aquí hasta ahora no has querido oír" (Éx. 7:16).

Introducción

El mensaje de Dios a Faraón fue básicamente el mismo: "Deja ir a mi pueblo para que me sirva". Sin embargo, estas palabras le entraban por un oído y le salían por el otro. Antes de que el monarca egipcio dejara salir al pueblo de Israel, Egipto tendría que experimentar diez plagas. Unas plagas llegaron con aviso, y otras sin aviso.

Las plagas de sangre, ranas, moscas, ganado, granizos, langostas fueron con aviso; las plagas de piojos, tumores, tinieblas y muerte fueron sin aviso. A veces Dios avisa que vienen juicios, y otras veces vienen los juicios sin avisar.

I. La primera plaga de sangre (7:14-25) fue una plaga con aviso

Esta plaga se introdujo con la declaración: "...Deja ir a mi pueblo, para que me sirva en el desierto; y he aquí hasta ahora no has querido oír" (7:16).

Dios le reveló a Moisés la hora y el lugar que el Faraón visitaba por las mañanas: la ribera del río Nilo. Allí lo esperaría Moisés con la vara-culebra (7:15). En ese lugar, el libertador lo confrontaría por no haber oído a Dios (7:16).

Moisés le dio la profecía divina a Faraón, de que cuando él golpeara con la vara el agua del Nilo, esta se volvería sangre. Los peces morirían, el río olería muy mal, y todos los egipcios tendrían asco de beber de esa agua (7:17-18). Las aguas del Nilo eran sagradas para los egipcios. Aarón extendería su vara sobre todas las otras aguas de Egipto, aguas vivas y aguas almacenadas, y se volverían sangre (7:19).

Leemos: "Moisés y Aarón hicieron como Jehová lo mandó…". El resultado fue: "…Y hubo sangre por toda la tierra de Egipto" (7:20-21).

Los hechiceros copiaron este segundo milagro, y Faraón no escuchó a Moisés y Aarón (7:22). Fueron parte del problema y no de la solución. Muchos seres humanos están solo interesados en milagros, no les importa si vienen o no de parte de Dios.

Leemos: "Y Faraón se volvió y fue a su casa, y no dio atención tampoco a esto" (7:23).

Este juicio divino fue instantáneo. Faraón les dio la espalda a los mensajeros de Dios. Regresó a su casa como si nada le importara. Así es la actitud del pecador empedernido, de aquel que ignora el llamado al arrepentimiento por parte de los hombres y las mujeres de Dios; de aquel que escucha y ve actuar a un siervo en representación de Jesucristo, pero no le presta atención. Faraón "…no dio atención tampoco a esto".

Muchos como Faraón escuchan mensajes proféticos, son testigos de milagros, ven juicios divinos, pero vuelven "a su casa". ¡Regresan como llegaron! Se les da una oportunidad divina, y la desaprovechan. Llegan a los templos, son informados y entretenidos, pero no transformados.

Todo Egipto experimentó esta plaga. Tuvieron que abrir pozos alrededor del río para poder ingerir agua. Pero eso no le importó al Faraón, y el juicio de la plaga de sangre duró una semana más (7:25).

II. La segunda plaga de ranas (8:1-15) fue una plaga con aviso

El mensaje de introducción es el mismo de la plaga anterior: "…Deja ir a mi pueblo, para que me sirva" (8:1). Moisés le dio a Faraón un mensaje decisivo. Si no dejaba salir al pueblo, del río subirían ranas que se meterían en la casa de Faraón, en su habitación de dormir, en las cama de las casas de todo el pueblo egipcio, en los hornos y las artesas (8:4).

Por orden de Moisés, Aarón extendió la vara, y de toda agua viva y estanques salieron ranas (8:5-6). Este tercer milagro fue copiado por los hechiceros (8:7). Leemos: "…e hicieron venir ranas sobre la tierra de Egipto". Irónicamente, en vez de hacerlas desaparecer, ¡hicieron aparecer más ranas!

Los hechiceros, espiritistas y santeros no hacen desaparecer los problemas, contribuyen a que haya más problemas; no hacen desaparecer el sufrimiento, traen más sufrimientos; no libran de la opresión, producen más opresión.

Faraón pidió a Moisés y Aarón que oraran por él y su pueblo para ser libres de las ranas; así dejarían ir a los hebreos. Escuchemos su oración: "...Orad a Jehová para que quite las ranas de mí y de mi pueblo..." (8:8).

Moisés le preguntó cuándo debía orar por él, por los siervos y por el pueblo. Las palabras de Moisés fueron: "...Dígnate indicarme cuándo debo orar por ti, por tus siervos y por tu pueblo, para que las ranas sean quitadas de ti y de tus casas, y que solamente queden en el río" (8:9).

Faraón dijo: "Mañana" (8:10). A esto Moisés le respondió: "...Se hará conforme a tu palabra, para que conozcas que no hay como Jehová nuestro Dios" (8:10).

¡Un día más con la plaga de ranas! Faraón quiso quedarse un día más con la plaga de ranas. Muchos pecadores en vez de buscar el perdón hoy, dicen "mañana". En vez de ser sanados hoy, dicen "mañana". En vez de recibir un milagro hoy, dicen "mañana". En vez de ser salvos hoy, dicen "mañana". Ellos prefieren esperar hasta "mañana". Desean quedarse como están hasta "mañana". Hoy pueden ser libres de su vicio, de su tormento, de su opresión, de su atadura, de su tristeza, pero dicen "mañana". Quieren estar un día más con las ranas. Y muchos pecadores viven no un día, sino muchos días rodeados por ranas nauseabundas.

Hoy pueden ingresar a un programa para alcohólicos y adictos, pero ellos dicen: "Ingresaré mañana". Y ese "mañana" a muchos nunca les llega. Mueren en un accidente, los meten a la cárcel y quedan privados de la vida. ¡Amigo o amiga, no sigas viviendo un día más con las ranas, cuando esa plaga se puede ir hoy de tu vida!

Moisés y Aarón oraron a Dios, y murieron las ranas, fueron amontonadas y trajeron peste por dondequiera (8:12-14). Al ver Faraón que el juicio se había detenido y tenía "reposo", su actitud fue de incredulidad y de oídos cerrados.

III. La tercera plaga de piojos (8:16-19) fue una plaga sin aviso

Por la orden de Dios a Moisés y de este a Aarón, el segundo extendió su vara y golpeó el polvo de la tierra, el cual se convirtió en piojos, que infestaron a hombres y animales (8:16-17). Allí no se podía aplicar el dicho que suele decir mi hermano, el evangelista Ethllyn René Silva: "¡Calma piojo, que el peine llega!".

"Entonces Jehová dijo a Moisés: Di a Aarón: Extiende tu vara y golpea el polvo de la tierra, para que se vuelva piojos por todo el país de Egipto" (8:16). Los hechiceros de Faraón intentaron repetir este milagro, pero no pudieron (8:18). Muchos milagros no están al alcance de los imitadores de las cosas divinas. A Faraón le dijeron: "...Dedo de Dios es este..." (8:19), dando a entender que este era un milagro de Dios o que Dios estaba detrás de todo esto.

Pero Faraón fue terco al mensaje de Moisés y Aarón, "...y no los escuchó..." (8:19). Un adagio hispano dice: "El que no escucha no llega a viejo".

IV. La cuarta plaga de moscas (8:20-32) fue una plaga con aviso

El mensaje de aviso fue igual al de las plagas anteriores: "...Deja ir a mi pueblo, para que me sirva" (8:20). Dios enviaría "...toda clase de moscas...", si Faraón no lo escuchaba (8:21).

Diferente a las otras plagas, la plaga de moscas no tocaría la tierra de Gosén (8:22), sino que Dios distinguiría una vez más al pueblo de Faraón de su pueblo (8:23). Dios establece una frontera espiritual entre lo que pertenece al mundo y lo que pertenece a Dios; los que son del maligno y aquellos que son de Dios.

Leemos en Apocalipsis 9:1-5 que los demonios-langostas que salieron con la quinta trompeta afectarán "...solamente a los hombres que no tuviesen el sello de Dios en sus frentes" (9:5).

La plaga de "moscas molestísimas" corrompió toda la tierra de Egipto (8:24). Faraón llamó a Moisés y Aarón, y les dijo que podían ofrecer sacrificios a Dios en Egipto (8:25). Pero Moisés vio eso como una abominación y de mal gusto para los egipcios (8:26).

Moisés pidió tres días para llegar al lugar donde el pueblo podía ofrecer sacrificio, y Faraón accedió (8:27-28). De nuevo este pidió: "...orad por mí". Moisés le dijo que oraría por él, pero le exhortó a cumplir con su palabra (8:29). Luego hizo la oración (8:30-31).

A pesar de la oración ungida de Moisés, el corazón de Faraón continuó como antes, "...y no dejó ir al pueblo" (8:32). Muchos pecadores no cambian ni aun con las oraciones de hombres y mujeres ungidos por Dios. Oraciones que no son seguidas de un arrepentimiento genuino no tienen ningún efecto espiritual en el pecador.

V. La quinta plaga en el ganado (9:1-7) fue una plaga con aviso

El mensaje de introducción no cambió en esta plaga: "...Deja ir a mi pueblo, para que me sirva" (9:1-2). Se le dio aviso a Faraón que si no cedía, dejando salir al pueblo hebreo, una "plaga gravísima" vendría sobre todo el ganado (9:2-3), excepto sobre el ganado de Israel (9:4).

Leemos: "y Jehová fijó plazo, diciendo: Mañana hará esta cosa en la tierra" (9:5). El plazo dado por Dios era hasta "mañana" (9:5). Ahora es Dios quien dijo: "Mañana". Pero llegó el "mañana", y Dios respondió con juicio, protegiendo el ganado de los hijos de Israel (9:6). Faraón se enteró del milagro en el ganado de los israelitas, pero aun así "...no dejó ir al pueblo" (9:7).

VI. La sexta plaga de tumores (9:8-12) fue una plaga sin aviso

Dios les dijo a Moisés y Aarón que esparcieran ceniza de horno al cielo en presencia de Faraón (9:8-9). Así lo hicieron, y produjo sarpullidos que ulceró a hombres y animales (9:10-11). Los hechiceros no pudieron permanecer ante Faraón, porque el sarpullido los alcanzó a ellos (9:11).

Pero Faraón se mantuvo igual ante el mensaje de Moisés y Aarón: "...y no los oyó..." (9:12). Una vez más, nos encontramos con el ya famoso cliché de Faraón: "Y no los oyó". Él tenía abiertos sus oídos físicos, pero no sus oídos espirituales. Muchos pecadores son como Faraón: Dios se les revela y habla por medio de su poder, pero no oyen a los siervos de Dios. Los pecadores en su gran mayoría son sordos o se hacen los sordos espirituales. Oyen, pero no hacen caso. Se les predica, pero no se arrepienten. Muchos no oyen a los profetas de Dios.

Hay algo muy irónico que sucede a menudo. Una persona, a la que no le gustaba visitar la iglesia, ni tenía tiempo para congregarse ni hacía caso a las predicaciones, luego de un tiempo muere, y un amigo o pariente creyente le pide al pastor que él y los miembros de la congregación asistan al funeral. Lo irónico es que esa persona recibirá la palabra justamente cuando ya no puede escuchar lo que se predica ni ver al pastor que está presente. ¡La ironía de la vida! No quieren a Dios, y se les habla de Él cuando ya nada les aprovecha.

VII. La séptima plaga de granizo (9:13-35) fue una plaga con aviso

El aviso que antecedió al juicio de la plaga de granizo fue el mismo de siempre: "...Deja ir a mi pueblo, para que me sirva" (9:13). En esta plaga, Dios quería que Faraón entendiera tres cosas:

(1) "...para que entiendas que no hay otro como yo en toda la tierra" (9:14). Dios reclama soberanía.

(2) "...te he puesto para mostrar en ti mi poder..." (9:16). Dios reclama poder.

(3) "...y para que mi nombre sea anunciado en toda la tierra" (9:16). Dios reclama gloria.

Dios, molesto con Faraón, le preguntó: "¿Todavía te ensoberbeces contra mi pueblo, para no dejarlos ir?" (9:17). En otras palabras, le dijo: "Faraón, eres orgulloso, terco, y prepotente, estás lleno de soberbia. Al tener problemas con mi pueblo, los estás teniendo conmigo".

Esa expresión, "todavía te ensoberbeces", presenta la situación de muchos seres humanos orgullosos, altivos, prepotentes, enaltecidos, envanecidos, que andan en la vida buscando siempre el primer lugar. Lo peor es que son orgullosos y no lo admiten. Todo el mundo sabe que él o ella es una persona orgullosa, menos ellos. Se hunden con el ancla de su orgullo. De cierto grupo étnico, escuché decir a manera jocosa: "Ellos se ahorcan con su propio ego". Un chiste que escuché sobre cierto individuo orgulloso que se estaba ahogando declara que en vez de pedir socorro, decía: "¡Trágame mar, trágame mar!".

De nuevo Jehová Dios le declaró que el juicio sería al otro día, "mañana" (9:18). Sobre Egipto llovería granizo, y todo ganado y toda persona en el campo sería alcanzado (9:19). Aquel que tuvo temor a lo dicho por Jehová Dios protegió a los suyos y al ganado (9:20). El desobediente pagó las consecuencias (9:21). Teme a Dios y no tendrás que temer las consecuencias de la desobediencia. Tarde o temprano las consecuencias de nuestras malas acciones nos alcanzarán. Haz la voluntad de Dios, para que mañana el juicio divino no tenga que alcanzarte.

Moisés extendió su vara al cielo en obediencia a Dios, y "hubo, pues, granizo, y fuego mezclado con el granizo" (9:24). Una extraña mezcla de lo frío con lo caliente. Todo lo que estaba en el campo fue destruido (9:25). Pero nada les ocurrió a los hijos de Israel en Gosén (9:26).

Faraón llamó a Moisés y Aarón, y delante de ellos, hizo una oración de arrepentimiento: "...He pecado esta vez; Jehová es justo, y yo y mi pueblo impíos" (9:27). ¡Cuidado con esos políticos que utilizan la religión para solidarizarse con los creyentes, cuyas profesiones de fe son públicas y espectaculares, con la finalidad de lograr su propia agenda política!

Esta es una profesión de fe ficticia, de labios hacia fuera, no del corazón hacia Dios. Estaba jugando con su conciencia. Pidió a Moisés y Aarón que oraran para que cesaran "...los truenos de Dios y el granizo..." (9:28).

Moisés le dijo a Faraón que cuando él saliera de la ciudad, extendería sus manos a Jehová, y los truenos y el granizo cesarían (9:29). Cuando los hombres y las mujeres de Dios extienden sus manos, milagros de parte de Él pueden ocurrir.

Leemos: "Pero yo sé que ni tú ni tus siervos temeréis todavía la presencia de Jehová Dios" (9:30). Dios era el productor de este drama, y Moisés era el director, este último conocía el guión de los actores.

El lino y la cebada habían sido destruidos por ser cosecha temprana (9:31). El trigo y el centeno no sufrieron destrozos por ser cosecha tardía (9:32). ¿Qué cosecha es temprana y cuál cosecha es tardía en nuestras vidas? ¿Qué cosechas podrían ser destrozadas y cuáles no, cuando lleguen las pruebas?

Moisés salió de la ciudad e hizo lo que le dijo al Faraón; y el juicio cesó (9:33). Pero Faraón "...se obstinó en pecar..." (9:34). El corazón de él y de los suyos se endureció más (9:34), "...y no dejó ir a los hijos de Israel..." (9:35). Muchos pecadores, aunque vean milagros de parte de Dios —que ocurran en sus vidas y que los afecten positivamente a ellos—, continuarán iguales.

VIII. La octava plaga de langostas (10:1-20) fue una plaga con aviso

El mensaje fue el mismo: "...Deja ir a mi pueblo, para que me sirva" (10:3). Jehová Dios envió a Moisés de nuevo a Faraón para reclamar nuevamente la libertad de los israelitas (10:1). Un día, Moisés contaría esta historia a sus hijos y nietos (10:2). El mensaje a Faraón fue de exhortación a la humillación y a dejar en libertad al pueblo de Israel (10:3). Se le anunció que, si no lo hacía, el próximo día vendría una plaga de langostas (10:4) que cubriría la tierra y acabaría con la vegetación que dejó el granizo (10:5). Esa plaga de langostas invadiría todas las casas egipcias (10:6).

Leemos: "Entonces los siervos de Faraón le dijeron: ¿Hasta cuándo será este hombre un lazo para nosotros? Deja ir a estos hombres, para que sirvan a Jehová su Dios. ¿Acaso no sabes todavía que Egipto está ya destruido?" (10:7). Los siervos inconversos y paganos que servían a Faraón veían a Moisés como "un lazo" para ellos. Hombres y mujeres de Dios pueden ser lazos para los pecadores. Le dijeron al rey egipcio que dejara ir a los hebreos para servir a Jehová. Le enfatizaron que Egipto ya estaba destruido. Faraón se reunió con Moisés y Aarón y preguntó quiénes irían a servir a Jehová (10:8). Moisés le indicó que irían todos los hebreos, sin excluir a ninguno, con ovejas y vacas (10:9). Pero Faraón, que era terco, bajo excusa de estar preocupado por los niños, solo le daba permiso a los varones. Moisés y Aarón fueron echados de la presencia de Faraón (10:11), quien ya se estaba tornando agresivo. Él rechazó el mensaje del juicio de las langostas.

Por orden de Jehová, Moisés extendió la vara sobre Egipto, y durante aquel día y aquella noche en un viento oriental, vino la plaga de langostas; y acabó con todo lo verde, la hierba y el fruto (10:12-15). Conviene decir que en cada kilómetro cuadrado puede haber setenta y ocho mil langostas.

Moisés y Aarón volvieron a ser llamados ante Faraón, quien declaró: "...He pecado contra Jehová vuestros Dios, y contra vosotros. Mas os ruego ahora que perdonéis mi pecado solamente esta vez, y que oréis a Jehová vuestro Dios que quite de mí al menos esta plaga mortal" (10:16-17).

Faraón habló con el tono de un pecador arrepentido: "He pecado contra Jehová vuestro Dios y contra vosotros". El hijo pródigo dijo: "...Padre he pecado contra el cielo y contra ti, y ya no soy digno de ser llamado tu hijo" (Lc. 15:21).

Desde luego, Faraón creía que Moisés y Aarón, siervos de Dios, tenían la facultad de perdonar pecados, sin embargo el único que puede perdonar pecados es Dios. La única provisión para el perdón de pecados está en la sangre de Jesucristo.

Faraón pidió a Moisés y Aarón que intercedieran por él a Jehová, a causa de esta plaga mortal. Pongamos atención a esta expresión: "solamente esta vez" (10:17). Pero todo esto era mentira, este monarca sin palabra ni carácter enfrentaría todavía otras plagas más.

Muchos pecadores se pasan el tiempo diciendo a Dios: "Solamente esta vez". Enfrentan peligros; están enfermos en un hospital; se encuentran en la cárcel; se ven al borde de la muerte; y su oración a Dios es: "Solamente esta vez". Le están pidiendo a Jesucristo otra oportunidad para continuar en su juego de rechazo, de autoengaño, de falsedad y de hipocresía. Esa otra oportunidad que piden es para malgastarla.

Sansón, en la oración final de su vida, oró a Jehová: "...solamente esta vez..." (Jue. 16:28). Dios le contestó su oración. Solo tuvo esa última oportunidad en su vida. A algunos de nosotros puede que nos llegue la oportunidad de hacer nuestra última oración, de hacer nuestra última petición, de decirle a Dios: "Solamente esta vez". Para muchos la oración de "solamente esta vez" es: "Lo diré otra vez, lo haré otra vez, volveré a repetir lo mismo".

Moisés oró a Jehová (10:18), y Dios, mediante un viento occidental limpió Egipto de las langostas (10:19). Esto no cambió la actitud de Faraón hacia Israel.

IX. La novena plaga de tinieblas (10:21-29) fue una plaga sin aviso

Dios ordenó a Moisés extender su mano al cielo, y hubo tinieblas que impedían verse el uno al otro. Duró tres días (10:21-23).

Leemos: "...mas todos los hijos de Israel tenían luz en sus habitaciones" (10:23). Entre los egipcios y los israelitas, Egipto y Gosén, Jehová Dios estableció una verja que separaba a unos bajo el juicio de tinieblas y a los otros no. Muchos juicios de las plagas no tocaron a los hijos de Israel. Dios les hizo un cerco de protección. Cosas que le pasan al mundo no le pasarán a la Iglesia. Así como los hebreos estaban en luz, la Iglesia siempre está encendida, aunque el mundo esté apagado. No dejes que tu luz se apague.

Faraón dijo a Moisés: "...Id, servid a Jehová, solamente queden vuestras ovejas y vuestras vacas, vayan también vuestros niños con vosotros" (10:24). Faraón no quería que el pueblo de Israel adorara a Jehová Dios. Estaba dispuesto a dejar salir al pueblo, pero no dejaría llevar los animales para el sacrificio. Él no quería que adoraran a Dios. La adoración con la alabanza es un área donde el enemigo busca atacar. La adoración nos lleva a una intimidad con Dios; y la alabanza es un arma de guerra espiritual, como la oración y el estudio de la Palabra.

Los antiguos soldados tenían armas defensivas y armas ofensivas. El escudo era un arma defensiva, al igual que el casco; la espada, la lanza y las flechas eran armas ofensivas. La fe es un arma defensiva, pero la alabanza, la oración y la Palabra son armas ofensivas en la guerra no convencional del creyente.

Moisés le dijo: "...Tú también nos darás sacrificios y holocaustos que sacrifiquemos para Jehová nuestro Dios. Nuestros ganados irán también con nosotros; no quedará ni una pezuña; porque de ellos hemos de tomar para servir a Jehová nuestro Dios, y no sabemos con qué hemos de servir a Jehová hasta que lleguemos allá" (10:25-26).

Hace muchos años, prediqué en una de nuestras asambleas del Concilio Internacional de Iglesias Pentecostales de Jesucristo, sobre el tema: "Ni Uña Ni Pezuña". Me contextualicé en la presente porción bíblica. Dios quería al pueblo hebreo completamente libre y quería que salieran con sus ganados para el servicio de Dios. Moisés le pidió a Faraón ofrendas para sacrificar a Jehová. En Egipto no quedaría ni un solo hebreo, ni una viña, ni nada de sus ganados, ni una pezuña.

Jesucristo lo pide todo. Eso incluye nosotros, nuestra familia, nuestros recursos. Todo lo que somos y tenemos, Él lo pide. Te pide a ti, pide tu esposa, pide tus hijos, pide tu casa, pide tus muebles, todo lo pide. ¿Qué tenemos que rendirle a Él, que todavía no lo hemos soltado?

"...y no sabemos con qué hemos de servir a Jehová hasta que lleguemos allá" (10:26). A Dios no le interesa que sepamos todas las cosas, los *cómo*, sino los *cuándo* y los *dónde*. Lo que Dios pide es obediencia a sus asignaciones. No nos llama a ser analistas ni encuestadores, sino a ser personas de fe, que "lleguemos allá" para servirle en adoración.

"...y no sabemos con qué hemos de servir a Jehová hasta que lleguemos allá". Dios no le dio a Moisés un plan detallado, pero al llegar "allá" sabría lo que Dios quería que ellos hicieran en el servicio que sería dado a Él. En las asignaciones divinas, no tenemos que conocer todos los pormenores, solo debemos obedecer e ir donde Dios nos envía.

De nuevo se repite: "Pero Jehová endureció el corazón de Faraón, y no quiso dejarlos ir" (10:27 cp. 8:32; 9:7, 12, 35; 10:20; 11:10). Dios endurece el corazón de aquel que lo endurece.

Leemos: "Y le dijo Faraón: Retírate de mí; guárdate que no veas más mi rostro, porque en cualquier día que vieres mi rostro, morirás" (10:28). Faraón, altanero y agresivo, echando por su boca espumarajos de amenazas de muerte, despidió a Moisés prohibiéndole ver su rostro de nuevo. A la arrogancia de Faraón, Moisés respondió: "Bien has dicho; no veré más tu rostro" (10:29).

X. La décima plaga de muerte (11:1-12:36) fue una plaga sin aviso

Esta plaga fue decisiva para los egipcios. En esta encontramos el relato bíblico más extenso. Dios le dio una profecía a Moisés: "...Una plaga traeré aún sobre Faraón y sobre Egipto, después de la cual él os dejará ir de aquí; y seguramente os echará de aquí del todo" (11:1). Dios instruyó a Moisés para que el pueblo hebreo pidiera a sus vecinos "alhajas de plata y de oro" (11:2). Dios le dio al pueblo gracia delante de los egipcios (11:3). Y "...Moisés era temido por gran varón en la tierra de Egipto, a los ojos de los siervos de Faraón, y a los ojos del pueblo" (11:3).

Iglesia de Jesucristo, serás puesta en gracia tú y los líderes que Dios te ha dado. Llegará el día para muchos de nosotros cuando el mundo nos dará ofrendas para la obra de Dios; y esto ya está ocurriendo con muchos creyentes.

El primogénito de los egipcios y de sus animales moriría con la visita de Dios a la medianoche (11:4-6). Ese juicio no tocaría a los hijos de Israel (11:7). Moisés le dijo a Faraón que el pueblo mismo pediría la salida de los hebreos (11:8). En esta ocasión, Moisés "salió muy enojado de la presencia de Faraón" (11:8). Los siervos y las siervas de Dios también se enojan cuando los pecadores no entran en razón.

Después de haberse instituido la primera pascua judía (12:1-28) con la comida del cordero y con la sangre puesta sobre el dintel de las casas hebreas, a la medianoche vino el juicio de Jehová sobre los primogénitos egipcios y los animales (12:29). Todo Egipto estuvo de luto nacional (12:30).

No quedó una sola casa egipcia, donde hubiera un primogénito que no haya muerto. Esas familias lloraron a sus hijos. El mismo Faraón sintió en carne propia la muerte de su primogénito, el príncipe en turno para la corona egipcia.

Faraón llamó a Moisés y Aarón y les ordenó salir de Egipto con sus animales, diciéndoles: "...id, servid a Jehová, como habéis dicho" (12:31). Ahora citó las palabras de Moisés y Aarón. Pero antes de que ellos se fueran, les pidió: "...bendecidme también a mí". (12:32). El incrédulo, el carnal, el que no tenía fe, ahora habla como un espiritual. Faraón estaba pidiendo la bendición. ¿Cuántos andan por ahí pidiendo oraciones y bendiciones? Muchos pecadores son así. Después de muchas pruebas en sus vidas, hablan con un tono espiritual. Ya en el lecho de muerte, llaman a los ministros para pedir la bendición. Por su parte, los egipcios apresuraban al pueblo de Israel y los echaban de sus contornos diciendo: "...Todos somos muertos" (12:33).

Leemos: "Y Jehová dio gracia al pueblo delante de los egipcios, y les dieron cuanto pedían; así despojaron a los egipcios" (12:36). Lo que necesita el pueblo de Dios es gracia para con el mundo.

Dios había instruido al pueblo para que solicitaran ofrendas de oro, plata y vestidos (11:2; 12:35). E hizo que los egipcios le dieran una bonificación al pueblo, que era víctima de la explotación económica.

Como la gracia de Dios estaba sobre el pueblo hebreo, lo que este pedía a los egipcios, ellos se lo daban. Cuando Dios nos pone en gracia y pedimos alguna ofrenda o solicitamos alguna donación, las personas del mundo nos la dan. El Señor Jesucristo despojará al mundo de muchos recursos para que la Iglesia los emplee en la propagación del evangelio. Pero debemos pedirle a Dios que nos ponga en gracia. Que el mundo vea en nosotros algo especial, algo diferente, algo de Dios, algo que lo atraiga, algo que lo mueva a ayudarnos.

Conclusión

Muchos pecadores son como Faraón: se les da la oportunidad, juegan con los siervos de Dios, negocian de palabra, pero se mantienen tercos en su incredulidad y falta de fe.

"LA SANGRE OS SERÁ POR SEÑAL"

13

"Y la sangre os será por señal en las casas donde
vosotros estéis; y veré la sangre y pasaré de vosotros,
y no habrá en vosotros plaga de mortandad cuando
hiera la tierra de Egipto" (Éx. 12:13).

Introducción

El capítulo 12 de Éxodo registra la última noche del pueblo de
Israel en Egipto. Esa noche celebraron la primera pascua con la
muerte del cordero asado. Cada familia comía un cordero; y la
sangre se ponía sobre el dintel de la puerta de cada casa judía, para
protegerla de la última plaga: la muerte de los primogénitos.

Todo el cordero tenía que ser consumido hasta la mañana, y todo
sobrante, quemado en fuego (12:10). Se comería el pan sin levadura
(12:17-20). La institución de la pascua se celebraría como ordenanza
perpetua (12:24-28).

Siglos después, Jesús de Nazaret, en su última noche, celebraría
la pascua y se instituiría la primera Eucaristía Cristiana —o Cena
del Señor o Santa Cena— (Mt. 26:17-29; Mr. 14:12-25; Lc. 22:7-20; 1
Co. 11:23-26). El cordero sin defectos y el pan sin levadura hacían
alusión a Jesucristo, quien no tuvo defectos y quien no tuvo pecados.

I. La fecha

"Este mes os será principio de los meses; para vosotros
será éste el primero en los meses del año" (Éx. 12:2).

El año romano comenzaba en Jano, cuyo nombre proviene del dios de dos caras, una que mira el pasado y la otra, el futuro. Así veían el año que terminaba y el año que empezaba. De ahí deriva el nombre de nuestro primer mes del año, llamado enero (en inglés *January*, que conserva las raíces de aquel).

El año judío se inició con la Fiesta de la Pascua. Aquella última noche en Egipto inauguró la primera noche del primer año del calendario judío. Allí, Dios comenzó algo nuevo con su pueblo. El día de nuestra conversión dio comienzo al primer mes de nuestra liberación espiritual.

La Pascua celebraría la liberación e independencia de un pueblo cautivo, discriminado, oprimido y esclavo por el dios Faraón de la nación de Egipto. En la Cena del Señor, también celebramos nuestra liberación del pecado, del diablo y del mundo por la sangre de Jesucristo, y la libertad recibida en Él.

Con música, comidas y vestidos elegantes, celebramos la despedida de un año, y el inicio del nuevo año es acompañado de luces de fuegos, trompetas, silbidos y aplausos. Los judíos terminaron su año con culto ofrecido a Dios.

II. El cordero

"El animal será sin defecto, macho de un año; lo tomaréis
de las ovejas o de las cabras" (12:5).

Dios instruyó que el día diez del mes, cada familia tuviera un cordero de oveja o cabra (12:3). Si la familia era pequeña, el cordero podía compartirse con la familia vecina (12:4). El cordero sería joven, menor de un año y sin defecto (12:5). A partir de aquel día, todos los corderos que se presentarían en el altar del sacrificio a Dios serían "sin defecto".

En su naturaleza divina y humana, Jesucristo fue sin pecado, por eso pudo morir por los pecados de la humanidad (Jn. 1:29-34; Ap. 5:6-13). En esa primera noche de liberación físico-espiritual de la opresión egipcia y en esa última noche como esclavos en Egipto, Jehová Dios tenía en mente el sacrificio perfecto que siglos después efectuaría su Hijo Jesús.

El día 14 del mes de Nisán, después de haber tenido el cordero en casa cuatro días, cada familia inmolaría su cordero al caer la noche (12:6). Esa noche comerían el cordero asado al fuego con "…panes sin levadura, con hierbas amargas…" (12:8). ¡Todo el cordero sería consumido, y lo que sobrara sería quemado al fuego! (12:9-10). Tenían que abastecerse. Dios quiere a un pueblo lleno, abastecido y satisfecho con su presencia. Para las cosas de Dios, tenemos que tener hambre de su Palabra, hambre de su poder, hambre de su comunión, hambre de su presencia.

Esa Pascua se celebraría con un pueblo vestido, calzado y con prisa (12:11). No era una noche para tomar las cosas con calma; todo había que hacerlo aprisa según las instrucciones divinas.

III. La sangre

"Y tomarán de la sangre, y la pondrán en los dos postes y en el dintel de las casas en que lo han de comer" (12:7).

Con la sangre del cordero, sellarían como señal de protección las dos puertas y el dintel de la casas (12:7). Al ver la señal de la sangre, Dios pasaría sobre las casas judías, y allí no habría muerte como en las casas de los egipcios (12:12-13).

Mediante la sangre del cordero, el pueblo de Israel recibiría el beneficio de la expiación. Ellos se pondrían bajo la cobertura de la sangre. La muerte de cada cordero no sería en vano, no era simplemente un propósito alimenticio o de convivencia familiar, era un sacrificio para buscar el favor divino, la protección divina. Era darle una señal a Dios.

Luego de mojar el hisopo en un lebrillo con sangre para untar los postes y el dintel, nadie podía salir de la casa (12:22). Al ver la sangre, Dios no dejaría "entrar al heridor" en las casas (12:23).

Esa sangre es símbolo de la sangre que el Cordero-Pascual, Jesús de Nazaret, derramó por toda la raza humana caída:

Por esa sangre somos limpiados: "...y la sangre de Jesucristo su Hijo nos limpia de todo pecado" (1 Jn. 1:7).

Por esa sangre somos vencedores: "Y ellos le han vencido por medio de la sangre del cordero..." (Ap. 12:11).

Por esa sangre somos justificados: "Pues mucho más, estando ya justificados en su sangre, por él seremos salvos de la ira" (Ro. 5:9).

Por esa sangre somos reconciliados: "Pero ahora en Cristo Jesús, vosotros que en otro tiempo estabais lejos, habéis sido hechos cercanos por la sangre de Cristo" (Ef. 2:13).

Por esa sangre somos lavados: "...Al que nos amó, y nos lavó de nuestros pecados con su sangre" (Ap. 1:5).

Por esa sangre somos redimidos: "...y con tu sangre nos has redimido para Dios, de todo linaje y lengua y pueblo y nación" (Ap. 5:9).

IV. El pan

"Siete días comeréis panes sin levadura; y así el primer
día haréis que no haya levadura en vuestras casas;
porque cualquiera que comiere leudado desde el primer
día hasta el séptimo, será cortado de Israel" (12:15).

Jehová Dios dio instrucciones específicas sobre comer "pan sin levadura" y no comer "leudado" por siete días (12:16). El día primero y el séptimo serían la "santa convocación": no se realizaría trabajo que no fuera la preparación de los alimentos (12:16). Esos siete días se contarían desde el catorce de Nisán hasta el veintiuno del mismo mes (12:18).

El pan sin levadura sería comido por todos, judíos y extranjeros, nada leudado estaría durante esos días en las casas (12:19).

El Señor Jesucristo ilustró con la levadura la doctrina pervertida: "...mirad, guardaos de la levadura de los fariseos y de los saduceos" (Mt. 16:6). También hizo referencia al gobierno pervertido: "...y de la levadura de Herodes" (Mr. 8:15). Y previno sobre la levadura: "...Guardaos de la levadura de los fariseos, que es la hipocresía" (Lc. 12:1).

Para Pablo, la levadura era el orgullo en el creyente: "No es buena vuestra jactancia. ¿No sabéis que un poco de levadura leuda toda la masa?" (1 Co. 5:6). Y él la utilizó también como referencia al pecado: "Un poco de levadura leuda toda la masa" (Gá. 5:9).

En 1 Corintios 5:7 leemos: "Limpiaos, pues, de la vieja levadura, para que seáis nueva masa, sin levadura como sois; porque nuestra pascua, que es Cristo, ya fue sacrificada por nosotros". La vieja levadura es el pecado en una vida sin Cristo. En Cristo somos "nueva masa, sin levadura", o sea, tenemos una nueva naturaleza; hemos sido hechos nuevos, somos nuevas criaturas (2 Co. 5:17). Para Pablo, Cristo es "nuestra pascua" y es nuestro "sacrificio pascual".

Luego añade: "Así que celebremos la fiesta no con la vieja levadura, ni con la levadura de malicia y de maldad, sino con panes sin levadura, de sinceridad y de verdad" (1 Co. 5:8). La "vieja levadura" habla de "malicia y de maldad", los "panes sin levadura" son la actitud de "sinceridad y de verdad". Ambas figuras contrastan lo que es carnal y lo que es espiritual.

V. La obediencia

"Y los hijos de Israel fueron e hicieron puntualmente
así, como Jehová había mandado a Moisés y a Aarón"
(12:28).

Mediante una convocatoria, Moisés reunió a todo el cuerpo de ancianos de Israel y les instruyó a sacrificar los corderos (12:21). El líder habló al pueblo mediante aquellos que eran cabezas. Los líderes deben trabajar mano a mano con sus superiores. Se delega de arriba hacia abajo. Las convocatorias espirituales y congregacionales son importantes. En días especiales, toda la congregación debe estar reunida. A las personas se les debe decir y recordar lo que tienen que hacer.

En Éxodo 12:1-20, Jehová Dios habló a Moisés sobre la Pascua y la señal de la sangre. En Éxodo 12:21-27, Moisés le habló al pueblo sobre las instrucciones recibidas de Dios.

La Pascua sería para Israel un "estatuto" perpetuo (12:24); un ritual que guardarían en la tierra prometida (12:25). A la pregunta de sus hijos por generaciones: "…¿Qué es este rito vuestro?" (12:26), ellos contarían cómo Dios los había librado la última noche en Egipto de la muerte de los primogénitos (12:27).

A nuestros hijos e hijas, debemos contarles la historia de la redención, el porqué del bautismo en agua por inmersión, el porqué de la Cena del Señor, el porqué de la presentación de los niños, el porqué del lavatorio de pies. Detrás de cada rito, ceremonia, práctica cristiana o cultura religiosa, hay una historia de perdón, de redención, de amor, de misericordia, de humillación, de comunión y de gracia para contar.

A lo dicho por Moisés, leemos: "…Entonces el pueblo se inclinó y adoró" (12:27). Detrás de toda actividad religiosa, de toda ordenanza espiritual, debe manifestarse un espíritu de adoración. Fuimos creados por Dios para rendirle culto. Adoramos a Jesucristo sirviéndole con nuestros talentos, habilidades y dones, y respondiéndole en agradecimiento ganando a los no creyentes para Él.

El versículo 28 declara: "…e hicieron puntualmente así…". *Puntualidad* es la palabra clave. Esa palabra toma su etimología de punto, que es lo que ponemos al final de una oración. Es cumplirlo todo, sin dejar de hacer lo asignado. La impuntualidad es la madre del ocio, de la vagancia y de la pereza; es prima de la irresponsabilidad y el descuido. ¡Seamos puntuales! ¡Cumplamos puntualmente con el trabajo asignado en el reino de Dios! ¡Trabajemos puntualmente sin demora para Jesucristo!

Conclusión

La Pascua judía siempre nos recuerda la Cena del Señor Jesucristo —o Santa Cena, como le llaman algunos—, con la cual el creyente se identifica con los sufrimientos de Jesucristo y anticipa el retorno de este por su Iglesia.

"Y JEHOVÁ IBA DELANTE DE ELLOS"

14

"Y Jehová iba delante de ellos de día en una columna de
nube para guiarlos por el camino, y de noche en
una columna de fuego para alumbrarles, a fin de que
anduviesen de día y de noche" (Éx. 13:21).

Introducción

Según Éxodo 12:37, todo el pueblo judío eran "...como seiscientos
mil hombres de a pie, sin contar los niños". La palabra *como* es un
símil de una cifra redondeada que según algunos comentaristas es
muy elevada.

Éxodo 12:38 dice: "También subió con ellos grande multitud
de toda clase de gentes, y ovejas, y muchísimo ganado". El pueblo
hebreo salió acompañado con otros grupos étnicos; y muy bendecido
como pueblo.

Éxodo 13:17-22 describe el primer tramo del éxodo recorrido por
el pueblo hebreo al salir de Egipto. Ellos comenzaron su éxodo en
Ramesés o tierra de Gosén, y luego llegaron a Sucot (13:20 cp. Nm.
33:5) y acamparon en Etam (13:20 cp. Nm. 33:6).

Dios no le permitió al pueblo el camino fácil de la costa o de
la tierra de los filisteos, ya que ellos podrían retornar al lugar de
partida (13:17). Por el contrario, Dios los llevó por el desierto del
Mar Rojo (13:18).

El pueblo iba armado, llevaba los huesos de José, el patriarca,
sepultados en Egipto. La nube de la presencia de Dios los dirigía de
día, y la columna de fuego los dirigía de noche.

I. La prohibición

"Y luego que Faraón dejó ir al pueblo, Dios no los llevó
  por el camino de la tierra de los filisteos, que estaba
  cerca; porque dijo Dios: Para que no se arrepienta el pueblo cuando vea la guerra, y se vuelva a Egipto" (13:17).

El camino del éxodo no fue elegido por Moisés, sino por Dios. La
mención de "el camino de la tierra de los filisteos", según algunos
exegetas, es un anacronismo que mira al futuro, ya que los filisteos
no se asentaron en dichas costas sino hasta después de que Israel
se estableció como nación. Aun así, podría ser que los filisteos
estuvieran ubicados en la costa del mar Mediterráneo.

La ruta del "camino de la tierra de los filisteos" era hacia el
Noreste, bordeando las costas del mar Mediterráneo, donde estaban
asentadas mayormente las antiguas ciudades de la pentápolis
filistea: Gaza, Asdoc, Escalón, Gat y Ecrón. Actualmente, Gaza es
territorio de la autonomía palestina, y las otras ciudades son parte
del territorio israelita.

¡Esa era la ruta fácil! ¡La ruta sin muchos problemas! ¡El camino
recto! Quién sabe si Dios los hubiera ayudado a pasar inadvertidos
por el territorio filisteo, eludiendo de manera milagrosa a los
ejércitos filisteos.

A todos nos gustan los atajos para alcanzar metas en la vida.
Buscamos siempre rutas cortas para la educación, caminos directos
al ministerio, carreteras fáciles para encontrar trabajos y senderos
cómodos para lograr muchas cosas en la vida.

¡Todo lo fácil nos apasiona, nos seduce, nos encanta, lo buscamos
y lo deseamos! El verdadero éxito no viene con fórmulas o con
pronunciamientos mágicos, sino con disciplina, esfuerzo y
determinación.

Muchas veces Dios o el Señor Jesucristo no nos permite tomar
ciertos caminos conocidos o por donde se avanza más rápido hacia
el destino, porque no nos convienen. Él sabe lo que nos conviene.

Se dice del camino de los filisteos, "que estaba cerca". En realidad
era un recorrido de unos diez u once días. Lo "cerca" siempre atrae,
gusta, queremos llegar. Pero la meta de Dios puede estar más lejos,
más allá de lo que pensamos. Aunque tu ruta sea la más larga,
asegúrate que estás tomando la ruta de Dios, la "Ruta 777".

Dios sabía que el recién libertado pueblo hebreo no estaba listo
para ver la guerra. No estamos listos para llegar a muchas cosas
que están "cerca" de nosotros. Ante "la guerra", ese pueblo liberado

milagrosamente podía arrepentirse de haber dejado Egipto y, como consecuencia, tendría que enfrentar una ofensiva del ejército adiestrado, armado y capacitado de los fieros filisteos.

La mayoría de las veces, aquellos que han llegado por el camino "cerca" al ministerio no han estado preparados para enfrentar los filisteos de la adversidad, de las pruebas, del desánimo y de la frustración. Y ante las presiones, han desertado.

II. El permiso

"Mas hizo Dios que el pueblo rodease por el camino del desierto del Mar Rojo. Y subieron los hijos de Israel de Egipto armados" (13:18).

Dios les hizo el mapa a ellos. Nuestro mapa lo debe diseñar el Señor Jesucristo. Él debe dirigirnos por el camino que considere más conveniente para nosotros. La ruta de Dios es la mejor, aunque no sea la más agradable. Cuando hacemos la voluntad de Jesucristo, no tomamos nuestro camino, sino que tomamos el camino de Él. No es nuestra ruta, es la ruta de Jesucristo.

Para el pueblo de Israel era "el camino del desierto del Mar Rojo". El *Camino del desierto* está señalado para todos aquellos que un día fuimos rescatados del Egipto de este mundo por un libertador llamado Jesús de Nazaret.

Ese puede ser el *desierto de la depresión*. Es tener todo y sentir que no tenemos nada. Es tener razones para estar felices y sentirnos ahogados por una tristeza interior.

Ese puede ser el *desierto de la soledad*. Es estar acompañados de personas significativas, que se interesan en uno, pero incluso así sentirse solo. La peor soledad es la espiritual, la del alma.

Ese puede ser el *desierto de la desilusión*. Nada de lo estudiado, alcanzado, adquirido y realizado puede llenar ese vacío del corazón humano. Alcanzamos mucho, pero no estamos felices con ninguno de esos logros.

Ese puede ser el *desierto de la desesperación*. Es la falta de paciencia, no saber esperar en Jesucristo. La desesperación ha hundido a muchos seres humanos, ha arruinado a muchos creyentes. ¡No nos desesperemos, esperemos en Jesucristo! El quebrantamiento y las pruebas son las lecciones de la vida espiritual que nos enseñan a ser pacientes y no desesperarnos.

Se nos dice de los hijos de Israel: "...Y subieron los hijos de Israel de Egipto armados". Según el Rabino W. Gunther Plaut, eso significa que "Israel salió de Egipto como un ejército armado". Pero pensemos en otra posibilidad, la tradicional, que salieron con armas de guerra. Estaban "armados" para la guerra, pero no preparados para ella. Les faltaba la experiencia.

¿Cuántas armas tenemos, pero no las sabemos usar? Tenemos conocimientos que no aplicamos. Oportunidades que no aprovechamos. Talentos que no utilizamos. Dones que están dormidos y con los cuales no ministramos. Llamados al trabajo del reino, a los que no respondemos. Sermones recibidos en nuestros corazones, que no aplicamos. Revelaciones dadas por el Espíritu Santo, que ignoramos. Sueños que mueren en muchos porque nunca los vieron cumplirse. Si en algún lugar del planeta Tierra podemos encontrar personas con sueños incumplidos, con propósitos sin desarrollar, sin planes realizados, sin metas alcanzadas… podemos decir que es en el cementerio.

El pueblo salió con "…los huesos de José…" (13:19). José les profetizó: "… Dios ciertamente os visitará, y haréis llevar de aquí mis huesos" (Gn. 50:25). Cuatrocientos treinta años después, la profecía de José se cumplió, y su petición también se cumplió. Nunca nos olvidemos de aquel o aquella que nos dio la profecía. A veces nos acordamos de la profecía, pero no del instrumento humano que la dio.

Leemos: "Y partieron de Sucot y acamparon en Etam, a la entrada del desierto" (13:20). Sucot y Etam eran la puerta al desierto. ¿Dónde nos tiene Jesucristo acampando? ¿Cuál es nuestro "Sucot"? ¿En qué "Etam" nos encontramos detenidos? ¿De dónde hemos partido y dónde nos hemos detenido?

III. La guía

> "Nunca se apartó de delante del pueblo la columna de nube de día, ni de noche la columna de fuego" (13:22).

Dios utilizó dos elementos sobrenaturales, una nube y una llama de fuego, para guiar de día y de noche al pueblo. Eran la *brújula-nube* y el *faro-llama* que dirigía al pueblo de Israel. Esa nube y esa llama era la misma presencia de Dios (13:21).

De día era "una columna de nube" y de noche era "una columna de fuego" (13:21). La presencia de Dios, aunque cambiaba de elementos, seguía siendo la misma. La presencia divina no siempre se manifiesta igual. El pueblo andaba de día y de noche con la guía y seguridad de la presencia de Dios.

"Y Jehová iba delante de ellos…" ¡Esa era la clave milagrosa! Ellos no iban solos, Dios iba con ellos y delante de ellos, los acompañaba con su presencia. Los sacó de Egipto para acompañarlos. En el calor del día, era la nube que le daba sombra y clima; en el frío de la noche, los calentaba y les alumbraba el camino.

El desierto es caluroso de día y frío de noche. Interesante es agregar que un comentario a la Torá dice: "Durante los meses frescos ellos viajarían de día; durante la temporada calurosa, por la noche" (*The Torah, A Modern Commentary* por el rabí W. Gunther Plaut, 1980).

La presencia de Dios es para nosotros todo aquello de lo cual tenemos necesidad. Nos ofrece sombra cuando hace calor y nos provee luz cuando hay oscuridad en nuestro peregrinaje de fe. Se dice de la revelación escrita de Dios: "Lámpara es a mis pies tu palabra, y lumbrera a mi camino" (Sal. 119:105).

"Nunca se apartó de delante del pueblo..." (13:22). ¡Esa fue una promesa bíblica! Jesucristo nunca se aparta del creyente, sin embargo el creyente sí se puede apartar de Jesucristo. Por cuarenta años, Jehová Dios no apartó su presencia del pueblo nómada en el desierto, aunque este muchas veces se apartó de la voluntad de Dios, se apartó del pacto divino y se quejó contra Dios. Mientras tú y yo nos mantengamos al lado de Dios, Él se mantendrá a nuestro lado. Andemos con Dios, y Él andará con nosotros; busquemos su presencia, y su presencia nos buscará a nosotros.

Mi madre Georgina Antonia Bermúdez acostumbra decir: "Dios es nuestro Norte, la brújula de su Palabra siembre apunta hacia el Norte. Mantengámonos siempre buscando ese Norte para nuestras vidas".

Conclusión

Nuestra vida es un éxodo, es un salir de un lugar para llegar a otro. Con la conversión a Jesucristo, comienza nuestro éxodo espiritual, la ruta de la tierra hacia el cielo, luego del cielo hacia la tierra.

Pero hay otros éxodos que tenemos que recorrer como seres humanos. Mudarnos de una comunidad a otra comunidad es un éxodo. Cambiar de un trabajo a otro trabajo es un éxodo. Emigrar de un país a otro país es un éxodo. Pasar por alguna enfermedad o perder a algún ser querido es un éxodo. ¡Todos vivimos la vida del éxodo! ¿En qué éxodo de tu vida te encuentras ahora? ¿De dónde has salido y hacia dónde quieres ir?

"NO TEMÁIS, ESTAD FIRMES"

"Y Moisés dijo al pueblo: No temáis; estad firmes, y ved
la salvación que Jehová hará hoy con vosotros; porque los
egipcios que hoy habéis visto, nunca más para siempre
los veréis" (Éx. 14:13).

Introducción

Dios le ordenó al pueblo cambiar de ruta (14:1-3). Él sabía que el
Faraón endurecido perseguiría al pueblo de Israel (14:4-9). Ante el
acercamiento egipcio, los hijos de Israel temieron, pero Moisés los
animó en la fe (14:10-14).

Dios le ordenó a Moisés usar la vara milagrosa y dividir el Mar
Rojo para que el pueblo pasara en seco (14:16). La presencia de Dios
se puso entre los hijos de Israel y los egipcios, a la retaguardia de
los primeros (14:19). Cuando extendió Moisés la vara, un viento
del oriente dividió el mar y, durante toda la noche, secó las aguas
(14:21).

Los egipcios se metieron hasta la mitad del mar seco, y por orden
de Jehová, Moisés extendió la vara, y las aguas vueltas destruyeron
a los egipcios (14:23-31).

I. La dirección

"Di a los hijos de Israel que den la vuelta y acampen
delante de Pi-hahirot, entre Migdol y el mar hacia
Baal-zefón; delante de él acamparéis junto al mar" (14:2).

¿Has llegado a un destino, para darte cuenta de que la dirección
tomada está equivocada? ¿Te has encontrado en algún camino sin
salida?

El pueblo iba viajando hacia el Sureste, y el GPS [por sus siglas en inglés, *Global Position System*] o el Sistema de Navegación Celestial le dictó otra ruta. Dios le ordenó cambiar a la ruta suroeste y le dijo a Moisés: "Di a los hijos de Israel que den la vuelta...". El Señor muchas veces cambiará la dirección que llevamos, para meternos en su dirección. Si Él ordena tomar otra ruta, tenemos que hacerlo.

A primera vista, puede parecer que Dios los estaba metiendo en la boca del león. Cuanto más avanzaban, más se acercaban a la orilla del Mar Rojo. Era un camino contrario a la razón, pero no a la fe. Las carreteras señaladas por el Espíritu Santo, en ocasiones, nos recuerdan los laberintos del mitológico Minotauro.

Faraón diría: "...Encerrados están en la tierra, el desierto los ha encerrado" (14:3). Parecía que el pueblo estaba atrapado, pero el que terminaría atrapado sería Faraón con su ejército. Leemos en Éxodo 14:4: "...Y ellos lo hicieron así". Lo que el mundo ve como una derrota, Dios lo ve como un triunfo; lo que el mundo ve como un fracaso, Dios lo ve como una victoria; lo que el mundo ve como un camino de destrucción, Dios lo ve como un camino de construcción. Dios solo ve la oportunidad para manifestar su gloria y revelar su poder.

Podemos hacer las cosas a la manera de otros, y puede que no salgan bien; las podemos hacer a nuestra manera, y puede que salgan bien o que salgan mal. Pero si hacemos las cosas a la manera de Dios, siempre nos saldrán bien.

Dios le decía al pueblo de Israel que, aunque vieran las cosas "color de hormiga", se vieran sin salida, sin alternativas y no vieran una puerta abierta, Dios se glorificaría.

Faraón fue avisado de que el pueblo huía, mientras sus siervos decían: "...¿Cómo hemos hecho esto de haber dejado ir a Israel, para que no nos sirva?" (14:5). Sin el pueblo de Israel, los egipcios enfrentaban un problema de mano de obra, de producción agrícola, de servicios domésticos de mantenimiento urbano. Toda su economía sostenida por el trabajo de esclavos se iría abajo. Imagínate una ciudad como Nueva York, atestada por tantos indocumentados —en su mayoría de origen latino—. ¿Qué sucedería si estos tuvieran que salir, o abandonar, o ser echados fuera de esta ciudad cosmopolita? ¡La economía se desplomaría! Ese fue el problema que los sureños de los Estados Unidos de América enfrentaban cuando se legalizó la emancipación de los esclavos afroamericanos. Cuatrocientos años de mano laboral gratis se iban para abajo. Los esclavistas blancos respondieron con el repudio a la voluntad federal, y el resultado fue desastroso: la guerra civil del Norte contra el Sur.

Con un ejército organizado de "seiscientos carros escogidos y todos los carros de Egipto" con oficiales, Faraón alcanzó al pueblo en Baal-zefón (Éx. 14:6-9). Flavio Josefo, historiador judío de la época de la destrucción del templo, añade que había una caballería de cincuenta mil hombres y una infantería de ochenta mil hombres. Nuevamente en el versículo 4, leemos que Dios endurecería el corazón de Faraón, y en el 8 se nos dice que el corazón de Faraón estaba endurecido. Así son los pecadores que no se arrepienten de todo corazón: cuando las cosas están mal, oran por una liberación, pero cuando todo parece estar de nuevo en calma, vuelven a ser los mismos. Hay seres humanos que nunca cambian su corazón, cambian por un tiempo porque les conviene, pero luego vuelven a ser los mismos.

Las pruebas de la vida, los tropiezos humanos, los obstáculos sociales y las tribulaciones espirituales deben impulsarnos a orar. A Jesucristo debemos transferir nuestros problemas y nuestras dificultades. La oración pone a Jesucristo de nuestro lado.

II. La reacción

"Y dijeron a Moisés: ¿No había sepulcros en Egipto, que nos has sacado para que muramos en el desierto? ¿Por qué has hecho así con nosotros, que nos has sacado de Egipto?" (14:11).

Aquellos que habían llorado de alegría por su liberación de Egipto, que fueron testigos de cómo las plagas en Egipto no los tocaron a ellos, que celebraron aquella noche con la primera pascua, ahora veían el desierto de la libertad como el lugar de la muerte. ¿Cuántas cosas que antes veías como bendición, ahora te lamentas por tenerlas?

Con Éxodo 14:11 se inicia una campaña de quejas y críticas por parte de pueblo de Israel. Durante cuarenta años, Moisés tendría que enfrentar ese espíritu de quejas en su ministerio como líder de este pueblo.

Como patrón natural humano, aquellos libertos arremetieron contra su libertador Moisés, culpándolo de su aparente desgracia. Si las cosas salen conforme al programa humano, se aplaude al líder, pero cuando el programa se le va de las manos, le tiran piedras al líder. ¡Moisés fue blanco de sus proyecciones humanas!

Los hijos del reino no pasan si vida criticando. Los hijos del reino son agradecidos a sus líderes. Los hijos del reino cambian su mentalidad de esclavo por la mentalidad de ser libre. Los hijos del reino viven moviéndose en la visión de Jesucristo.

Incluso le recordaron que en Egipto muchos de ellos querían "...servir a los egipcios..." (14:12). Y exclamaron desanimados: "...mejor nos fuera servir a los egipcios que morir nosotros en el desierto" (14:12).

Ellos ejemplifican a todos aquellos y aquellas que, ante las pruebas espirituales, se ponen a comparar "la esclavitud de Egipto" con "la libertad del desierto". Caen en la tentación de decir que en el mundo, a pesar de la servidumbre espiritual, estaban mejor. Por mejor que haya sido el mundo, sin Jesucristo estábamos perdidos, éramos esclavos de Egipto; Faraón era nuestro amo y dueño.

III. La contestación

"Y Moisés dijo al pueblo: No temáis; estad firmes, y ved la salvación que Jehová hará hoy con vosotros; porque los egipcios que hoy habéis visto, nunca más para siempre los veréis" (14:13).

Actitud: "...No temáis...". El temor se derrota con la fe. Es creer que el Dios del Antiguo Testamento y el Señor Jesucristo del Nuevo Testamento te ayudarán a vencer los problemas.

Posición: "...estad firmes...". Cuando no sepamos qué hacer o qué decir, no nos desesperemos ni movamos, esperemos en el Señor Jesucristo.

Fe: "...y ved la salvación que Jehová hará hoy con vosotros...". El mensaje de Moisés era: hoy Jehová los salvará. Hoy puede ser el día de tu milagro. Hoy tu problema será resuelto. Después de ese día, esos egipcios perseguidores ya no existirían más sobre la tierra.

Esperanza: "Jehová peleará por vosotros..." (14:14). Nosotros no tenemos que pelear, Dios peleará por nosotros. Nuestras luchas son sus luchas. Nuestras pruebas son sus pruebas.

Resultado: "...y vosotros estaréis tranquilos". ¡*Tranquilidad* es la palabra clave! Las adversidades y contrariedades se deben enfrentar con tranquilidad. El que espera en Jesucristo no se intranquiliza. ¡Tranquilo! ¡Tranquila! ¡Ten control! Dale al Espíritu Santo el volante del carro de tu vida, el timón de tu barco y el manubrio de tu bicicleta. Si eres impaciente, tranquilo. Si te gustan las cosas ligeras, tranquilo. Si te enojas con facilidad, tranquilo. Si discutes por cualquier cosa, tranquilo. Si necesitas mucha atención, tranquilo. Si te sientes decepcionado con alguien, tranquilo. Si alguien te ha engañado, tranquilo. Si esperabas un mejor trato de otra persona, tranquilo. Si estás recibiendo presiones en el trabajo, tranquilo. Si hay tormentas en tu matrimonio, tranquilo. Si la actitud de algunas personas te molesta mucho, tranquilo.

Juan Wesley, refiriéndose a este pasaje, declaró: "En tiempos de gran dificultad, es nuestra sabiduría que mantiene a nuestros espíritus calmados, quietos, medicados, a causa de esto estamos en la mejor capacidad de hacer nuestro trabajo y considerar el trabajo de Dios" (*Notas de Juan Wesley en el Antiguo y el Nuevo Testamento*).

La oración es un tranquilizante, por eso ora mucho. El culto es un tranquilizante, por eso asiste regularmente al templo. La alabanza es un tranquilizante, por eso alaba a Dios con todas tus fuerzas. Estar con los hermanos en la fe es un tranquilizante, por eso búscalos siempre.

A Moisés, Dios le ordenó no clamar a Él, sino hablarle al pueblo para que marchara (14:15). Y a él le ordenó extender su vara sobre el mar y dividirlo, para que los hebreos caminaran en seco (14:16). Esa *vara* milagrosa representa el poder de la Palabra de Dios que se libera en nuestras vidas. Usa la Palabra y verás milagros cada día de tu vida. Ante la adversidad, usa la Palabra. Cuando te sientas acorralado, usa el poder de la Palabra. Extiende la vara del poder de Dios y verás cómo las aguas se dividen para que puedas entrar. Al extender Moisés la vara, un viento recio oriental retiró el mar dividido, dejando en seco la tierra toda aquella noche (14:21).

Dios se glorificaría en Faraón, su ejército y sus carros de guerra (14:17-18). El ángel de Jehová se puso a espaldas del pueblo, al igual que la columna de nube (14:19). Para los egipcios, la nube era tinieblas y les impedía ver, mientras que para los israelitas fue luz durante toda la noche (14:20).

Al extender Moisés la vara, un viento recio oriental dividió el mar y dejó en seco la tierra toda aquella noche (14:21). Leemos: "Entonces los hijos de Israel entraron por en medio del mar, en seco, teniendo las aguas como muro a su derecha y a su izquierda" (14:22).

Dios hizo con las aguas un túnel, con una pared a la derecha y otra a la izquierda. Y el suelo por donde caminarían lo dejó "en seco". Para nosotros, Jesucristo divide muchas cosas y seca otras. Donde no hay camino, Jesucristo hace camino. Donde hay peligro, Jesucristo pone seguridad.

IV. La destrucción

"Y Jehová dijo a Moisés: Extiende tu mano sobre el mar, para que las aguas vuelvan sobre los egipcios, sobre sus carros, y sobre su caballería" (14:26).

La caballería de Faraón con sus carros de guerra también se metió al Mar Rojo, detenido en ambos lados, por tierra seca y llegaron a la mitad del mar (14:23).

Dios desde "...la columna de fuego y nube..." (14:24), quizás alrededor de las dos de la mañana, se encargó de hacer un trabajito: rompió los carros a los egipcios (14:24-25). Es de notar que aquí se habla de "la columna de fuego y nube", lo cual indica que la noche estaba abrazando al día. Vi un documental, donde se mostraban artefactos marinos, muy similares al tipo de ruedas que tenían los carros de guerra de los antiguos faraones, que bien pudieron ser las ruedas de este evento del éxodo.

Por orden de Jehová, Moisés, al ver a todo el pueblo hebreo seguro, extendió la vara sobre las aguas, y cerca de las seis de la mañana el mar volvió a reclamar su espacio con "toda su fuerza", y así los egipcios perecieron (14:26-28). Lo que para el pueblo de Dios puede ser una bendición, para el mundo puede ser una maldición. Pero los hijos de Israel lograron pasar por los muros del agua del mar, caminaron en seco, no en un manglar o en un pantano (14:29).

Leemos: "Y vio Israel aquel grande hecho que Jehová ejecutó contra los egipcios; y el pueblo temió a Jehová, y creyeron a Jehová y a Moisés su siervo" (14:31).

Antes, el pueblo había tenido temor del ejército con carros del Faraón, ahora "el pueblo temió a Jehová". El espíritu de temor o miedo se desplaza con el temor a Dios. ¡Teme a Dios y no temas al Faraón espiritual! ¡Teme a Jesucristo y no temas a los poderes espirituales de este mundo!

"...y creyeron a Jehová y a Moisés su siervo". Ellos tuvieron fe en Dios y en el siervo de Dios, Moisés. Hay que creerle a Dios, pero hay que creerles a los siervos de Él.

Conclusión

Muchas veces Jesucristo cambiará nuestra ruta por la de Él. Aunque las cosas no salgan como esperamos en Dios, no por eso debemos culpar a sus siervos. A un pueblo contagiado con miedo, se le debe inyectar fe. Créele a Jesucristo y créeles también a sus instrumentos humanos.

16

"CANTARÉ YO A JEHOVÁ"

"Entonces cantó Moisés y los hijos de Israel este cántico
a Jehová, y dijeron: Cantaré yo a Jehová, porque se ha
magnificado grandemente; ha echado en el mar al caballo
y al jinete" (Éx. 15:1).

Introducción

Éxodo 15:1-21 es un cántico que celebra la liberación que Jehová
Dios había dado al pueblo de Israel. Él les dio libertad de la
esclavitud y opresión de una nación poderosa como era Egipto, con
un monarca poderoso como lo era Faraón.

Al igual que los salmistas, que en sus salmos recordaron la
liberación del pueblo hebreo (ver Sal. 78 y 105), Moisés también
cantó con su hermana María, para agradecerle a Dios la actividad
milagrosa de haberlos sacado de Egipto.

I. La salvación

"Jehová es mi fortaleza y mi cántico, y ha sido mi
salvación. Este es mi Dios, y lo alabaré; Dios de mi
padre, y lo enalteceré" (15:2).

Este fue un cántico colectivo: "...cantó Moisés y los hijos de Israel
este cántico a Jehová..." (15:1). Los milagros de Dios deben ser
celebrados por todo el pueblo. A Dios Padre, a Dios Hijo y a Dios
Espíritu Santo, les debe cantar toda la congregación. El cántico de
Moisés debe ser también nuestro cántico.

Moisés cantó: "...[Dios] se ha magnificado grandemente..." (15:1).
Todo lo que Dios hizo al echar "...en el mar al caballo y al jinete..."
(15:1) fue como una lupa de aumento que hizo ver su grandeza. Los

milagros son para engrandecer a Dios, exaltar a Jesucristo y revelar al Espíritu Santo.

Para Moisés, Jehová fue su "salvación" y su "fortaleza", por eso lo alabaría y lo enaltecería siempre (15:2). Alabamos a Dios por lo que ha hecho por nosotros y por lo que nos da.

El salmista David expresó algo similar al cantar: "Jehová es mi luz y mi salvación; ¿de quién temeré? Jehová es la fortaleza de mi vida; ¿de quién he de atemorizarme?" (Sal. 27:1).

El Padre envió al Hijo, Jesús de Nazaret, para ofrecer salvación al mundo. El Hijo envió al Espíritu Santo para fortalecer a la Iglesia.

Las expresiones "este es mi Dios" y "Dios de mi padre" (15:2) se reconcilian en la experiencia personal de Moisés y del pueblo. Lo que Dios fue con mi generación anterior lo es conmigo como generación.

Por la derrota impuesta por Dios al ejército egipcio, Jehová se ganó el título de "varón de guerra" (15:3). Con su mano derecha, Dios hizo grande su poder y con esa misma mano aniquiló al enemigo (15:6). ¡Su poder se hizo más grande! (15:7).

II. La grandeza

"Y con la grandeza de tu poder has derribado a los que se levantaron contra ti. Enviaste tu ira; los consumió como a hojarasca" (15:7).

Cuando Faraón se levantó contra el pueblo de Israel —el primogénito entre muchos pueblos, de los cuales nosotros somos uno—, este monarca egipcio se levantó contra Dios, y Jehová le respondió "con la grandeza" de su "poder", derribándolo y consumiéndolo.

El que se mete con la Iglesia se mete con Jesucristo y tendrá que enfrentarse con su gran poder. Nadie que se haya metido contra los santos de Dios ha quedado inmune. Tarde o temprano, el juicio divino lo alcanzará.

Los versículos 8 y 10 de este capítulo 15 presentan la división de las aguas del Mar Rojo (15:8), la intención de Faraón de destruir al pueblo de Israel (15:9) y cómo Dios destruyó a los egipcios con un viento (15:10).

En el versículo 11, el cántico levanta a Jehová Dios sobre los dioses egipcios. Cada plaga fue un golpe contra algún dios egipcio. Incluso la plaga de la muerte de los primogénitos —que quitó la vida al primogénito del Faraón— mostró que Dios era superior a él, al cual se le tributaba culto como a un dios.

Leemos: "Extendiste tu diestra, la tierra los tragó" (15:12). El juicio sobre los capitanes y el ejército de Faraón fue controlado por la diestra divina. Él lo ordenó, "la tierra los tragó".

En nuestros cánticos, testimonios y alabanzas, debemos exaltar siempre la grandeza y el poder de nuestro Señor Jesucristo. A Dios le interesa más la letra y el mensaje que proyectamos en el cántico, que el ritmo o la melodía.

III. La protección

"Condujiste en tu misericordia a este pueblo que redimiste; lo llevaste con tu poder a tu santa morada" (15:13).

Redención, misericordia y poder son tres palabras que ayudan a entender la protección divina en el versículo 13. Sin misericordia no hay redención; y donde están estas acciones divinas, allí se revela el poder de Dios.

El versículo 14 es un cántico profético: "Lo oirán los pueblos, y temblarán; se apoderará dolor de la tierra de los filisteos". La liberación del pueblo de Israel de Egipto dio base hermenéutica a una teología liberacionista y de esperanza para los afroamericanos durante la esclavitud en los Estados Unidos de América y durante el movimiento de los derechos civiles tan pronunciado en los años sesenta.

La tierra de Filistea ya existía para la época del éxodo hebreo (aunque hay exegetas que dudan de la existencia de los filisteos en ese tiempo), durante las conquistas de los hebreos en Canaán, en la época de los jueces y en la de los reyes de Judá y de Israel. El pueblo filisteo que controló una buena franja de la costa del Mediterráneo y que fue diestro en el uso del hierro, logró protegerse durante siglos en su tierra. Hoy día, la Franja de Gaza, la antigua ciudad filistea, está en control de los palestinos; las ciudades de Asdod, Ascalón, todavía habitadas, son ciudades judías, al igual que los territorios de Ecrón y Gat.

El mensaje profético era también para los territorios de Edom, Moab y Canaán, conquistados posteriormente por Israel. A ellos se les profetizó turbación, temblor y cobardía (15:15). Al mundo y a sus principados, la Iglesia de Jesucristo le profetizará su derrota espiritual mediante el canto de celebración. Hoy nosotros somos ese pueblo que ha sido libertado de Egipto y que en la Cena del Señor celebra a Cristo, nuestra Pascua. Mediante el bautismo en agua, hemos cruzado en seco el Mar Rojo, de la vida antigua a la nueva vida.

Leemos: "...hasta que haya pasado tu pueblo, oh Jehová. Hasta que haya pasado este pueblo que tu rescataste" (15:16). Los israelitas cruzaron en seco el Mar Rojo, mientras el mar se mantenía a la derecha y a la izquierda, como paredes. Hasta que el último israelita no cruzó al otro lado, el mar se no se cerró. Jehová Dios protegió a su pueblo. Jesucristo nos protege a nosotros, la Iglesia, que también estamos atravesando el Mar Rojo espiritual de este mundo.

El versículo 17 profetiza la conquista de la tierra prometida, con las palabras proféticas: "Tú los introducirás y los plantarás en el monte de tu heredad...". A la tierra prometida se la llama "heredad", "morada" y "santuario". Notemos que en el texto bíblico el pronombre divino *tu* se antepone a la heredad, morada y santuario: todo es de Él, aunque le sea dado a su pueblo. Dios plantó la heredad, preparó la morada y afirmó el santuario.

En el versículo 18, se afirma el reino eterno y permanente de Dios. El gobierno de Dios es para siempre. Jesucristo con su Iglesia reinará por todas las edades.

El versículo 19 nos recuerda cómo Dios cerró el Mar Rojo para los egipcios y lo mantuvo seco para el paso de su pueblo. Dios abre caminos para sus hijos y cierra caminos para los enemigos de su obra.

En el versículo 20, aparece María, la hermana de Aarón y Moisés, reconocida como "la profetisa". Con "un pandero en su mano" motivó a otras mujeres que junto a ella tocaron panderos y danzaron. Ellas celebraron públicamente lo que Dios hizo a su favor.

María proclamaba: "...Cantad a Jehová, porque en extremo se ha engrandecido, ha echado en el mar al caballo y al jinete" (15:21). Es probable que lo expresado por María sea un responsorio a todo el cántico de Moisés, que a medida que se cantaba, ellas hacían coro.

En Apocalipsis 15:3 leemos: "Y cantan el cántico de Moisés siervo de Dios y el cántico del cordero, diciendo: Grandes y maravillosas son tus obras, Señor Dios todopoderoso, justos y verdaderos son tus caminos, Rey de los santos".

Juan, el apocalíptico, nos dice que en el cielo oyó a aquellos que habían "...alcanzado la victoria sobre la bestia y su imagen..." (Ap. 15:2). Cantar el cántico de Moisés y el cántico del Cordero es alabar a Dios por lo que hace y adorarlo por lo que es.

Muchos no leen el libro del Apocalipsis, porque lo ven saturado de figuras grotescas, juicios y calamidades. Otros, en este libro escatológico, solo ven la figura del anticristo. Para nosotros, debe ser un libro que retrata a Jesucristo, el Cordero divino; un libro que enseña liturgia y nos invita a la adoración. Apocalipsis es un libro de victoria, donde el Cordero de Dios derrota a las fuerzas del mal del anticristo; y donde la Iglesia de Jesucristo aparece como un Iglesia gloriosa.

Conclusión

El creyente alaba a Dios por lo que este hace y adora a Dios por lo que Él es. El creyente es salvo para adorar a Jesucristo y para servir a su favor.

¿QUÉ HEMOS DE BEBER?

"Entonces el pueblo murmuró contra Moisés, y dijo: ¿Qué
hemos de beber?" (Éx. 15:24).

Introducción

Una vez más el espíritu de queja, de murmuración, de disgusto...
se hizo patente en el pueblo de Israel. Después de haber cruzado el
Mar Rojo, mientras iban por el desierto de Shur, pasaron tres días
sin agua; y eso los hizo murmurar contra Moisés (15:22-24).

Después que Moisés oró a Dios, este lo dirigió a arrojar un
árbol a las aguas de Mara para endulzarlas (15:25). Luego le dio
mandamientos y le ofreció promesa de salud y de sanidad (15:26).
El relato termina en Elim, con "doce fuentes de agua y setenta
palmeras" (15:27).

I. La necesidad

"E hizo Moisés que partiese Israel del Mar Rojo, y
salieron al desierto de Shur; y anduvieron tres días por el
desierto sin hallar agua" (15:22).

Éxodo 15:1-18 registra el cántico de gratitud con expresiones de
gozo y alegría, por la forma milagrosa en que Dios salvó a Israel y
destruyó el ejército de Faraón. María, la hermana de Moisés, junto
con otras mujeres, danzaba con panderos (15:20) y también les
respondía con sus cantos (15:21).

Esa fue la primera fiesta del desierto para el pueblo de Israel.
Fue un culto de celebración y exaltación al poder de Dios. Pero
en el cántico de Moisés y María, descubrimos pronunciamientos
proféticos para el pueblo de Israel.

"E hizo Moisés que partiese Israel del Mar Rojo…" A la adoración, el cántico, la danza y la fiesta espiritual, les siguieron la actividad, la marcha, el movimiento. La hora de marchar les había llegado. La orden de Moisés fue apremiante: tenían que dejar el área del otro lado de la orilla del Mar Rojo.

"…y salieron al desierto de Shur…" El desierto es la alfombra por donde marcharon los hijos de Dios. Las experiencias del desierto siempre estarán presentes en nuestras vidas. El desierto no es agradable, no es de nuestro gusto, no entramos voluntariamente; pero es necesario para nuestro crecimiento espiritual y nuestra madurez en Cristo. Allí en el desierto, morirá todo lo carnal que hay en nosotros —ambiciones, egoísmo, pereza, autosuficiencia, etc.—, para que vivamos en la total dependencia de Dios y en el desarrollo de nuestra fe.

"…y anduvieron tres días por el desierto sin hallar agua". Un ser humano puede vivir sin comida varios días. Sin agua podemos subsistir pocos días. Sin oxígeno pocos minutos. Sin Dios no podemos vivir ni un segundo espiritual. La falta de agua por tres días produjo preocupación al pueblo. Tres días sin agua y en el desierto, ¡eso sí era un prueba!

II. La murmuración

"Entonces el pueblo murmuró contra Moisés, y dijo: ¿Qué hemos de beber?" (15:24).

El pueblo de Israel pocos días antes había sido testigo del mayor milagro en toda la historia del ser humano, con la excepción de la resurrección de nuestro Señor Jesucristo. Por un viento oriental que duró toda la noche, el Mar Rojo se separó y formó dos paredes, una a la izquierda y otra a la derecha. Quedó un pasillo de salvación por donde los israelitas caminaron sobre tierra seca.

Ahora, ante la necesidad de agua, en vez de orar y actuar en fe, de confiar en Dios por otro milagro, atacaron al siervo de Dios: Moisés. La murmuración los contagió; el blanco fue el mismo hombre que había sido usado para hacer milagros y señales. Jehová Dios había usado a Moisés y lo seguiría usando si era necesario. En vez de enfocarse en Dios, se enfocaron en la situación.

Recordemos que con el pueblo hebreo salieron también otros grupos étnicos que se sumaron al éxodo. Y es muy probable que muchos de ellos fueran los instigadores.

Mi mentor, el Dr. José A. Caraballo, un pico de oro en la ciudad de Nueva York, ya fallecido, decía algo que ya antes he repetido: "Los evangélicos suben a los líderes con flores y los bajan a pedradas". Las cosas buenas del pasado se olvidan pronto, y las cosas malas del presente sí se enfatizan.

Ante esa prueba, el pueblo de Israel arremetió contra el predicador, el pastor y el líder de Dios. Lo lapidaron con la murmuración selectiva. Unos hablaban, pero otros callaban, aunque, según el dicho, el que calla otorga.

En vez de decir: "¿Qué hemos de beber?"; tendrían que haber expresado: "¿Dónde nos dará Dios de beber?". ¡No murmuremos, sino oremos! ¿Qué hemos de decir? ¿Qué hemos de vestir? ¿Qué hemos de comer? ¿Qué hemos de hacer? ¿Qué hemos de lograr?

III. El milagro

"Y Moisés clamó a Jehová, y Jehová le mostró un árbol; y lo echó en las aguas, y las aguas se endulzaron. Allí les dio estatutos y ordenanzas, y allí los probó" (15:25).

Cuando el pueblo llegó a Mara, encontraron que sus aguas eran amargas y por eso "...le pusieron el nombre de Mara" (15:23 cp. Nm. 33:8). Muchos nombres en la Biblia hablan de tristezas y dolores.

Jabes significa "dolor". Su madre le dio este nombre que reflejaba su dolor al tenerlo: "...Por cuanto lo di a luz en dolor" (1 Cr. 4:9). Noemí, la suegra de Rut, la moabita, se cambió su nombre a *Mara*, que significa "amargura". Muchos de nosotros mantenemos el mismo nombre ante las pruebas y dificultades, pero se nos añade el apellido: frustración, depresión, angustia, tribulación, molestia...

Nosotros también debemos ser como aquel árbol que al ser echado en aguas amargas, las pudo endulzar. Muchos seres humanos nos necesitan para endulzar sus vidas.

Hay muchas personas que viven en la amargura de la soledad, pero con nuestra presencia las podemos endulzar. Hay seres humanos que lloran la partida de un ser significativo y necesitan a alguien que los escuche y los comprenda.

Pidamos a Jesucristo que haga de nosotros ese árbol milagroso, que al entrar en contacto con las aguas amargas de nuestro prójimo, vecino y hermano congénito o en la fe, podamos endulzarlas.

En Rut 1:20 leemos: "Y ella les respondía: No me llaméis Noemí, sino llamadme Mara; porque en grande amargura me ha puesto el Todopoderoso". Las palabras de Noemí recuerdan lo dicho por Job: "Porque las saetas del Todopoderoso están en mí, cuyo veneno bebe mi espíritu; y terrores de Dios me combaten" (Job 6:4). Todos nosotros en algún momento dado de nuestras vidas experimentamos algún *Mara*. Sentimos que Dios nos está dejando pasar por la amargura.

Moisés no altercó con el pueblo ni permitió que el enojo de ellos lo hiciera enojar. Lo que hizo ante el conflicto fue orar: "Y Moisés clamo a Jehová..." (15:25). Se puede enfrentar un problema de las siguientes maneras: atacando, huyendo, negociando y orando. Las dos formas correctas son orando y negociando. Ante la murmuración se debe orar.

Leemos: "...y Jehová le mostró un árbol y lo echó en las aguas y las aguas se endulzaron..." (15:25).

¡Dios usará cualquier cosa o a cualquier persona para endulzar las aguas amargas de nuestra vida! ¡Un milagro de Dios traerá dulzura a nuestra vida! ¡Lo amargo se endulzará!

La cruz del Calvario donde Jesucristo fue crucificado y murió por todos nuestros pecados endulza la vida de todo hombre y mujer que ha sido herido por las hojas de la amargura.

Había un propósito con las aguas amargas en Mara: "...y allí los probó" (15:25). Nuestra fe y confianza en Jesucristo quedan probadas ante las pruebas, amarguras, aflicciones, necesidades y angustias que nos presenta la vida.

Allí en Mara, Dios "...les dio estatutos y ordenanzas..." (15:25). No se nos dice cuáles fueron, pero sí podemos deducir que allí Moisés comenzó a darle los primeros estatutos y ordenanzas espirituales al pueblo. Era tiempo ya de alinearse con la Palabra de Dios, de entrar a las normas del gobierno divino.

IV. La atención

> "Y dijo: Si oyeres atentamente la voz
> de Jehová tú Dios..." (15:26).

"...Si oyeres atentamente la voz de Jehová tu Dios..." Dios le estaba pidiendo prestado el oído al pueblo. Él deseaba que lo escucharan con atención, que no se dejaran entretener por ninguna cosa.

"...e hicieres lo recto delante de sus ojos..." Rectitud de carácter era lo que Dios esperaba de su pueblo. Lo que somos ante sus ojos vale más que lo que somos ante los ojos de los demás.

"...y dieres oído a sus mandamientos..." De nuevo Dios les pide el oído, esta vez para oír sus mandamientos.

"...y guardares todos sus estatutos..." La Palabra de Dios se oye y se guarda. De la mente debe bajar al corazón.

"Ninguna enfermedad de las que envié a los egipcios te enviaré a ti; porque yo soy Jehová tu sanador". Aquí Dios le da una promesa de salud. Se le presentó como Jehová Rafa, el Dios que sana. Jesucristo es nuestro Sanador. Él desea darte salud si estás enfermo; Jesucristo desea regalarte un milagro de sanidad.

En Éxodo 15:27 leemos: "Y llegaron a Elim, donde había doce fuentes de aguas, y setenta palmeras; y acamparon allí junto a las aguas".

En muchos de mis viajes a Egipto, he visitado en la Península del Sinaí, el lugar de las "doce fuentes de agua". Hoy se pueden contar unos siete pozos ya secos y sin uso por el tiempo y el abandono. El número doce y el setenta nos recuerdan las doce tribus de Israel y los setenta ancianos. También nos recuerdan a los doce apóstoles y a los setenta enviados del Señor Jesucristo. Son números que tienen que ver con la elección y la comisión divina.

Conclusión

Aunque muchas aguas en nuestras vidas estén amargas y sean difíciles de tomar, Jesucristo las transformará en aguas dulces y beneficiosas. Él endulza nuestras pruebas amargas, endulza nuestras tribulaciones amargas y endulza nuestros sentimientos amargos.

"OS SACIARÉIS DE PAN"

"Yo he oído las murmuraciones de los hijos de Israel;
háblales, diciendo: Al caer la tarde comeréis carne, y
por la mañana os saciaréis de pan, y sabréis que yo soy
Jehová vuestro Dios" (Éx. 16:12).

Introducción

Después de dos meses y medio en el desierto de Sin (16:1), el pueblo de Israel ante el hambre, se quejó a Moisés y Aarón de que en Egipto tenían alimento que les sobraba (16:2-3).

Dios le dijo a Moisés que le enviaría al pueblo una llenura de "pan del cielo" (16:4). Lo recolectarían cinco días normalmente, y en el sexto la porción sería doble (16:4-5). A la mañana, Dios les mandó maná, y por la tarde, carne de codornices (16:12-14).

Los israelitas llamaron a aquel pan del cielo *maná*, que quiere decir: "¿Qué es esto?" (16:15). Por cabeza se recolectaba "un gomer" conforme a la cantidad de miembros de la familias (16:16-18). No se podía dejar maná para el otro día porque criaría gusanos, y así sucedía. Algunos obedecieron las instrucciones de Moisés, y otros no (16:19-24). En el día de reposo el maná no se hallaría en el campo, pero comerían lo que guardaron (16:25-30). En una vasija se guardó un gomer como testimonio delante de Jehová (16:31-34). El maná lo comieron por cuarenta años (16:35-36).

I. La añoranza

"Y les decían los hijos de Israel: Ojalá hubiéramos
muerto por mano de Jehová en la tierra de Egipto,
cuando nos sentábamos a las ollas de carne, cuando
comíamos pan hasta saciarnos; pues nos habéis sacado

a este desierto para matar de hambre a toda
esta multitud" (16:3).

Después que el pueblo de Israel fuera testigo y participante del partimiento del Mar Rojo, y de haber cantado el cántico de Moisés, a los dos meses y medio en el desierto de Sin, encontramos a un pueblo desagradecido, quejumbroso y murmurador (16:1-2). Echaban de menos y añoraban "las ollas de carne" y el "pan" de Egipto.

En nuestras actitudes, nosotros también nos comportamos como el pueblo de Israel. Ante la prueba y la necesidad, caemos en la tentación de comparar lo que teníamos en el mundo con lo que nos falta ahora que somos peregrinos hacia la tierra prometida. A Moisés y Aarón los culparon de traerlos al desierto de Sin para morir de hambre.

Causa dolor al alma y tristeza al corazón cuando se escucha a personas liberadas y bendecidas con promesas divinas, comparar el cuadro mal pintado del mundo con el cuadro en el cual Jesucristo nos ha pintado a nosotros. Muchos, de manera tonta, comparan la miseria del mundo con las bendiciones de la Iglesia.

El pueblo de Israel hubiera preferido la muerte en Egipto, donde eran esclavos aunque tuvieran carne y pan, que la libertad en el desierto con carencia de carne y de pan.

II. La misericordia

"Y Jehová dijo a Moisés: He aquí yo os haré llover pan
del cielo; y el pueblo saldrá, y recogerá diariamente la
porción de un día, para que yo lo pruebe si anda en mi
ley, o no" (16:4).

Jehová Dios no respondió con ira divina a la insensatez humana del pueblo, sino que le dijo a Moisés: "He aquí yo os haré llover pan del cielo". ¡Una lluvia de pan! En su misericordia, Dios no les daría lo que ellos merecían, sino lo que Él en su gracia les quería dar.

Jesucristo, el Hijo de Dios, dijo: "Yo soy el pan vivo que descendió del cielo; si alguno comiere de este pan, vivirá para siempre; y el pan que yo daré es mi carne, la cual daré por la vida del mundo" (Jn. 6:51). Él fue el "pan" de Dios que llovió sobre un mundo hambriento espiritualmente.

Cada día el pueblo saldría y tomaría la porción del pan (16:4). Dios lo enviaría, ellos lo recolectarían. A muchos, Dios les hace llover bendiciones, pero ellos se cruzan de brazos, se sientan y no se levantan para recolectar diariamente. ¡Quieren poder que no buscan! ¡Unción que no toman! No buscan cada día la bendición de Dios.

Dios no solo les daría pan, sino también carne de codornices (16:8). Al hacer eso, Dios demostraría al pueblo quién era Él (16:6). Dios invitó al pueblo, por mediación de Moisés y Aarón, a acercarse a Él y se le apareció en una nube (16:9-10).

Aunque los israelitas parecen murmurar contra Moisés y Aarón, Dios les dice que han sido contra Él las murmuraciones (16: 7-9, 12). Cuando se murmura contra un siervo de Dios, se murmura contra Dios. Dios se ofende cuando se ofende a alguno de sus siervos. La mejor medicina, el mejor antídoto con el espíritu de murmuración es acercarse a la presencia de Dios, para que la presencia de Dios se acerque a nosotros.

El pan se comería por la mañana, y la carne se comería por la tarde (16:12). Dios le dio una dieta matutina y otra vespertina. ¡Devocional en la mañana y culto por la tarde!

Las codornices subían por la tarde y cubrían el campamento, donde el pueblo las podía recolectar (16:13). El pan del cielo les llegaba como un "rocío", que cuando cesaba, dejaba al descubierto "...una cosa menuda, redonda, menuda como una escarcha sobre la tierra" (16:13-14). Y la casa de Israel lo llamó Maná; "...era como semilla de culantro, blanco, y su sabor, como de hojuelas con miel" (16:31). Los hijos de Israel no sabían qué era eso, de ahí la palabra *maná*, que significa: "...¿Qué es esto?..." (16:15). La respuesta de Moisés fue: "...Es el pan que Jehová os da para comer" (16:15).

Hay bendiciones de Dios, que no sabemos qué son, pero son para nosotros *maná*. Son *pan* que Dios nos da. Cada desayuno, cada almuerzo y cada cena que tú y yo comemos todos los días es *maná* del cielo para nosotros.

Las instrucciones para el pueblo fueron precisas: (1) Recolectarían lo que pudieran comer (16:16). (2) Sería un gomer por cabeza (16:16, 36) para la familia. No sobró a unos ni faltó a otros (16:17-18). (3) No se podía dejar para otro día porque criaría gusanos (16:19-20); y muchos lo comprobaron al hacerlo (16:20). (4) Cuando el sol calentaba, el maná se derretía (16:21). (5) El día sexto o viernes se podía tomar doble porción para el día séptimo o shabbat (16:22-26), y no se llenaría de gusanos. El que trató de buscar maná el día de reposo no lo encontró (16:27). El pueblo tenía que reposar el séptimo día (16: 28-30).

El *maná* es tipo de Jesucristo: todos los días debemos buscar satisfacernos con Él. Cada miembro de la familia tiene derecho a consumir de Jesucristo la porción individual que le toca. La experiencia de un día con Jesucristo es de ese día, mañana necesitaremos otra. Vivir de experiencias pasadas muchas veces produce experiencias de maná con gusanos. El día antes del reposo cristiano, debemos prepararnos para la porción de ese día. Temprano por la mañana, debemos buscar desayunar el "Pan del Cielo", Jesucristo, antes de que nuestro devocional se derrita con el sol de las actividades diarias.

III. El testimonio

"Y dijo Moisés: Esto es lo que Jehová ha mandado:
Llenad un gomer de él, y guardadlo para vuestros descendientes, a fin de que vean el pan que yo os di a comer
en el desierto, cuando yo os saqué de la tierra de Egipto"
(16:32).

Un gomer de maná en una vasija sería guardado como testimonio a las generaciones futuras para recordarles que Dios le dio maná al pueblo de Israel por cuarenta años (16:32).

El "gomer de maná" (16:33) se pondría "delante de Jehová" (16:33). Hebreos 9:4 dice: "...en la que estaba una urna de oro que contenía el maná". Dentro del arca del pacto, estaban la vara de Aarón, las tablas del pacto y el maná (He. 9:4).

Veamos la orden: "Jehová ha mandado", y la obediencia: "y guardadlo para vuestros descendientes". Nuestro problema no está en encontrar lo que Jesucristo mandó, sino en guardar lo que Él ordenó. ¡Somos expertos coleccionando sermones! ¡Flojos cumpliendo sermones! Esta generación ha escuchado en un año más sermones que los que otras generaciones escucharon en cinco años. Con la televisión por cable y los DVD recibimos en la pantalla de nuestro hogar los mejores predicadores del planeta Tierra. Pero ¿qué estamos haciendo con tantas predicaciones? ¿Qué hacemos con tantas enseñanzas de los más reconocidos maestros bíblicos? ¡Nada! ¡Absolutamente, nada! ¡Somos oídos nada más, no somos manos! Somos oidores de la Palabra y no hacedores (Stg. 1:22).

Leemos: "Así comieron los hijos de Israel maná cuarenta años, hasta que llegaron a tierra habitada; maná comieron hasta que llegaron a los límites de la tierra de Canaán" (16:35).

Según Josué 5:12, el maná cesó después de la circuncisión en Gilgal, cuando los israelitas comenzaron a comer del fruto de la tierra.

Para el creyente cristiano, el maná es tipo de Jesucristo, quien se comparte con su Iglesia mediante su presencia hasta el día que lleguemos a nuestra Canaán celestial. Mientras andemos por el desierto de nuestra peregrinación espiritual, el "maná" del cielo no debe faltarnos. Desayuna y cena ese "Maná Celestial".

Conclusión

A nuestras generaciones, les debemos dejar algún recuerdo de un milagro que Jesucristo haya realizado en nuestras vidas. Ellos deben saber que existe un *maná* que Dios nos dio, que nos alimentó y que demuestra su poder.

"Y GOLPEARÁS LA PEÑA"

19

> "He aquí que yo estaré delante de ti allí sobre la peña en Horeb; y golpearás la peña, y saldrán de ella aguas, y beberá el pueblo. Y Moisés lo hizo así en presencia de los ancianos de Israel" (Éx. 17:6).

Introducción

En Refidim, al pueblo le faltó agua (17:1), y altercó contra Moisés y Aarón (17:2-3). Moisés fue a Dios con su problema (17:4), y este le instruyó a golpear con su vara la peña de Horeb, de la cual salió agua (17: 56). Por eso llamó el lugar Masah y Meriba (17:7).

I. La crisis

"...y no había agua para que el pueblo bebiese" (17:1).

El pueblo marchaba conforme a las órdenes de Dios y realizaba el viaje "...por sus jornadas..." (17:1). Un paso a la vez conduce a otro paso, y así continuamos avanzando en la peregrinación de la vida. Las grandes metas y los grandes proyectos comienzan con un primer paso. Muchos seres humanos fracasan porque quieren todo a la vez. Sin dar el primer paso, ya quieren llegar al quinto. El poeta Antonio Machado dijo: "Caminante, no hay camino, se hace camino al andar". Sé participante de los milagros de Dios para tu vida. Pon de tu parte y contribuye para que se realicen. Sin hacer nada, no lograrás nada en la vida.

A pesar de que el pueblo actuaba "...conforme al mandamiento de Jehová..." (17:1), esto no los eximió de enfrentar una crisis en su desierto. Tarde o temprano, las crisis escalarán las murallas de nuestra vida, por eso debemos estar listos para enfrentarlas. En los días de bendiciones, prepárate para los días de pruebas, luchas y dificultades. A cada día soleado le llegará una noche oscura.

Leemos: "...y acamparon en Refidim; y no había agua para que el pueblo bebiese" (17:1). En el desierto de este mundo, los pecadores también se encuentran sedientos. Sus almas no pueden encontrar el agua espiritual que solo da Jesucristo. Él es la fuente de agua viva y agua eterna, la cual puede mitigar toda sed espiritual.

Cuando como creyentes caminemos por el desierto de Refidim, es probable que nos encontremos sedientos de la presencia de Jesucristo. Como decía el salmista: "Como el ciervo brama por las corrientes de las aguas, así clama por ti, oh Dios, el alma mía. Mi alma tiene hambre y sed del Dios vivo..." (Sal. 42:1-2).

II. El altercado

> "Y altercó el pueblo con Moisés, y dijeron: Danos agua para que bebamos. Y Moisés les dijo: ¿Por qué altercáis conmigo? ¿Por qué tentáis a Jehová?" (17:2).

"...Danos agua para que bebamos" (17:2). El pueblo se olvidó que el proveedor de ellos era Dios. Ante la necesidad humana, se volvieron exigentes con el siervo de Dios. Le pidieron a Moisés algo que él humanamente no les podía dar. Él solo era un instrumento del Dador Celestial. Pídele a Dios directamente cuando tengas necesidad de un milagro para tu vida.

Un predicador jamás podrá saciar él mismo la sed espiritual de otros; él o ella solo pueden dar y ofrecer el agua que han recibido de Jesucristo. Podrán ser el pozo o la cisterna, pero no el manantial.

Moisés interpretó esas palabras del pueblo como un altercado contra él como persona, y una tentación o manera de poner a Dios bajo prueba (17:2). En vez de creerle a Dios, al altercar con Moisés, dudaban del poder divino.

¡Cree a Dios! No dudes de su poder milagroso. Aunque nademos contra corriente, Jesucristo nos mantendrá flotando. Jesucristo nunca dejará que te hundas. Él es nuestro salvavidas, nuestra seguridad, nuestro seguro, nuestra protección.

Moisés fue delante de Dios en oración (17:4). Ya estaba cansado de las quejas del pueblo: "¿Qué haré con este pueblo?". En algún momento de nuestras vidas, tú y yo nos preguntaremos lo mismo: "¿Qué haré...?". Nos encontramos sin solución al problema. No sabemos qué decir, qué hacer y qué determinar.

Cuando no sepamos qué hacer, o qué decir o qué decidir, volvamos en conversación a Dios. Hablemos con Él, abramos las puertas de nuestro corazón para que el Espíritu Santo vea todo lo que tenemos guardado dentro de nosotros. La oración nos provee momentos de conversación con nuestro Señor Jesucristo.

El carcelero de Filipos dijo: "...¿qué debo hacer para ser salvo?" (Hch. 16:30). Saulo de Tarso contestó a la visión de Jesucristo: "...¿qué quieres que yo haga?" (Hch. 9:6). Un encuentro con la presencia divina levanta en nosotros la inquietud de hacer algo para Dios.

Esta situación de queja en el pueblo atemorizó a Moisés: "...De aquí a un poco me apedrearán" (17:4). Las crisis de otros pueden producir crisis en nosotros. Los judíos siempre fueron buenos tirando piedras, y eso lo sabía muy bien el libertador Moisés. Cómo se sienten otros puede afectar la manera en cómo nos sentimos nosotros.

III. La respuesta

"He aquí que yo estaré delante de ti allí sobre la peña
en Horeb; y golpearás la peña, y saldrán de ella aguas,
y beberá el pueblo. Y Moisés lo hizo así en presencia de
los ancianos de Israel" (17:6).

Dios le ordenó a Moisés que se pusiera delante del pueblo (17:5). Él tenía que tomar su lugar de liderazgo. No te olvides nunca del lugar donde Dios te tiene. La autoridad se ejerce de acuerdo al liderazgo. Por orden divina, tomó consigo a los "ancianos de Israel" y la vara con que golpeó al río Nilo.

Dios estaría sobre "la peña de Horeb" (17:6). Esa peña o roca es tipo de Jesucristo, sobre quien estuvo la presencia del Padre y del Espíritu Santo. Representa además la encarnación del Hijo de Dios al posarse sobre Él, la presencia divina del Logos o Verbo, la roca de la humanidad.

"...y golpearás la peña, y saldrán de ella aguas, y beberá el pueblo..." (17:6). De igual manera, después de su arresto en Getsemaní, luego de comparecer ante Caifás, Herodes y Pilatos, y finalmente después del suplicio del Calvario, de Cristo salió agua con sangre. Del Hijo de Dios que fue clavado en la cruz brotaron aguas de perdón, de gracia y de misericordia.

Dios le ordenó a Moisés hacer algo, no mirar algo. No te quedes mirando las cosas, tienes que realizarlas. No te sientes cuando Dios te dice que actúes. De las aguas de la peña en Horeb, dijo Dios: "Y beberá el pueblo". Jesús es la peña o la roca que tiene agua abundante para todos los sedientos.

Dice la Biblia: "A todos los sedientos: Venid a las aguas; y los que no tienen dinero, venid, comprad y comed. Venid, comprad sin dinero y sin precio, vino y leche" (Is. 55:1).

Jesús dijo: "Mas el que bebiere del agua que yo le daré, no tendrá sed jamás; sino que el agua que yo le daré será en él una fuente de agua que salte para vida eterna" (Jn. 4:14).

Jesús declaró: "...y el que en mí cree, no tendrá sed jamás" (Jn. 6:35).

Jesús afirmó: "...Si alguno tiene sed, venga a mí y beba" (Jn. 7:37).

Jesús reveló: "...Al que tuviere sed, yo le daré gratuitamente de la fuente del agua de la vida" (Ap. 21:6).

Jesús ofreció: "...Y el que tiene sed venga; y el que quiera, tome del agua de la vida gratuitamente" (Ap. 22:17).

Moisés llamó aquel lugar del milagro *Masah* que significa "prueba" y *Meriba* que significa "rencilla" (Éx. 17:7). En nuestra vida, tarde o temprano tendremos alguna prueba o experimentaremos alguna rencilla. La vida cristiana no está inoculada contra las pruebas ni asegurada contra las rencillas.

Moisés terminó dirigiéndose al pueblo y preguntando: "...¿Está pues, Jehová entre nosotros, o no?" (17:7). Con el milagro de la peña de Horeb, Moisés afirmó el llamado de él y de Aarón. Puso a Dios como testigo entre el pueblo y ellos, dejándoles saber que ellos eran sus elegidos. Ante el rechazo y la oposición, ten siempre presente a Jesucristo. ¡Con Él somos todo, sin Él no somos nada!

Conclusión

Lo más importante de la vida es hacerles saber a otros que no estamos solos, que la presencia de Dios está con nosotros. La peor orfandad es la espiritual, la de vivir sin Dios presente y activo en nuestras vidas.

"JOSUÉ DESHIZO A AMALEC"

"Y Josué deshizo a Amalec y a su pueblo a filo de espada" (Éx. 17:13).

Introducción

Un agresor llamado Amalec, un pueblo descendiente de Amalec, nieto de Esaú (Gn. 36:12) y parte de los grupos cananeos, sorprendió al pueblo de Israel atacándolos por la retaguardia (Dt. 25:17-19). Los amalecitas eran los más agresivos, sanguinarios y destructivos de los pueblos cananeos.

Moisés como comandante en jefe instruyó a su general Josué a enfrentar la agresión militar de los amalecitas (17:9). Con Aarón (su hermano) y Hur (de quien se cree que fue su cuñado), Moisés subió al collado, y mientras tenía sus manos levantadas, Israel prevalecía. Por eso cuando se cansaba, Aarón y Hur sostenían sus manos.

Israel prevaleció sobre Amalec (17:13). Jehová pronunció sobre este pueblo cananeo una maldición como generación (17:14). Moisés celebró la victoria con un altar que llamó *Jehová-nisi* (17:15-16), es decir "Jehová es mi estandarte".

I. La ofensiva

"Entonces vino Amalec y peleó contra Israel en Refidim" (17:8).

A la nación descendiente de Esaú se la conoció como Edom, y a sus naturales, como edomitas (Gn. 36:1). Edom fue padre de Elifaz, y de una concubina nació Amalec (Gn. 36:12). Al pueblo cananeo que descendió de Amalec se lo conoció como amalecitas. En este pasaje, el pueblo cananeo, descendiente de Esaú, es mencionado con el nombre de su patriarca: *Amalec*; y al pueblo descendiente de su patriarca Israel como *Israel*.

Amalec fue el primer pueblo cananeo que atacó a Israel después de su salida de Egipto, posiblemente cerca de los tres meses de su partida (Dt. 25:17).

Leemos: "Acuérdate de lo que hizo Amalec contigo en el camino, cuando salías de Egipto" (Dt. 25:17). El espíritu de Amalec, el de la oposición, el de la resistencia, el del obstáculo, es aquel que ataca al recién convertido y que trata de impedir al creyente en Cristo Jesús avanzar en su éxodo espiritual.

¿Has experimentado agresión por parte de alguien? ¿Te has visto atacado de manera traicionera, cuando has descuidado alguna área de tu vida?

Amalec ataca a los débiles por la espalda, por la retaguardia; toma ventajas del cansancio y del trabajo del creyente y no respeta a Dios (Dt. 25:18).

"...te salió al encuentro en el camino..." (Dt. 25:18). Eso es lo que hace Amalec: se mete en nuestro camino. Busca detener nuestro avance y progreso espiritual. Nos quiere detener en el propósito de Dios. No desea que alcancemos nuestras metas. Desea destruir nuestras resoluciones, nuestros sueños y nuestras visiones. El espíritu de Amalec no quiere que tú y yo avancemos espiritualmente; se opone a todo lo que sea espiritual.

"...y te desbarató la retaguardia de todos los débiles que iban detrás de ti..." (Dt. 25:18). Amalec ataca por la espalda, no viene de frente. Ataca a los débiles en la fe cristiana que se van quedando atrás, que han perdido sus fuerzas, que caminan desanimados. Muchos creyentes comienzan fuertes, orando regularmente, leyendo diariamente la Palabra, asistiendo habitualmente al templo, pero descuidan estas áreas y se debilitan. Y entonces viene Amalec y los ataca al quedarse en la retaguardia.

"...cuando tú estabas cansado y trabajado..." (Dt. 25:18). Amalec nos vigila a todos. Está esperando que nos cansemos, que el trabajo nos abrume, para lanzar sus ataques contra nuestra muralla de fe.

Jesús dijo: "Venid a mí todos los que estáis trabajados y cargados, y yo os haré descansar" (Mt. 11:28). Nuestro trabajo y cansancio se lo debemos transferir a Jesucristo. ¡Soltemos sobre Él todas nuestras cargas! ¡Descansemos en su gracia y en su misericordia! Muchos creyentes solo hablan de sufrimientos. No lleves más cargas que las que Jesucristo llevó por ti. No sufras más de lo que Jesucristo ya sufrió por ti. Conozco a un pastor, amigo mío, que siempre se estaba quejando de sus ovejas, de sus pruebas, de lo difícil que era el ministerio. Un día, cansado ya de su concierto de quejas; le dije: "Ya es tiempo de que cambies tu repertorio en un concierto de alabanzas".

"...y no tuvo ningún temor de Dios" (Dt. 25:18). El espíritu de Amalec es enemigo de la adoración, de la oración, de la consagración, de la santificación, de la evangelización y de la relación con Jesucristo. Amalec es el espíritu sin "ningún temor a Dios".

II. La defensiva

> "Y dijo Moisés a Josué: Escógenos varones, y sal a pelear contra Amalec; mañana yo estaré sobre la cumbre del collado, y la vara de Dios en mi mano" (17:9).

Moisés asumió la posición de líder ante el conflicto presentado. Ya estaba entrando en los ochenta y un años de edad, por lo tanto no podía dirigir una ofensiva en el campo de batalla. Físicamente no enfrentaría al enemigo, pero intelectual y espiritualmente sería el defensor y estratega.

El líder tiene que aprender a dirigir batallas, a enfrentar conflictos y a desarrollar programas que beneficien a aquellos por los cuales somos responsables. Llegará el día cuando nuestro lugar en el campo de batalla no será luchando, sino dirigiendo al pueblo, inspirándolos a actuar, motivándolos a conquistar.

Moisés no tenía que probarse nada a sí mismo. Como líder tenía que delegar, dirigir y supervisar lo delegado. Si Dios le había dado recursos humanos a su favor, él tenía que emplearlos. Uno de esos recursos disponibles era Josué, que tendría unos cuarenta y cinco años, y es mencionado aquí por vez primera. Leemos: "Y dijo Moisés a Josué..." (17:9). Aunque esta es su primera presentación para el lector bíblico, Moisés ya conocía a Josué como un líder en potencia. ¡Qué mejor oportunidad era esta para probarlo! Enfrentando las crisis, se puede saber quién es verdaderamente un líder.

"...Escógenos varones, y sal a pelear contra Amalec..." (17:9). Josué tenía que demostrar iniciativa, creatividad, capacidad organizativa en la empresa delegada. "A la mayoría de los líderes las cosas se le tienen que dar ya hechas", dice mi querida suegra.

Muchos líderes bajo una cobertura espiritual son eficientes, pero cuando están fuera de la cobertura son ineficientes. Las promociones espirituales o ministeriales deben otorgarse después de muchas observaciones y demostraciones a los promocionados. El líder debe conocer a los que serán promocionados o ascendidos por su carácter y no simplemente por su carisma. El carisma muchas veces es "pintura y capota", como dicen los boricuas o puertorriqueños.

"...mañana yo estaré sobre la cumbre del collado..." (17:9). El líder elige el lugar que le corresponde. También separa tiempo para actuar y hacerse presente. Moisés se ubicaría en el centro de operaciones, en la toma de mando, en la cabina de dirección, en la torre de control; él sería el apuntador de las actividades. Si el líder se desubica, la operación se puede arruinar. Él o ella tienen que saber dónde Jesucristo los ubica.

"...y la vara de Dios en mi mano" (17:9). Esa vara representaba la confianza de Moisés en el Dios de los milagros y del poder. Cuando Dios se reveló y llamó a Moisés, él tenía en su mano una vara (4:2), o cayado, o bastón de pastor. Era su vara originalmente, un simple palo. Pero cuando Dios la trasformó en una vara milagrosa en la mano de Moisés, dejó de ser su propiedad o su vara personal para ser "la vara de Dios" en su mano. Era de Dios, y Él se la prestaba a Moisés. Cuando nos convertimos y Jesucristo dirige nuestra vida, todo lo que tenemos pasa a ser de Él; Dios nos lo presta.

"E hizo Josué como le dijo Moisés, peleando contra Amalec..." (17:10). El subalterno ministerial hace *como* le dice su líder. Actúa con exactitud y prontitud. Aquellos a quienes el líder delega algo y no hacen *como* se les dijo —y es un patrón repetitivo—, deben ser degradados. No son aptos para actuar en representación del líder.

"...y Moisés y Aarón y Hur subieron a la cumbre del collado" (17:10). Moisés no subió solo, lo acompañaron su hermano Aarón y Hur que, según Flavio Josefo, era su cuñado, esposo de María. Otros rabinos opinan que Hur era hijo de María. Sea como fuese, debió haber estado en la familia de Moisés. Aquí aparece la primera mención de Hur. Luego se lo menciona cuando "...Moisés y Aarón, Nadab y Abiú, y setenta de los ancianos de Israel" se presentaron a Jehová Dios (24:9); y luego "...Moisés con Josué su servidor [subieron] al monte de Dios" (24:13), mientras Aarón y Hur se quedaron atendiendo al pueblo (24:14).

Por lo que se deduce, después de Moisés y Aarón, Hur ocupó la tercera posición ejecutiva. Eran el comité ejecutivo que dirigía a la nación de Israel. Poco se dice de Hur, pero él hizo mucho en la posición de tercero. Muchos terceros van a la historia sin gloria y sin reconocimientos, pero con la satisfacción de haber servido a un primero y a un segundo, sabiendo que fueron parte del éxito de aquellos. Esas posiciones del tercero o del segundo deben ser reveladas a nuestra vida aceptándolas de todo corazón y funcionando en ellas con toda pasión.

Allá en la cumbre del collado, con la vara de los milagros en su mano, Moisés alzaba su mano, e Israel prevalecía; cuando la bajaba, Amalec se imponía (17:11). Es muy interesante lo leído en un comentario de la Torá por el rabino W. Gunther Plaut. Él cita al Rabino Beer, diciendo: "Las manos extendidas horizontalmente formaron juntas con el cuerpo de Moisés, algo como una cruz" (*The Torah, A Modern Commentary* [La Torá, Comentario moderno] Editado por W. Gunther Plaut, Union of American Hebrew Congregations [Unión de congregaciones hebreas americanas], New York, 1981, p. 407).

Esa vara levantada representaba la oración, la alabanza y la confianza en Dios. Mientras el siervo de Dios mantenga sus manos en alto, dando dirección espiritual al pueblo, intercediendo por este y ministrando a su favor, todos gozarán de la victoria. Cuando el siervo de Dios se cansa, otros resultan afectados. ¡Siervo-líder de Jesucristo, no bajes tus manos, mantenlas en alto!

¿Has sentido que las fuerzas espirituales te faltan para prevalecer? ¿Te has sentido con los brazos caídos? ¿Necesitas que alguien levante tus brazos para continuar avanzando en la vida?

"Y las manos de Moisés se cansaban..." (17:12). En el ministerio, no existen los *superpastores*, ni los *supermisioneros* ni los *superevangelistas*, son hombres y mujeres naturales que hacen cosas sobrenaturales. En Juan 1:6 leemos: "Hubo un hombre enviado de Dios, el cual se llamaba Juan" (refiriéndose a Juan el Bautista). A todo líder le llega su período de cansancio, cuando sus manos, y por qué no decir sus piernas, su mente y todo en él o ella, se cansan. Debemos prever esas señales de cansancio que nos transmite el cuerpo y tomar medios preventivos.

"...por lo que tomaron una piedra, y la pusieron debajo de él y se sentó sobre ella..." (17:12). Aquella piedra fue asiento sobre el cual descansó Moisés. Jesucristo es la Roca sobre la cual descansamos cuando enfrentamos la batalla espiritual. Los que tomaron la piedra representan aquellos hermanos en la fe que tienen una revelación del cansancio del líder y lo ayudan a descansar.

"...y se sentó sobre ella..." (17:12). Pastor, misionero, evangelista, maestro, si nos sentimos cansados y alguien nos ofrece la oportunidad de descansar, seamos sabios y aprovechémosla. Tenemos que tomar ese tiempo para sentarnos. Líder, siéntate y descansa. Saca tiempo para ti y para tu familia. No ames a la congregación o al ministerio más que a tu esposa y más que a tu familia. Muchas esposas e hijos de ministros reniegan del ministerio porque han sido víctimas del tiempo que les han quitado para darlo al ministerio.

"...y Aarón y Hur sostenían sus manos, el uno de un lado y el otro de otro; así hubo en sus manos firmeza hasta que se puso el sol" (17:12). Los dos asistentes de Moisés le mantuvieron sus brazos levantados. A los líderes se les tienen que levantar los brazos. Es un deber y una responsabilidad apoyar, animar y proteger a los líderes. Si ellos no pueden hacer algo, se les tiene que ayudar. ¡El tiempo que invirtieron en Moisés fue tiempo productivo y beneficioso para todos, por eso hay que darle tiempo al líder! Cuida de aquel o aquella que Jesucristo te ha dado como pastor. Los pastores llamados y dedicados escasean en nuestros días.

III. La derrota

"Y Josué deshizo a Amalec y a su pueblo a filo de espada" (17:13).

A Josué se le atribuye la derrota de Amalec. Pero fue la intercesión y la dirección de Moisés la que les concedió esa victoria. Fue el hombre de Dios que oró e intercedió por un pueblo.

Esta fue la primera batalla contra Amalec. Ahora había sido derrotado, pero continuaría durante generaciones estorbando, fastidiando, molestando y obstaculizando al pueblo de Israel. Ese espíritu de Amalec continúa vigente dentro de las congregaciones y las instituciones.

Con la derrota inicial de Amalec, se creó la impresión ante otras naciones de la resistencia militar del pueblo de Israel y de las consecuencias represivas para aquel que se metiera contra Israel.

Leemos: "Y viendo a Amalec, tomó su parábola y dijo: Amalec, cabeza de naciones; mas al fin perecerá para siempre" (Nm. 24:20).

Amalec es tipo de la naturaleza pecaminosa, de las obras de la carne, del pecado que nos asedia, de las pasiones dañinas, de las tentaciones que nos buscan (porque hay tentaciones que nosotros buscamos). Nosotros, los redimidos de Jesucristo, debemos prevalecer sobre Amalec, mirando a aquel cuyos brazos estuvieron levantados sobre el collado del Calvario, ayudado por el Padre y el Espíritu Santo. ¡Mira al Calvario y vive una vida victoriosa!

"...a filo de espada" (Éx. 17:13). Josué rompió, deshizo y derrotó a Amalec y a su pueblo. Con la Palabra escrita, revelada, memorizada y guardada en el corazón y confesada con los labios, podemos derrotar el espíritu de Amalec y sus consecuencias espirituales. Ese espíritu de Amalec jamás podrá reconciliarse con la carne.

Leemos: "Y Moisés edificó un altar, y llamó su nombre Jehová-nisi; y dijo: Por cuanto la mano de Amalec se levantó contra el trono de Jehová, Jehová tendrá guerra con Amalec de generación en generación" (17:15-16). Moisés celebró esta victoria sobre Amalec, ofreciendo sacrificio a Jehová en un altar que le levantó y le puso como nombre *Jehová-nisi*, que es "Jehová es mi estandarte" o "Jehová es mi bandera". Allí profetizó que esa guerra de Amalec contra Israel fue una provocación a Jehová, por lo tanto le declaró la guerra a Amalec por generaciones. Con los descendientes de Amalec, Israel jamás podrá tener una paz genuina y verdadera.

Conclusión

Muchas de las naciones árabes que rodean a Israel, con excepción de Egipto y Jordania, se han negado a tener paz con el pueblo actual de Israel, por lo tanto, el espíritu de Amalec todavía se levanta contra Israel.

"HIZO TODO LO QUE DIJO"

"Y oyó Moisés la voz de su suegro, e hizo todo lo que dijo" (Éx. 18:24).

Introducción

Éxodo 18:1-27 presenta el encuentro de Jetro con su yerno Moisés, cuando le trajo a su mujer e hijos (18:1-6). Jetro fue bien recibido por su yerno (18:7-8), y ese reencuentro lo alegró (18:9-12).

Al ver cómo Moisés se desgastaba emocional y físicamente, atendiendo al pueblo desde la mañana hasta la tarde (18:13), Jetro le aconsejó que delegara y eligiera asistentes para ayudarlo a gobernar (18:14-23). Moisés lo oyó y dejó lo fácil a sus ayudantes y lo difícil para él (18:24-26). Luego despidió a su suegro (18:27).

I. La noticia

"Oyó Jetro sacerdote de Madián, suegro de Moisés, todas las cosas que Dios había hecho con Moisés, y con Israel su pueblo, y cómo Jehová había sacado a Israel de Egipto" (18:1).

A oídos de Jetro, suegro de Moisés, llegó la noticia de lo que Dios había hecho con Moisés y con el pueblo que había liberado de Egipto (18:1). Nuestra familia debe enterarse de lo que está ocurriendo espiritualmente con nosotros. Un ministerio de éxito es aquel que impacta a nuestras generaciones.

Como suegro de Moisés, Jetro reconoció que ya era tiempo de que su yerno asumiera todas sus funciones y responsabilidades familiares para con su esposa y sus hijos (18:2). Al hijo mayor, Moisés le puso como nombre *Gersón* que significa: "…Forastero he sido en tierra ajena" (18:3); este nombre le recordaba su tiempo en Madián. El otro hijo se llamó *Eliezer*, que significa: "…El Dios de mi padre me ayudó, y me libró de la espada de Faraón" (18:4). Era un recordatorio de que Dios no solo bendijo a su padre, sino que lo bendijo a él.

Hasta el "monte de Dios" llegó Jetro con la familia del libertador (18:5). Las responsabilidades de la iglesia y el llamado al ministerio no deben ser excusa para descuidar la primera congregación, que es la familia. Moisés pastoreaba a todos, a un pueblo, pero era su deber prioritario pastorear a su familia. El suegro le entregó al yerno la mujer y los hijos —su hija y sus nietos—, porque Moisés era el responsable de ellos (18:6).

Tu primer campo de evangelización es la familia. Ganar el mayor número de tus seres queridos para Jesucristo debe ser una meta de toda la vida. Al carcelero de Filipos, Pablo y Silas le respondieron: "… Cree en el Señor Jesucristo, y serás salvo, tú y tu casa" (Hch. 16:31).

Tu primera obra misionera son tu esposa y tus hijos. Ellos son tu campo misionero. El Señor Jesucristo le dijo al hombre que había estado endemoniado: "Vete a tu casa, a los tuyos, y cuéntales cuán grandes cosas el Señor ha hecho contigo, y cómo ha tenido misericordia de ti" (Mr. 5:19).

Tu primer pastorado es atender a ese grupo de personas que Dios te ha puesto como cabeza y jefe. Si fallas con tu familia, fallas en todo el ministerio del Señor Jesucristo. Ser reconocido como el pastor de la familia es el más alto honor que cualquier hombre o mujer llamados por Jesucristo al colegio pastoral puedan tener.

Moisés no se incomodó, recibió al suegro con mucha afectuosidad y hospitalidad invitándolo a su tienda (18:7). Allí Moisés le contó lo que Dios había realizado en Egipto y con Faraón, y cómo los ayudó superando y venciendo los tropiezos del éxodo (18:8).

Es bueno testificar a la familia de lo que Dios ha hecho con nosotros y por nosotros. Lo que me causa más dolor es asistir a un funeral de un líder y ver que ninguno de sus familiares o un porcentaje pobrísimo le sirven al Señor Jesucristo —especialmente aquellos que han sido ganadores de almas para el reino de Dios—. No fueron la esperanza espiritual para su familia. Han levantando generaciones que no conocen a Dios.

Esas buenas noticias llevadas por Moisés alegraron el corazón de Jetro (18:9), el cual bendijo a Jehová por esa liberación egipcia (18:10) y por ser grande sobre los dioses egipcios (18:11). Luego tomó "holocaustos y sacrificios para Dios" (18:12) demostrando que él servía al mismo Dios hebreo.

"…y vino Aarón y todos los ancianos de Israel para comer con el suegro de Moisés delante de Dios" (18:12). A Jetro se le dio, al estilo oriental, una recepción de persona muy importante o VIP (por sus siglas en inglés, *Very Important Person* [persona muy importante]). En esa reunión-banquete, además de Moisés, estuvo Aarón con los ancianos de Israel o gabinete de gobierno. El protocolo es importante en el trato con personas reconocidas. Es el toque mágico que mantiene las relaciones personales. Pero toda esa reunión social se realizó *"delante de Dios"* (18:12).

II. La preocupación

"Viendo el suegro de Moisés todo lo que él hacía con el pueblo, dijo: ¿Qué es esto que haces tú con el pueblo? ¿Por qué te sientas tú solo, y todo el pueblo está delante de ti desde la mañana hasta la tarde?" (18:14).

Jetro fue un suegro que observaba mucho el trabajo realizado por su yerno Moisés. ¡No un entrometido, sino un preocupado! (18:13, 14). Suegros y suegras, reconozcan dónde comienza la frontera de los yernos y las nueras.

Moisés fue el típico trabajador excesivo, el adicto al trabajo, el ministro exagerado, el creyente "pulpo" en el trabajo para Dios. Moisés juzgaba al pueblo desde la mañana hasta la tarde (18:13). En su trabajo, ponía toda su pasión humana.

Jetro se atrevió a llamarle la atención a su yerno Moisés, el hombre más poderoso en esa nación hebrea: *"…¿Qué es esto que haces tú con el pueblo? ¿Por qué te sientas tú solo, y todo el pueblo está delante de ti desde la mañana hasta la tarde?"* (18:14).

Dios siempre tendrá a un Jetro como alarma que sonará en nuestras vidas para cuestionarnos. ¿Qué es esto que haces…? ¿Por qué te sientas tú solo…? Jetro es esa persona cerca de nosotros que se atreve a darnos una crítica positiva, que nos dice la verdad, aunque nos duela, y que nos confronta con la realidad que no queremos aceptar.

Necesitamos familiares, amigos y personas sinceras con nosotros que se atrevan a llamarnos la atención, a decirnos que estamos actuando mal, que nos corrijan con amor y que nos critiquen con misericordia. El que verdaderamente nos ama nos confronta con la realidad y con la verdad. No es una persona que juega con nuestros sentimientos y emociones. No nos hace sentir bien para que no nos destruyamos. Si se tiene que enojar con nosotros para que reaccionemos, lo hará.

III. La excusa

"Y Moisés respondió a su suegro: Porque el pueblo viene
a mí para consultar a Dios" (18:15).

Moisés se justifica como una persona imprescindible: "...Porque
el pueblo viene a mí para consultar a Dios" (18:15). En otras palabras:
"Ellos me necesitan a mí. No hay otro que los pueda escuchar y
atender como yo lo hago". En palabras bíblicas: "Cuando tienen
asuntos, vienen a mí; y yo juzgo entre el uno y el otro, y declaro las
ordenanzas de Dios y sus leyes" (18:16).

Moisés se consideraba el único que tenía oídos para escuchar los
asuntos del pueblo. Se sentía que nadie más tenía la capacidad de
juzgar con experiencia y sabiduría como él. Además, era el teólogo
de Dios en el desierto; él conocía "las ordenanzas de Dios y sus
leyes".

Muchos de nosotros somos el reflejo emocional y espiritual de
Moisés: hablamos como él. Somos el corazón y los pulmones del
ministerio. Creemos que si no atendemos a las personas, nadie las
puede atender. Si Dios no les habla por nosotros, no hay nadie que
pueda hacerlo.

Y en las familias pasa lo mismo. Si papá o mamá no lo resuelven,
nadie puede resolver nada. Ellos son los arregla todo y los resuelve
todo. Creen que sin ellos, todo en la familia se irá cuesta abajo. La
realidad es que con ellos y sin ellos, el tren de la vida continuará
haciendo paradas. Papá y mamá, un día moriremos, pero la familia
continuará adelante sin nosotros.

Ese síndrome de "viene a mí" (18:15) y "vienen a mí" (18:16) es
una atadura emocional que hace sentirnos necesarios más de la
cuenta. Nos da la impresión de que todo gira alrededor de nosotros,
cuando nosotros podemos girar alrededor de otros. Nos sentimos
como el Sol con la Tierra, que gira a su alrededor, y no como la Luna
que gira alrededor de la Tierra. Nos transformamos en el centro del
universo de la familia y de la iglesia.

IV. El consejo

"Oye ahora mi voz; yo te aconsejaré, y Dios estará contigo. Está tú por el pueblo delante de Dios, y somete tú
los asuntos a Dios" (18:19).

"...No está bien lo que haces" (18:17). En el ministerio o en la
familia, sentimos que estamos haciendo mucho bien, cuando en
realidad lo que hacemos no está bien. Jetro le dijo a Moisés en

palabras crudas: "No estás bien, estás mal". Lo confrontó sin rodeos emocionales. Lo llamó a la oficina y lo tomó por la oreja como líder y como padre.

Es bueno que alguien, de vez en cuando, nos confronte. Que nos diga que estamos mal. Que cuestione nuestras acciones. Que no esté de acuerdo con nosotros en esos argumentos por los cuales peleamos y nos defendemos. Los desacuerdos en la familia, en vez de verse como ataques personales, deben verse como oportunidades para corregirnos.

Cuántos ministros mueren habiendo dejado una vida de trabajo incansable por las congregaciones, pero sin provisión para la familia. Cuando les toca partir, aparte del dolor y la pena por su ausencia, les dejan a sus deudos problemas y más problemas.

"Desfallecerás del todo tú, y también este pueblo que está contigo..." (18:18). Moisés se agotaría a ese ritmo acelerado si no ponía freno. Y otros, por causa de él, también se acelerarían. Si no ponía el pie en el freno, chocaría el autobús con los peatones, el barco se le hundiría, el avión se le estrellaría, la bicicleta se le volcaría, y el velocípedo se le rompería.

El líder debe ser el termómetro que mide la temperatura del pueblo, no el termostato que, muy alto o muy bajo, regula mucho frío o mucho calor. El estado de agotamiento, depresión y ansiedad del líder se proyecta sobre el pueblo que es llamado a ministrar. Lo mismo ocurre con el cabeza de familia: si se agota, perjudicará al resto. Nuestra estabilidad emocional y espiritual se reflejará en el espejo familiar. Lo que somos y cómo estamos afectará positiva o negativamente a los miembros de nuestra familia, pareja e hijos.

"...porque el trabajo es demasiado pesado para ti..." (18:18). Lo que hacía Moisés iba más allá de su capacidad física, de su nivel de producción humana; no era un superhombre, pero actuaba como tal. Aunque no lo admitiera ni lo aceptara intelectualmente, el trabajo de juez que estaba realizando a diario era "demasiado pesado". Moisés terminaría deprimido, agotado y decaído. La depresión, el agotamiento y el decaimiento tienen a muchas familias acéfalas.

"...no podrás hacerlo tú solo" (18:18). Jetro le dio con el martillo a la cabeza del clavo. Para esa tarea, se necesitaba un equipo de trabajo organizado, delegado y supervisado. Esa tarea tenía que ser compartida. Moisés era muy espiritual, consagrado, pero le faltaba organizarse para delegar y transferir muchas de sus funciones sobre otros. Tenía que trabajar por medio de otros.

"Oye ahora mi voz; yo te aconsejaré, y Dios estará contigo..." (18:19). Jetro capturó la atención de Moisés: "Oye ahora mi voz".

El problema de muchos es que no oyen a otros. Luego se le ofreció voluntariamente como consejero: "Yo te aconsejaré". El consejero necesitaba un consejero. Moisés estaba ayudando a los demás, cuando él mismo necesitaba ayuda. El ministro, el líder, el pastor necesitan a un consejero, alguien que les hable a sus oídos y les preste los suyos.

Tenemos que oír la voz de aquellos consejeros que Jesucristo ha puesto delante de nosotros. Tu pareja, tus padres, tus hijos pueden ser el consejero que Dios tiene para ti.

"…y Dios estará contigo…" (18:19). Es posible que hagamos algo para Dios, sin la ayuda de Dios. Moisés tenía que hacer el trabajo con Dios. Podemos atender la viña del Señor, sin el Señor de la viña.

Me llama la atención la declaración: "…yo te aconsejaré, y Dios estará contigo…". En el consejo está Dios. Muchos le huyen a la consejería, pero desconocen que en el proceso de consejería, Jesucristo habla, Jesucristo libera, Jesucristo ministra.

"…Está tú por el pueblo delante de Dios…" (18:19). Moisés tenía que encargarse de los asuntos espirituales, de interceder ante Dios por el pueblo y de hablar de parte de Dios al pueblo. Esas responsabilidades espirituales no se pueden dejar a otros. En la familia, el padre tiene que tomar su responsabilidad como sacerdote del hogar y, con la madre, ministrar espiritualmente a la familia.

Los apóstoles en la naciente iglesia cristiana enfrentaron un problema similar al de Moisés. Dijeron: "…No es justo que nosotros dejemos la palabra de Dios, para servir a las mesas" (Hch. 6:2). Y aconsejaron a la iglesia establecer el orden del diaconado (Hch. 6:3-6). El resultado fue que ellos predicaron, y muchos se convirtieron al cristianismo (Hch. 6:7).

"…y somete tú los asuntos de Dios" (Éx. 18:19). El trabajo de Moisés sería consultar a Dios. Él tenía que hablar más con Dios. Buscar su presencia. Lo que no puedas resolver por tu cuenta y por tus propias fuerzas, somételo al Señor Jesucristo.

"Y enseña a ellos las ordenanzas y las leyes…" (18:20). Moisés fue instruido por su suegro Jetro para discipular a otros, para capacitarlos en el conocimiento de "las ordenanzas y las leyes" divinas. Era vaciarse para llenar a otros de lo que Moisés ya había recibido.

"…y muéstrale el camino por donde deben andar, y lo que han de hacer" (18:20). Moisés tenía que dirigir y señalar el camino espiritual, dar instrucciones de lo que tenían que hacer. No debía hacerlo solo, sino enseñarles a otros cómo hacerlo.

Muchos ven las cosas pasar, otros pasan por las cosas, y otros hacen que las cosas pasen. El líder hace que las cosas ocurran. Si cuando marchas no ves a nadie marchando detrás de ti, es porque no eres un líder. Los líderes se mueven y mueven a otros.

V. La instrucción

"Si esto hicieres, y Dios te lo mandare, tú podrás
sostenerte, y también todo este pueblo irá en paz a su
lugar" (Éx. 18:23).

"Además escoge tú de entre todo el pueblo varones de virtud..." (18:21). Moisés, como líder, elegiría sus ayudantes. No serían nombrados para él, sino que él los elegiría de entre muchos. El líder puede trabajar mejor y ser más efectivo con aquellos que él mismo elige, pero lo hará basado en criterios y con requisitos descritos. Las posiciones exigen descripciones y funciones. A todos nos gusta la euforia de ganar unas elecciones o de ser nombrado a alguna posición, sin embargo lo que viene después es lo que cuenta: reuniones, trabajos, asistencia, contribuciones. Muchos están aguantando posiciones para las cuales ni ellos ni ellas sirven.

1. "...varones de virtud..." (18:21). Sus ayudantes tendrían capacidades, talentos, dones y virtudes para el trabajo designado. En ellos habría calidad y cualidad para la tarea.
2. "...temerosos de Dios..." (18:21). Sin una relación con Dios, ellos no podían hacer el trabajo para Él. Servirían a Dios primero y luego servirían a otros.
3. "...varones de verdad..." (18:21). El engaño, las mentiras, la hipocresía, las apariencias no serían manchas en sus vidas. Integridad de carácter era clave en su selección. Seamos genuinos, no seamos falsos. No actuemos un papel que en realidad no vivimos. Las personas están cansadas de los actores espirituales, de enanos espirituales que juegan a ser gigantes espirituales.
4. "...que aborrezcan la avaricia..." (18:21). Esto no quiere decir que serían conformistas, aunque debían estar conformes. La avaricia es pecado, es obra de la carne. Es no estar satisfechos con lo recibido y asignado, es querer más, aunque no se necesite. El dinero no los dañaría ni los corrompería. Busca a Dios, y el dinero te llegará. No busques el dinero solamente, porque Dios se puede alejar de ti.

"...Y ponlos sobre el pueblo por jefes de millares, de centenares, de cincuenta y de diez" (18:21). Jetro le dijo primero "elige" y luego "ponlos". Aquí se habla de elegir y de delegar. Moisés pondría jefes de miles, jefes de cientos, jefes de cincuenta y jefes de diez. El jefe de diez le respondería al jefe de cincuenta, y este al jefe de cien, y el de cien al jefe de mil. Le dio un organigrama, una pirámide de posiciones y responsabilidades.

"Ellos juzgarán al pueblo en todo tiempo..." (18:22). Moisés era el jefe que juzgaba todo (18:16), y ahora tendría jueces asistentes. La producción sería mayor y más eficiente.

"...y todo asunto grave lo traerán a ti, y ellos juzgarán todo asunto pequeño..." (18:22). A ellos les tocaba atender los asuntos pequeños, los más fáciles. Los difíciles eran para Moisés. Él, como líder, supervisaría a los jefes de millares y, de ahí para abajo, la cadena de mando.

"...Así aliviarás la carga de sobre ti, y la llevarán ellos contigo" (18: 22). Solos no podemos llevar las cargas del ministerio, otros nos tienen que ayudar. ¿Queremos aliviar la carga ministerial? Debemos delegar a otros.

VI. La obediencia

"Y oyó Moisés la voz de su suegro, e hizo todo lo que dijo" (18:24).

Moisés tenía que tomar el consejo de Jetro como de parte de Dios. La obediencia era importante, y el pueblo sería el mayor beneficiario (18:23). Se tiene que ser humilde de corazón para poder oír lo que un familiar nos aconseja.

La frase: "Oye ahora mi voz..." (18:19) de Jetro se complementa con: "Y oyó Moisés la voz de su suegro, e hizo todo lo que dijo" (18:24). Muchas veces es difícil escuchar y prestar atención a los consejos de un familiar, pero Moisés escuchó y obedeció.

Muchos escuchan consejos, mueven la cabeza, reconocen que deben hacer algo; pero luego deciden hacer como les place, lo que les da la gana. A fin de cuentas, ellos son quienes deciden si lo hacen o no.

Moisés eligió los "varones de virtud" y "los puso" en sus puestos de liderazgo (18:25). Hizo tal y como Jetro lo aconsejó. Esto demuestra humildad en el siervo de Dios. Se le dio un consejo, y lo recibió. "El que no oye consejos no llega a viejo", dice el refrán.

"Y juzgaban el pueblo en todo tiempo, el asunto difícil lo traían a Moisés, y ellos juzgaban todo asunto pequeño" (18:26). En

Éxodo 18:13 vemos a un Moisés que trabajaba doce horas, un buen candidato ministerial para el agotamiento. En Éxodo 18:26 vemos a Moisés liberado de muchas cargas y trabajando en equipo. El líder solo se transformó en el líder del equipo. Ahora pondría su atención en las cosas realmente importantes para él, donde su presencia, su liderazgo, su consejo y su juicio eran imprescindibles.

"Y despidió Moisés a su suegro, y este se fue a su tierra" (18:27). Moisés estaba en el monte Sinaí, en Egipto, y Jetro regresó a la tierra de Madián (en Arabia Saudita). Jetro visitó a su yerno Moisés y le trajo la familia, llegó acompañado y regresó solo, pero con una misión cumplida. Su misión fue doble. Entregó a Moisés su responsabilidad familiar y lo orientó en su responsabilidad como dirigente de un gran pueblo.

Conclusión

Jesucristo siempre pondrá cerca de nosotros a alguien que nos podrá aconsejar. Todos necesitamos un mentor, un padre espiritual, un hermano mayor, a alguien que sea capaz de corregirnos y aconsejarnos para nuestro bienestar espiritual.

"Y MOISÉS SUBIÓ"

"Y descendió Jehová sobre el monte Sinaí, sobre la
cumbre del monte; y llamó Jehová a Moisés a la cumbre
del monte, y Moisés subió" (Éx. 19:20).

Introducción

Lo narrado en Éxodo 19:1-25 tiene lugar al tercer mes del éxodo de
Egipto, cuando el pueblo llegó al monte Sinaí (19:1). En este capítulo,
Moisés sube y baja continuamente (19:3, 7, 8, 9, 10, 14, 20, 21, 25),
y Dios desciende (19:11 cp. 19:18-20). El capítulo 19 marca el inicio
del culto desarrollado para Dios en el monte Sinaí, que se llegó a
conocer como el monte de Dios. Desde esta plataforma topográfica,
Jehová hablaba a su pueblo y allí le daba estatutos y ordenanzas. El
libro de Números, el de Levítico y parte de Deuteronomio cubren
ese período de estadía en el Sinaí.

I. La subida

"Y Moisés subió a Dios; y Jehová lo llamó desde el
monte, diciendo: Así dirás a la casa de Jacob, y anuncia-
rás a los hijos de Israel" (19:3).

A los noventa días de haberse iniciado el éxodo de Egipto, Israel
llegó al desierto de Sinaí (19:1), donde montaron el campamento
"...delante del monte" (19:2). La misma palabra *Sinaí* se refiere a
las muchas zarzas espinosas que existen en aquel lugar. El nombre
puede referirse también al dios Sin, a quien los paganos del desierto
rendían culto.

Allí en el monte Sinaí o monte Horeb, donde ya Dios se le había
revelado a Moisés (caps. 3 y 4), el gran libertador hebreo subió para

tener un encuentro con Jehová cuando este lo llamó (19:3). En esa cima, Dios le daría un anuncio para Israel (19:3). Veamos el mensaje: "Vosotros visteis lo que hice a los egipcios..." (19:4). Con estas palabras, Dios hace al pueblo pensar y reconocer que su salida de Egipto fue una intervención divina y un acto milagroso de su parte. ¡No fueron ellos que se escaparon, fue Dios quien los sacó! Su liberación del yugo de esclavitud egipcio fue un acto predeterminado por Dios. Esa salida fue el efecto de un acto providencial.

No fuiste tú quien cambió, Jesucristo te cambió. Tú no te rehabilitaste, Jesucristo te transformó. Eres lo que eres por la bendita gracia de Dios manifestada sobre ti. Tú y yo hemos sido procesados en el laboratorio divino. Somos producto del taller de carpintería del Carpintero de Nazaret.

"Vosotros visteis lo que hice a los egipcios..." (19:4). Humanamente, es fácil olvidar muchas veces lo que Jesucristo hizo a nuestro favor en el pasado. Esos actos milagrosos deben mantenerse vivos en nuestra memoria.

En el Salmo 103:1-5 leemos:

> "Bendice, alma mía, a Jehová, y bendiga todo mi ser su santo nombre. Bendice, alma mía, a Jehová, y no olvides ninguno de sus beneficios. Él es quien perdona todas tus iniquidades, el que sana todas tus dolencias; el que rescata del hoyo tu vida; el que te corona de favores y misericordias; el que sacia de bien tu boca de modo que te rejuvenezcas como el águila".

No cuentes las pruebas, cuenta las muchas bendiciones que el Todopoderoso te ha dado. En inglés hay un dicho del Dr. Robert Schuller que dice: *"Don't look at the scars, look at the stars"* [No mires las cicatrices, mira las estrellas].

"...y cómo os tomé sobre alas de águilas, y os he traído a mí" (19:4). Dios emplea la metáfora de "alas de águilas" para ilustrar el éxodo que el pueblo de Israel había tenido hasta llegar a su destino en Sinaí. Las "alas de águilas" ilustran la liberación de Dios para Israel. En otros pasajes bíblicos Dios utiliza "alas de águila" como figura de cuidado y protección para su pueblo (Sal. 17:8; 36:7; 57:1; 91:4, Is. 40:31; Jer. 48:40; 49:22). Como a aguiluchos sacó a los hebreos del nido de Egipto, a una tierra de libertad (Dt. 32:11-12).

Proféticamente aquí se puede ver un cumplimiento en el siglo xx para el pueblo judío. En el año 1949, muchos judíos semitas fueron transportados en aviones a Israel. Luego en el año 1990, hecho del cual este servidor fue testigo en el Aeropuerto Ben Gurion en Tel Aviv, muchos judíos etíopes llegaron en aviones. En ambos casos las alas de aviones me recuerdan las "alas de águilas". Todo esto es figura de algo rápido y seguro.

Deja que Dios te tome "sobre alas de águilas". Que puedas descansar en esas alas que milagrosamente pone a tu disposición. Sobre esas "alas de águila", puedes remontarte a las alturas y llegar al lugar del destino para tu vida.

Cuando las pruebas de la vida te sean adversas, descansa "sobre alas de águilas". Deja que el viento de su gracia te ayude a flotar y a mantenerte arriba.

Cuando sientas que el dolor y la tristeza te abruman, y pareces ahogarte en su remolino, levántate "sobre alas de águila". Con el aire de su poder podrás levantarte a un lugar de seguridad

Cuando te veas empujado por el maltrato y el abuso emocional, arrójate "sobre alas de águila". La fuerza de sus alas te sostendrá para que no seas destruido.

Jesús se presentó a los judíos como la gallina que cubre a sus polluelos: "…¡Cuántas veces quise juntar a tus hijos, como la gallina junta sus polluelos debajo de las alas, y no quisiste!" (Mt. 23:37). Debajo de las alas habla de misericordia, de protección, de socorro, de ayuda.

"Ahora, pues, si diereis oído a mi voz…" (Éx. 19:5). Dios le estaba pidiendo al pueblo que le prestara su oído. Si a Dios no se le da el oído espiritual y el físico, no se le puede escuchar. Cuando oramos, hablamos con Dios; cuando leemos la Palabra o escuchamos algo sobre la Biblia, Dios nos habla a nosotros. La redundancia apocalíptica es: "El que tiene oídos, oiga lo que el Espíritu dice a las iglesias" (Ap. 2:7, 11, 17, 29; 3:6, 13, 22). Lamentablemente, muchos no tienen "oídos" para escuchar la voz del Espíritu Santo.

"…y guardareis mi pacto…" (19:5). En Sinaí, Dios presentaría por su parte las demandas divinas de ese pacto, y por parte del pueblo el compromiso y cumplimiento de este. Guardar ese pacto sería beneficioso para Israel. Israel recibió su constitución como nación, la cual vino directamente de Dios. Allí desde ese monte Sinaí, Dios estableció su pacto sinaítico con Israel. Dios es un Dios de pactos y quiere tener pactos contigo y conmigo. No solo hace pactos con individuos, Él hace pacto con naciones.

Dios es un Dios de iniciativa, de delantera, que se da a conocer primero, que se revela a nosotros, que se ofrece y nos ofrece algo. Él manifiesta primero su gracia y su favor, y nos invita a ser sus socios. En la primera ventana que se abre en la Biblia, en el libro de Génesis, vemos a Dios asomarse: "En el principio creó Dios los cielos y la tierra" (Gn. 1:1).

Gálatas 4:9 declara: "Mas ahora, conociendo a Dios, o más bien, siendo conocidos por Dios...". ¿Conoces bien a Dios? ¿Nos conoce Dios? ¿Qué nos falta conocer de Él?

"...vosotros seréis mi especial tesoro, sobre todo los pueblos..." (Éx. 19:5). Antes Dios se había referido al pueblo hebreo como su hijo: "...Israel es mi hijo, mi primogénito" (Éx. 4:22 cp. Ro. 11:1; Ro. 9:4; 2 Co. 6:18). A ese pueblo Dios le dio preferencia paternal, poniéndolo antes que cualquier otro pueblo. Ahora Dios lo llama: "Mi especial tesoro". ¿Por qué esa preferencia divina? Porque Él es soberano. Luego añade un sentido de propiedad, de posesión: "... porque mía es toda la tierra" (Éx. 19:5 cp. Sal. 24:1; 50:12; Job 41:11).

"Y vosotros me seréis un reino de sacerdotes..." (Éx. 19:6). A Israel, Dios le daba una jefatura espiritual (Dt. 33:3-4). La primogenitura espiritual ahora la ocupa la Iglesia (Jn. 1:12), y el sacerdocio espiritual lo desempeña la Iglesia (1 P. 2:5; Ap. 1:6; 5:10; 20:6). Con la Iglesia Dios hizo un cruce de manos como en el caso de Manasés y Efraín, quien llegó a poseer la bendición del primogénito (Gn. 48:1, 5, 11-14).

"...y gente santa..." (Éx. 19:6). Del pueblo de Israel, Dios dijo: "... Yo Jehová vuestro Dios, que os he apartado de los pueblos" (Lv. 20:24). "Habéis, pues, de serme santos, porque yo Jehová soy santo, y os he apartado de los pueblos para que seáis míos" (Lv. 20:26. Léase también Dt. 7:6; 26:19; 28:9; Is. 62:12). El apóstol Pablo señaló que la Iglesia es ahora el pueblo santo de Dios (1 Co. 3:17; 1 Ts. 5:27).

Dios hizo de aquel pueblo sacado de la esclavitud egipcia, un pueblo de "especial tesoro", "un reino de sacerdotes" y "personas santas". Aquí se ve la gracia divina manifestada sobre un pueblo, al cual Dios le concede privilegios.

En 1 Pedro 2:9-10 leemos:

> "Mas vosotros sois linaje escogido, real sacerdocio, nación santa, pueblo adquirido por Dios, para que anunciéis las virtudes de aquel que os llamó de las tinieblas a su luz admirable; vosotros que en otro tiempo no erais pueblo, pero que ahora sois pueblo de Dios; que en otro tiempo no habíais alcanzado misericordia, pero ahora habéis alcanzado misericordia".

Ahora la Iglesia es "linaje escogido, real sacerdocio, nación santa, pueblo adquirido por Dios". Y también tiene la gran misión de proclamar las virtudes de Dios. ¡Somos un pueblo bañado, arropado, cubierto por la misericordia del Señor! *Misericordia* viene de dos palabras: *miseri* (necesidad, pobreza, falta de algo) y *cordia* del griego *kardia* (corazón). Jesucristo tiene un corazón inclinado hacia nuestro estado y nuestras necesidades.

II. La bajada

> "Entonces vino Moisés, y llamó a los ancianos del pueblo,
> y expuso en presencia de ellos todas estas palabras que
> Jehová le había mandado" (Éx. 19:7).

Moisés les dijo "a los ancianos del pueblo" todo lo que Dios le había dicho a él antes de descender del monte Sinaí (19:7). A ellos les declaró, "todas estas palabras que Jehová le había mandado". Moisés no le añadió ni le quitó a lo revelado por Dios

Moisés entregó un mensaje completo, no diluido, no arreglado. Lamentablemente, hoy día se le añade mucho a lo dicho por Dios o se le quita a conveniencia a lo expresado por Dios (Ap. 22:18-19). Es deber y responsabilidad del predicador del evangelio de Jesucristo entregar todo el mensaje que ha recibido de Él para la Iglesia.

Por unanimidad, el pueblo aprobó todo lo dicho por Moisés: "… Todo lo que Jehová ha dicho, haremos…" (19:8). Se constituyeron no solo en oidores, sino en hacedores de la Palabra de Dios. ¡Votaron a favor de Dios! ¡Aprobaron la resolución del cielo! Es bueno escuchar predicaciones, disfrutar la elocuencia de buenos oradores, ser extasiados por el buen manejo de la hermenéutica y la homilética, pero es todavía mejor dejar que el mensaje de la palabra predicada afecte positiva y espiritualmente a nuestra conducta humana. La Biblia debe cambiarnos.

Moisés regresó a Jehová y le contó la decisión afirmativa del pueblo (19:8). Dios entonces le dijo: "…He aquí, yo vengo a ti en una nube espesa, para que el pueblo oiga mientras yo hablo contigo, y también para que te crean para siempre…" (19:9).

Luego, Dios le dio el encargó a Moisés para que el pueblo fuera santificado por Él "hoy y mañana; y laven sus vestidos" (19:10). Antes de que Dios se revelara al pueblo, este tendría que prepararse espiritualmente mediante el lavado del cuerpo y de los vestidos. Estas acciones les harían recordar que el alma tenía que estar limpia para Dios.

Al tercer día Jehová se manifestaría al pueblo "…sobre el monte de Sinaí" (19:11). Jesucristo tiene un tiempo para revelarse a sus hijos. Alrededor del monte, Moisés pondría barreras para limitar la proximidad del pueblo (19:12). Nadie, excepto Moisés, podía subir al monte. La santidad de Dios presenta demandas a su pueblo, establece límites de acercamiento y tiene prohibiciones.

Aquel que tocara el monte sería apedreado o azotado, solo podían subir hasta el límite establecido divinamente al escuchar el sonido del *shofar* o cuerno de carnero (19:13).

Moisés, obedeciendo a Dios, descendió del monte e hizo como Jehová le había instruido (19:14). Al pueblo le declaró: "...Estad preparados para el tercer día; no toquéis mujer" (19:15). A ellos se les ordenó la abstención sexual. Dios exigía que la mente de ellos solo se ocupara en Él. De vez en cuando, debemos negarnos a nosotros mismos para ocuparnos enteramente del Señor Jesucristo. Retiros, ayunos, vigilias y oraciones son necesarios para mantener una comunión más estrecha con la presencia del Espíritu Santo. La abstención de muchas actividades y placeres es necesaria para dar más tiempo a la comunión con Jesucristo.

Ese "tercer día" (19:11, 15) me recuerda el día tercero del Cristo Pascual, el día de la resurrección. Para todos nosotros llegará ese día tercero, cuando Jesucristo se revelará a nuestras vidas. Cuando su gloria se hará presente.

III. El descenso

> "Todo el monte Sinaí humeaba, porque Jehová había
> descendido sobre él en fuego; y el humo subía como el
> humo de un horno, y todo el monte se estremecía en
> gran manera" (19:18).

El descenso de Jehová sobre el monte Sinaí estuvo acompañado de señales visibles: "...truenos y relámpagos, y espesa nube sobre el monte, y sonido de bocina muy fuerte; y se estremeció todo el pueblo que estaba en el campamento" (19:16).

La presencia divina se identificó con elementos naturales y el sonido del *shofar*. Aquello fue un Pentecostés en el Sinaí. En el Aposento Alto, el Espíritu Santo descendió acompañado de señales naturales:

> "Cuando llegó el día de Pentecostés, estaban todos unánimes juntos. Y de repente vino del cielo un estruendo como de un viento recio que soplaba, el cual llenó toda la casa donde estaban sentados; y se les aparecieron lenguas repartidas, como de fuego, asentándose sobre cada uno de

ellos. Y fueron todos llenos del Espíritu Santo, y comenzaron a hablar en otras lenguas, según el Espíritu les daba que hablasen" (Hch. 2:1-4).

En el *arpazo* [traslado] de la Iglesia, se nos dice del Señor Jesucristo: "Porque el Señor mismo con voz de mando, con voz de arcángel, y con trompeta de Dios, descenderá del cielo..." (1 Ts. 4:16). La *parousia* [revelación] del Señor Jesucristo será acompañada de fenómenos sobrenaturales (Zac. 14:1, 4, 6-8). El Dios que descendió al monte Sinaí descenderá en la persona de Jesucristo al monte de los Olivos sobre una nube.

Leemos: "Y Moisés sacó del campamento al pueblo para recibir a Dios, y se detuvieron al pie del monte" (19:17). El pueblo era dirigido y guiado por Moisés en este culto al aire libre. El pastor es el guía espiritual de las ovejas, ellas lo siguen a él y no él a las ovejas. Y en el lugar indicado, marcado por barreras, "se detuvieron al pie del monte". ¡Allí comenzaba el altar para Dios! ¿Dónde está tu altar a Dios?

El monte Sinaí comenzó a humear, Dios bajó en fuego, el humo subía, y el monte se estremecía (19:18); eran señales evidentes del descenso divino. Cuando la presencia de Dios se manifiesta, algo tiene que ocurrir, habrá estremecimiento en algunos casos.

Mientras el sonido del *shofar* aumentaba cada vez más, entre Moisés y Dios se desarrolló un diálogo, y la "voz tronante" de este se escuchaba (19:19). Dios todavía busca diálogo mediante la oración y la meditación con sus hijos que en fe se acercan a su presencia. Háblale a Dios, y Él te hablará. ¡Búscalo, y Él se te revelará!

En Éxodo 19:20 Jehová nuevamente invitó a Moisés a ascender a la cumbre del monte Sinaí. Es un monte mayormente de granito, al igual que toda su cordillera, donde se descubren como cuatro manantiales. Las subidas y bajadas de Moisés, con ochenta y un años, y aun con experiencia beduina, no dejan de ser un gran esfuerzo humano.

De nuevo Dios le ordenó a Moisés descender y recordarle al pueblo no traspasar los límites del monte, para librarse de juicio de muerte (19:21).

"Y también que se santifiquen los sacerdotes que se acercan a Jehová, para que Jehová no haga en ellos estrago" (19:22). A los sacerdotes Dios les exigía santidad. Su ministerio era ser representantes de Dios ante el pueblo y de este ante Dios. A ellos les correspondía estar santificados y así evitar el juicio divino (cp. Lv. 10:3; 2 S. 6:7-8).

Moisés le recordó a Dios que el pueblo no podía subir el monte Sinaí, porque se le había puesto límites (Éx. 19:23). Lamentablemente, muchas veces el pueblo de Dios traspasa los límites divinos, se mete ilegalmente en territorio santificado por Dios. ¡El que traspasa ilegalmente, merece multa!

A Moisés, Dios le ordenó descender y ascender nuevamente, esta vez acompañado por Aarón, pero los sacerdotes y el pueblo no podían traspasar la frontera establecida por Dios (19:24-25). Dios siempre nos recordará que su santidad tiene límites. El líder que ha subido debe bajar para ayudar a otros a subir. El espiritual debe ayudar al no espiritual. El que ha tenido una experiencia divina, debe compartirla con otros.

Allí en el Sinaí, Dios le entregó a Moisés los Diez Mandamientos (20:1-17). El decálogo es uno de los códigos legales más antiguos del mundo y base legal para muchas leyes humanas. Esos mandamientos tienen que ver con nuestra relación con Dios y con nuestra relación con el prójimo. Jesús los resumió en dos mandamientos: "Amarás a Dios sobre todas las cosas y amarás a tu prójimo como a ti mismo". Para la época de Jesús, los fariseos y la mayoría de judíos ortodoxos habían extendido esos diez mandamientos a 613 mandamientos: 248 eran mandamientos afirmativos, y 365 eran mandamientos negativos.

El estruendo, los relámpagos, el sonido del cuerno de carnero y el humo en el monte fue atestiguado por todo el pueblo (20:18). A Moisés le pidieron que él hablara con ellos de parte de Dios, porque tenían temor (20:19); y Moisés los afirmó en esto (20:20).

Mientras el pueblo guardaba distancia, Moisés penetró a la oscuridad donde estaba Dios (20:21). El mensaje de Dios para el pueblo era eliminar los ídolos (20:22-23) y revelarles el tipo de altar de sacrificio requerido por Él (20:24-25).

Leemos: "No subirás por gradas a mi altar, para que tu desnudez no se descubra junto a él" (20:26). Allí en el altar no había peldaños, gradas o escalones. El cuerpo tendría que estar cubierto. Aquí se introduce el vestuario sacerdotal. Los judíos religiosos, al igual que los de antaño, se ponen el manto o *talit* mayor para cubrirse ante la presencia de Dios.

Aquellos que ejercen el ministerio deben mantener un código de vestimenta, tanto hombres como mujeres. Se debe mantener el decoro en el tipo de ropa empleada, en la manera como uno se sienta en el altar del templo y en el tipo de ropa que se ajusta al cuerpo. Nuestra manera de vestir nunca debe distraer a alguien de la presencia del Señor Jesucristo.

Conclusión

La experiencia de Moisés de ascender y descender del monte Sinaí nos recuerda la importancia del creyente de mantener intimidad con la presencia de Dios.

"ENVIARÉ DELANTE DE TI LA AVISPA"

"Enviaré delante de ti la avispa, que eche fuera al heveo, al cananeo y al heteo, de delante de ti" (Éx. 23:28).

Introducción

Los capítulos 20—22 y 23:1-19 son legales en su contenido. Presentan el decálogo (20:1-17); leyes sobre la esclavitud (21:1-10); leyes sobre el prójimo (21:12-35); leyes sobre el robo (22:1-4); leyes de daños a la propiedad (22:5-6); leyes sobre la deshonestidad (22:7-15); leyes sobre la inmoralidad (22:16-17); leyes civiles y religiosas (22:18-31 y 23:1-9); leyes sobre el sábado y fiestas religiosas (23:10-19).

Éxodo 23:20-33 es profético en todo su contenido. Dios habla en primera persona al pueblo: les ofrece protección de sus enemigos (23:20-23), les pide adoración exclusiva (23:24), les ofrece bendiciones (23:25-31) y les reclama separación de aquellos pueblos cananeos (23:32-33).

I. La protección

"He aquí yo envío mi Ángel delante de ti para que te guarde en el camino, y te introduzca en el lugar que yo he preparado" (23:20).

Ese "Ángel" es la misma presencia de Dios, que guardaría a Israel en su peregrinación y lo introduciría en la tierra de la promesa. Para los estudiantes bíblicos, ese "Ángel" puede ser una alusión a la segunda persona de la trinidad, es decir el Hijo, que en la encarnación se lo conoce como Jesucristo de Nazaret o Jesucristo. "Guárdate delante de él, y oye su voz..." (23:21). El Señor Jesucristo guarda a aquellos que se guardan para Él. Israel sería guardado, pero este debía guardarse ante Dios. Al pueblo Dios le pide: "No le seas rebelde, porque él no perdonará vuestra rebelión, porque mi nombre está en él" (23:21).

Esa expresión: "...porque mi nombre está en él" (Reina-Valera), en la versión *Dios Habla Hoy* se lee: "...porque él actúa en mi nombre...". La rebelión es un pecado contra la autoridad divina y es severamente castigado por Dios.

Leemos: "Pero si en verdad oyeres su voz e hicieres todo lo que yo te dijere, seré enemigo de tus enemigos, y afligiré a los que te afligieren" (23:22). Al obediente Dios le daría protección: "...seré enemigo de tus enemigos, y afligiré a los que te afligieren". Nuestro enemigo es enemigo de Dios; y el que nos aflige será afligido por Él. Al que se opone contra los hijos de Dios, Dios se opone contra ellos. El mal que se siembra en un justo se cosecha en injusticia.

El "Ángel" de Dios guiaría al pueblo hebreo a la tierra cananea, de cuyos pueblos Dios dijo: "...a los cuales yo haré destruir" (23:23). Las batallas no serán sus batallas, sino las batallas de Dios. El Comandante en jefe de los ejércitos hebreos era Dios.

II. La demanda

"No te inclinarás a sus dioses, ni los servirás, ni harás
como ellos hacen; antes los destruirás del todo,
y quebrarás totalmente sus estatuas" (23:24).

Literalmente, Dios le pedía al pueblo hebreo que no siguiera el mal ejemplo de los paganos, de los idólatras; que no hicieran como aquellos pueblos cuyos dioses eran estatuas. El Dios verdadero no se podía transformar en ninguna estatua de piedra, oro, plata o de ningún metal.

Dios exigía de su pueblo adoración, la destrucción de las estatuas que se interponían entre aquellos pueblos y la relación espiritual de su ser. Israel no podía ser un pueblo idólatra. Todo lo que se ponga entre Dios y el creyente verdadero es un ídolo. Tenemos que destruir las estatuas que quieran sustituir a Dios en nuestras vidas.

Como pueblo, ellos servirían a Dios. "Mas a Jehová vuestro Dios serviréis, y él bendecirá tu pan y tus aguas; y yo quitaré toda enfermedad de en medio de ti" (23:25). El resultado será: "...y él bendecirá tu pan y tus aguas; y yo quitaré toda enfermedad de en medio de ti" (23:25). El "pan" habla del trigo, las cosechas, los alimentos; en Dios tendrían el sustento diario. Como se expresa en la oración del Padrenuestro: "El pan nuestro de cada día, dánoslo hoy" (Mt. 6:11). La expresión: "y tus aguas" habla de manantiales en el desierto, donde el agua es imprescindible y vital para la subsistencia humana. La comida y el agua no faltarían a su pueblo. ¡Dios provee para nuestras necesidades!

"...y yo quitaré toda enfermedad de en medio de ti" (23:25). La versión *Dios Habla Hoy* declara: "...Yo alejaré de ti la enfermedad...". Al pueblo Dios le daría salud divina. Sanidad divina es cuando Jesucristo sana; salud divina es cuando Jesucristo mantiene sano. Cada día démosle gracias a Dios porque Él aleja de nosotros la enfermedad. ¡Nos mantiene sanos! ¡Somos saludables!

"No habrá mujer que aborte, ni estéril en tu tierra..." (23:26). El aborto natural y la esterilidad en el mundo eran vistos como maldiciones.

En Deuteronomio 7:13 leemos: "Y te amará, te bendecirá y te multiplicará, y bendecirá el fruto de tu vientre...".

En Deuteronomio 7:14 leemos: "Bendito serás más que todos los pueblos; no habrá en ti varón ni hembra estéril, ni en tus ganados".

"... y yo completaré el número de tus días" (Éx. 23:26). La versión *Dios Habla Hoy* es clara: "Y haré que no mueras antes de tiempo..." (cp. Sal. 55:23; 90:10; Gn. 25:8). Hay promesas de longevidad para los creyentes. Desde luego, Dios es soberano y concede vida prolongada al que quiere. Pero debemos apropiarnos de esta promesa para no morir antes de tiempo.

III. La seguridad

"He aquí yo envío mi Ángel delante de ti para que te guarde en el camino, y te introduzca en el lugar que yo he preparado" (Éx. 23:20).

Antes de que el pueblo hebreo llegara a algún territorio ocupado por otros pueblos, Dios se encargaría de hacer su trabajo entre aquellos enemigos. Con "terror" Él castigaría a aquellos opositores. Israel se enfrentaría a enemigos derrotados. Espiritualmente, nosotros, la Iglesia de Jesucristo, enfrentamos y enfrentaremos enemigos espirituales ya derrotados en el Calvario.

Leemos: "Enviaré delante de ti la avispa, que eche fuera al heveo, al cananeo y al heteo, de delante de ti" (23:28). "La avispa" (23:28) y las "avispas" (Dt. 7:20) tienen una aplicación espiritual bien articulada por el famoso cantante de bachata —ahora cristiano—

Juan Luis Guerra, de la República Dominicana. Sin eliminar la posibilidad de liberalizar los vocablos, pudieran ser una referencia contextual histórica a las actividades del ejército egipcio, previo a la derrota de estos pueblos cananeos por el avance de Israel.

Esos vocablos de "la avispa" y las "avispas" hablan de "pánico", de "terror" (*Biblia del Peregrino*). De vez en cuando, a nuestros enemigos, aquellos que se interponen en nuestro avance de fe y de esperanza, Dios les envía, como dice Juan Luis Guerra, alguna *avispa* para que los pique. Pídele a Dios que les envíe las *avispas* a todos aquellos que te molestan, para que no te molesten más. A esos espíritus de maldad, pídele a Dios que los pique con las *avispas*. Dios tiene enjambres de *avispas*, listas para levantar vuelo e introducir sus misiles de picadas en todos aquellos que te quieren hacer daño. ¡Deja que las *avispas* los piquen!

A los enemigos de Israel, Dios no los sacaría de inmediato, eran necesarios para la seguridad nacional del pueblo hebreo (Éx. 23:29). Hay enemigos que Dios no los quita, porque sin ellos saberlo son necesarios en el plan diseñado por Dios para nuestras vidas. Están ahí, nos molesta verlos, pero los necesitamos.

Leemos: "Poco a poco los echaré de delante de ti, hasta que te multipliques y tomes posesión de la tierra" (23:30). Israel estaría en el tiempo de Dios. Se movía en el "poco a poco" de su propósito. Muchas veces queremos todo rápido, ligero, inmediatamente. Dios nos dice: "Poco a poco", con paciencia, con calma, esperando el momento. "Poco a poco" se llega a la meta. "Poco a poco" se logran las cosas.

Al pueblo hebreo, Dios le daría tiempo para multiplicarse y, de esa manera, tomar posesión del territorio. No podemos poseer aquello para lo cual no estamos preparados para mantener. A muchas congregaciones, Jesucristo desea darles territorio y tierra conquistada, pero como no han crecido, no están listas para poseer aunque puedan conquistar.

A Israel Dios le señaló fronteras y límites geográficos desde el Mar Rojo hasta el Mar Mediterráneo, desde el desierto de Sinaí hasta el río Éufrates. (23:31). El pueblo hebreo tenía por delante la asignación divina de conquistar.

"No harás alianza con ellos, ni con sus dioses" (23:32 cp. Éx. 34:12 Dt. 7:2). Con el enemigo no se puede hacer alianza. Se coexiste con el mundo, pero no se convive con el mundo. El espíritu y la carne no pueden hacer alianza. El culto a Dios no se puede adulterar con cultos extraños.

"En tu tierra no habitarán, no sea que te hagan pecar contra mí sirviendo a sus dioses, porque te será tropiezo" (Éx. 23:33).

Conclusión

Espiritualmente, hay personas con las cuales no podemos asociarnos, compartir con ellos, tener demasiada amistad, darles espacio en nuestras vidas. Dejarnos influenciar por ellos nos pueden arruinar espiritualmente. Dañarán nuestro carácter y arruinarán nuestro estilo de vida.

"AARÓN LO HABÍA PERMITIDO"

24

"Y viendo Moisés que el pueblo estaba desenfrenado, porque Aarón lo había permitido, para vergüenza entre sus enemigos" (Éx. 32:25).

Introducción

Moisés estuvo en la cumbre del monte Sinaí cuarenta días (24:18 cp. 32:1). Ante su tardanza, el pueblo presionó a Aarón para hacer un ídolo; y este, con el oro fundido de los zarcillos, hizo un becerro de oro (32:1-5), al cual le rindieron culto (32:6). Esto disgustó a Dios y se lo expresó a Moisés (32:7-10).

Moisés intercedió por el pueblo en oración (32:11-14). Luego descendió del monte con las tablas de la Ley; pero al ver al desenfrenado pueblo, se airó y rompió las tablas (32:15-19). Luego fundió el becerro, lo redujo a polvo y obligó al pueblo a beberlo (32:20).

A Aarón, Moisés lo reprendió por su debilidad humana y falta de carácter espiritual (32:21-25). Poniéndose a la puerta del campamento, Moisés dio instrucciones a los hijos de Leví de matar a los principales de este culto idolátrico (32:26-28). Luego Moisés subió al monte Sinaí para aplacar la ira de Jehová, aun el extremo de pedirle que, si era necesario, borrara su nombre del libro de Dios (32:29-35).

I. La observación

"...viendo Moisés que el pueblo estaba desenfrenado, porque Aarón lo había permitido, para vergüenza entre sus enemigos" (32:25).

Viendo el pueblo que Moisés ya llevaba cuarenta días en el monte, le pidieron a Aarón que les hiciera dioses, ya que según ellos no sabían qué le había pasado a su líder (32:1). La desesperación del pueblo ante la tardanza de Moisés les hizo pensar en dioses paganos. Muchos de los hebreos que se unieron al éxodo ya estaban influenciados por el politeísmo egipcio. Dice el texto bíblico sobre la salida de los hebreos de Egipto: "También subió con ellos grande multitud de toda clase de gentes, y ovejas, y muchísimo ganado" (12:38).

Leemos: "...porque a este Moisés, el varón que nos sacó de la tierra de Egipto, no sabemos qué le haya acontecido" (32:1). El pueblo en general veía a Moisés tan solo como a un "varón"; no habían tenido una revelación total de su liderazgo. Habían tenido una revelación humana de él y no una revelación de su misión divina. Interpretaron su tardanza como una ausencia personal. Sin la presencia del líder, volvieron su corazón a la idolatría de Egipto, que de alguna manera, los intoxicó espiritualmente. Muchos creyentes necesitan ser desintoxicados espiritualmente. Se intoxican con muchas novedades y revelaciones no bíblicas, que no son verdaderamente teológicas en su contenido doctrinal. Ante la ausencia del líder, se desenfrenan, se descarrían, se apartan de la meta.

Aarón no les reprendió este espíritu de idolatría, porque a él le faltaba carácter. Por el contrario, hizo una colección de zarcillos entre las mujeres y, con el oro fundido, hizo el becerro de oro (32:2-4). Aunque era el líder número dos, en él aún no se había desarrollado la capacidad directiva, y carecía de autoridad espiritual. Toma tiempo funcionar bajo una unción de autoridad.

En ausencia del pastor o líder, muchos número dos son como Aarón: no le dicen al pueblo lo que este tiene que hacer, sino que el pueblo les dice a ellos qué tienen que hacer. A muchos como a Aarón les falta carácter para tomar decisiones; carácter para actuar de manera correcta; carácter para decir que no a todo aquello desaprobado por Dios; carácter para pararse firmes en los principios bíblicos.

Con la colecta tomada, Aarón con sus propias manos hizo el becerro de oro y se lo presentó al pueblo a manera burlona: "...Israel, estos son tus dioses, que te sacaron de la tierra de Egipto" (32:4). Con esto, Aarón parece decirles que no iban en progreso, sino en retroceso, con la ignorancia religiosa de los egipcios. ¡Aunque salieron de Egipto, Egipto no había salido de ellos!

"...Aarón, edificó un altar delante del becerro; y pregonó Aarón, y dijo: Mañana será fiesta para Jehová" (32:5). Al día siguiente se declaró por parte de Aarón un día festivo para el pueblo y el becerro de oro. Es probable que ese día de demora fuera para darle tiempo a que Moisés descendiera del monte Sinaí. A su manera y no a la manera de Dios, Aarón trató de resolver aquel problema religioso. Pero lo que estaba haciendo era un sincretismo religioso, mezclando el culto al Dios verdadero con la idolatría egipcia. Dios es celoso en la adoración que se le tributa, su gloria no la comparte con nada ni con nadie. El sincretismo religioso tiene a muchos pueblos, particularmente los latinos, en miseria y maldiciones. Los misioneros de la conquista española, para lograr sus objetivos religiosos, permitieron y promovieron el sincretismo de culto indígena con culto católico, y culto africano con culto católico.

Al otro día el pueblo hizo como Aarón le dijo, ofreciendo holocaustos y ofrendas de paz, comiendo, bebiendo y regocijándose (32:6). Pero aquel becerro de oro se interponía entre ellos y Dios. Todo lo que se entrometa entre nosotros y Jesucristo es idolatría. Hoy, los ídolos en la Iglesia no son *becerros de oro* literales, pero pueden ser la casa, el carro, los hijos, el trabajo, las amistades...

II. La determinación

"Ahora, pues, déjame que se encienda mi ira en ellos, y los consuma; y de ti yo haré una nación grande" (32:10).

A Moisés Dios le ordenó descender porque el pueblo se había corrompido (32:7). Hoy día quizás muchos no se corrompen con la idolatría, pero se corrompen con el pecado, con la inmoralidad, con el uso indebido del dinero. En este último caso, lo desean con tanta avaricia y lo codician con tal pasión, que llegan al extremo de robarlo hasta con elegancia.

Jehová le repite a Moisés lo dicho por el pueblo y lo declarado por Aarón (32:8). A eso Dios le añadió diciendo que era "...pueblo de dura cerviz" (32:9). Un pueblo difícil de ser dirigido y controlado, cuyas riendas no podían frenarlo o guiarlo a la voluntad divina.

En Isaías 1:3 aparece una cita mesiánica que dice así: "El buey conoce a su dueño, y el asno el pesebre de su señor; Israel no entiende, mi pueblo no tiene conocimiento".

"Ahora, pues, déjame que se encienda mi ira en ellos..." (Éx. 32:10). Jehová Dios conocía el corazón de Moisés, por eso le pidió que no lo frenara orando para que no actuara con ira. El hombre y la mujer de Dios aman al pueblo e interceden por él. ¡Tienen corazón de pastor!

"...y los consuma; y de ti yo haré una nación grande" (32:10). Para Dios no es problema comenzar de cero, sin nadie. Con solo Moisés y su familia, Jehová Dios podía comenzar "una nación grande". Con Noé, su esposa y sus hijos y nueras, Dios comenzó la nueva población del mundo posdiluviano (Gn. 9:18, 19; 10:1-32). ¡Contigo Dios puede hacer algo grande, un matrimonio grande, una familia grande, un barrio grande, una ciudad grande, un estado grande y un país grande! Dios no necesita a muchos para empezar algo grande, te necesita a ti. ¡Tú eres su semilla de cultivo! ¡Tienes el potencial de la multiplicación! El ADN de Dios en ti puede potenciar el propósito para el cual te creó y por el cual te salvó. Deja que Jesucristo active su ADN en tu vida.

III. La intercesión

> "...Vuélvete del ardor de tu ira, y arrepiéntete de este mal contra tu pueblo" (32:12).

"Entonces Moisés oró en presencia de Jehová su Dios, y dijo: Oh Jehová, ¿por qué se encenderá tu furor contra tu pueblo, que tú sacaste de la tierra de Egipto con gran poder y con mano fuerte?" (32:11). Moisés, consciente del descontento de Jehová contra el mal comportamiento espiritual de los hebreos, y del deseo de Dios de acabar con ellos, oró a Dios y le pidió que no expresara su furor contra el pueblo que Él había liberado.

Aunque un pueblo falle, sea rebelde a Dios, peque contra su santidad y merezca el juicio divino, los líderes como Moisés interceden ante el trono celestial por gracia y misericordia. Ora a Dios para que libre a todos aquellos que tú aprecias, que tú amas, por quienes sientes alguna responsabilidad.

En su oración, le declaró a Dios que si el pueblo era raído de la tierra, los egipcios lo culparían de haberle hecho mal (32:12). Moisés con voluntad de acero le pidió a Dios: "...arrepiéntete de este mal contra tu pueblo" (32:12). Él le hizo un llamado a Dios para que se arrepintiera. En este caso, lo que se implica es que Dios debería detener su juicio divino sobre este pueblo.

En 32:13 le recuerda a Dios el pacto generacional con Abraham, Isaac e Israel (Jacob), a los cuales se les prometió multiplicación como pueblo y el cumplimento de la tierra prometida.

Ante la actitud y la oración de Moisés, el corazón de Dios cedió. Leemos: "Entonces Jehová se arrepintió del mal que dijo que había de hacer a su pueblo" (32:14). La oración de un justo, de un creyente, de uno que está en comunión con Dios mueve el corazón del Señor. Hombres y mujeres de Dios, muevan el corazón del Señor; con la oración intercesora, hagan que Él cambie de planes.

IV. La reacción

"Y aconteció que cuando él llegó al campamento,
y vio el becerro y las danzas, ardió la ira de Moisés, y
arrojó las tablas de sus manos, y las quebró al pie del
monte" (32:19).

Moisés descendió del monte Sinaí con dos tablas cortadas del granito rocoso del monte, el cual constituye esa zona rocosa. Las tablas estaban escritas de ambos lados (32:15). Estas tablas tenían la grafología divina: "Y las tablas eran obra de Dios, y la escritura era escritura de Dios grabada sobre las tablas" (32:16). La otra ocasión en donde encontramos la grafología de Dios fue sobre la pared en la fiesta sacrílega de Belsasar (Dn. 5:5, 24-28). Finalmente también la vemos cuando Jesucristo, el Hijo divino, escribió sobre la tierra en presencia de los acusadores de la mujer adúltera (Jn. 8:6).

Aquellas tablas de piedra de granito que fueron cortadas y escritas por Dios *eran obra de Dios.* He ascendido el monte Sinaí o Jabel-Musa ["Monte de Moisés" en árabe] unas siete veces; y las piedras de granito y el cuarzo se descubren por dondequiera en dicha topografía. Sobre estas piedras cortadas, se registró el código legal más famoso e influyente de la raza humana. La Torá, que incluye los cinco libros de Moisés o la Ley de Moisés, se sostiene sobre la base del Decálogo.

Al escuchar la algarabía en el campamento, Josué dijo a Moisés: "...Alarido de pelea hay en el campamento" (32:17). Esas voces no confundieron a Moisés, quien dijo: "...voz de cantar oigo yo" (32:18). Aquellos que están en la unción de autoridad disciernen las voces del pueblo.

Cuando Moisés llegó al campamento y vio el becerro de oro y las danzas del pueblo, "...ardió [su] ira... y arrojó las tablas de sus manos, y las quebró al pie del monte" (32:19).

Moisés por naturaleza era temperamental. Se llenaba fácilmente de coraje. Pero en esta ocasión, "ardió la ira de Moisés" a causa del celo santo de Dios en su vida. Y sin pensarlo dos veces, tomó aquellas piedras cortadas y escritas por la mano de Dios y las arrojó al suelo, y se quebraron. El único escrito permanente de Dios de su propia mano, allí al pie del Sinaí, quedó destruido. El judío W. Gunther Plaut dijo: "Destruyó las tablas, el regalo más grande que el mundo jamás hubo recibido".

En Deuteronomio 9:17 Moisés dijo: "Entonces tomé las dos tablas y las arrojé de mis dos manos, y las quebré delante de vuestros ojos".

En Éxodo 34:1, Jehová Dios le ordenó a Moisés alisar dos tablas de piedras, lo cual él hizo (34:4). Luego lo instruyó a escribirlas (34:27-28). Estas segundas tablas fueron escritas por Moisés. Lo que uno destruye con las manos, luego lo tendrá que construir. Lo que deshaces, lo tendrás que rehacer.

De acuerdo a Éxodo 32:20, Moisés hizo fundir el becerro de oro para reducirlo a polvo y lo mezcló con las aguas. Luego el pueblo fue obligado a beberlo. Según Deuteronomio 9:21, Moisés molió el becerro "muy bien" y el polvo lo echó "en el arroyo que descendía del monte".

Moisés confrontó a Aarón con su debilidad de carácter, su falta de autoridad espiritual (32:21). La respuesta de Aarón fue: "...No se enoje mi señor; tú conoces al pueblo, que es inclinado a mal" (32:22). Y luego le explicó cómo, ante la petición de ellos, él fundió el becerro de oro (32:23-24). De manera interesante, pero ridícula, Aarón dice: "...Y me lo dieron, y lo eché en el fuego, y salió este becerro" (32:24). Aarón hizo el becerro de oro, pero pretendió que no lo hizo; simplemente echó oro al fuego, y del fuego apareció el becerro. Una respuesta demasiado fantástica para ser creída. Ese "y salió" es utilizado por muchos para justificar sus acciones. En otras palabras: "¡Eso pasó!"; "¡Yo no tuve mucho que ver!"; "¡No sé lo que pasó!". Muchos seres humanos se la pasan justificándose con la ignorancia. Son responsables de los hechos, pero se las inventan para creer que lo que pasó o ha pasado no es culpa directa de ellos. Son víctimas circunstanciales de los eventos que los rodean.

V. La aniquilación

"Y los hijos de Leví lo hicieron conforme al dicho de Moisés; y cayeron del pueblo en aquel día como tres mil hombres" (32:28).

"Y viendo Moisés que el pueblo estaba desenfrenado, porque Aarón lo había permitido, para vergüenza entre sus enemigos" (32:25).

Aarón debió haber sido el freno de aquel pueblo, pero no lo fue; él los dejó hacer lo que querían: "Aarón lo había permitido". Muchos líderes permiten al pueblo hacer cosas que le traerán vergüenza entre los inconversos. Padre y madre de familia, no permitas que tus hijos hagan lo que quieran, maneja el timón de tu hogar. No sueltes las riendas de tu autoridad. No te rindas ante la presión emocional de aquellos que amas, pero sabes que lo que están haciendo está mal. Dios demandará de nuestras manos todo aquello que nos ha delegado.

Moisés conocía a todos aquellos que estaban de su parte, y la tribu de Leví le respondió afirmativamente (32:26). A estos ordenó matar a los transgresores del culto a Jehová (32:27). Unos tres mil fueron muertos por los levitas (32:28).

Al pueblo arrepentido, Moisés lo bendijo (32:29). Luego una vez más hizo una oración de intercesión por el pueblo (32:30-35). Le pidió a Jehová: "Que perdones ahora su pecado, y si no, ráeme ahora de tu libro que has escrito" (32:32). Moisés en oración estuvo dispuesto a ser un sustituto para el pueblo, a perder su propia salvación, si Jehová no los perdonaba. Lucha espiritualmente por los tuyos hasta la muerte. Intercede ante Dios por ellos. No los sueltes en la oración.

"Y Jehová respondió a Moisés: Al que pecare contra mí, a éste raeré yo de mi libro" (32:33). En otras palabras: "Estate quieto Moisés. Aquí las órdenes las doy yo. Las decisiones las tomo yo". Fue así como Dios respondió a Moisés. Muchas veces Él responde a nuestra intolerancia y a nuestra falta de sabiduría. Pero en su corazón, Dios sabe que sus intercesores nunca se rinden, siguen orando por los suyos y por otros.

Leemos: "Ve, pues, ahora, lleva a este pueblo a donde te he dicho; he aquí mi ángel irá delante de ti; pero en el día del castigo, yo castigaré en ellos su pecado" (32:34). Dios le contestó la oración a Moisés, deteniendo el juicio divino y ordenándolo marchar a la tierra prometida. Pero un día la desobediencia y rebeldía del pueblo serían divinamente retribuidas.

"Y Jehová hirió al pueblo, porque habían hecho el becerro que formó Aarón" (32:35). El capítulo se cierra con la nota de disgusto por parte de Jehová y con la afirmación de que tanto ellos como Aarón fueron responsables de aquel ídolo: "...porque habían hecho el becerro que formó Aarón". Ellos lo hicieron, Aarón lo formó.

Conclusión

De Aarón aprendemos que el líder no debe ser flojo de carácter, debe ser firme en sus palabras y refrenar todo aquello que se oponga a la voluntad de Dios.

"VEN CON NOSOTROS"

"...Ven con nosotros, y te haremos bien; porque Jehová ha prometido el bien a Israel" (Nm. 10:29).

Introducción

Números 10:29-36 presenta el relato donde, por primera y única vez, se presenta al cuñado de Moisés, llamado Hobab, y donde a su suegro Jetro se lo introduce con el nombre de Ragüel (10:29).

Moisés invita a su cuñado a acompañarlos en su peregrinación del desierto, ya que este era un experto en el conocimiento de dicho territorio (10:30-32). Aparentemente los acompañó (10:33). La nube también los acompañaba. Con consignas motivacionales, Moisés marchaba con el pueblo (10:34-36).

I. La invitación

"...Ven con nosotros, y te haremos bien; porque Jehová ha prometido el bien a Israel" (10:29).

De nuevo descubrimos otra área o faceta de Moisés, el libertador, que lo describe como cabeza de familia. Hemos conocido a sus padres, sus hermanos, su suegro, su esposa e hijos, y posiblemente a Hur, su cuñado por parte de su hermana María, además de sus sobrinos, hijos de Aarón. Ahora nos toca conocer por nombre a su cuñado Hobab, hermano de su esposa Séfora. Moisés fue un hombre de familia. Aparece rodeado por sus seres queridos. La familia es importante para todo aquel y aquella que responden a alguna misión de parte de Dios o que reciben alguna visión de Él.

Desde luego, en el relato de Jueces 4:11 leemos: "Y Heber ceneo, de los hijos de Hobab suegro de Moisés, se había apartado de los ceneos, y había plantado sus tiendas en el valle de Zaanaim, que está junto a Cedes". Esto ha dado lugar a que algunas tradiciones judías, según la Midrash, afirmen que Hobab era otro de los muchos nombres dados al suegro de Moisés, que incluía Jetro y Ragüel. La Midrash dice que este llegó a tener siete nombres.

Como convicción personal, me referiré a Hobab como el cuñado de Moisés. A este, Moisés le informó sobre la promesa de su marcha: "Nosotros partimos para el lugar del cual Jehová ha dicho…" (10:29). Son importantes las relaciones que se mantengan con la familia de la pareja. Todo movimiento y peregrinación se basaba en la promesa de Dios. Con esa palabra dicha por Él, Moisés marchaba.

"…Yo os lo daré…" (10:29). Moisés se ancló y puso su fe en lo que Jehová dijo: "Yo os lo daré". Dios cumple lo que promete, da lo que ofrece. ¡Tenemos que creer a Dios y creer a su palabra!

"…Ven con nosotros, y te haremos bien…" (10:29). Moisés quería compartir la bendición de Dios con su cuñado Hobab. Lo invitó para que los acompañara. Era una invitación con beneficios. El evangelio de Jesucristo es otra invitación a seguirlo a Él con su Iglesia, para ser recipientes espirituales de todo bien celestial y terrenal. A la familia hay que hacerla partícipe de la buena noticia. Tenemos que decirle: "¡Vengan con nosotros que les haremos bien!"; "¡Vengan a la iglesia y serán bendecidos!".

"…porque Jehová ha prometido el bien a Israel" (10:29). Moisés creyó en Dios y le creyó a Dios. Aquellos que buscan y confían en Dios, de Él reciben el bien. Los que se juntan con bendecidos serán bendecidos. Ten bien sabido con quién estás haciendo alianza. No te unas en planes y proyectos con cualquiera, sino con aquel o aquella que, de alguna manera, será un complemento a tu vida. Es decir, que será una persona que sumará y no restará en tu vida.

II. La decisión

> "Y él le respondió: Yo no iré, sino que me marcharé a mi
> tierra y a mi parentela" (Nm. 10:30).

Todo ser humano es dueño de sus convicciones. Tu filosofía es lo que crees, y tu conducta, lo que haces. Tú tendrás que tomar tu propia decisión ante muchos retos de la vida. La salvación es una oferta que el pecador puede aceptar o puede rechazar. El Padre celestial invita a todos a creer en el Nazareno, que es un Caballero que respeta el libre albedrío humano.

Hobab, el madianita, cuñado de Moisés, respondió: "…Yo no iré, sino que me marcharé a mi tierra y a mi parentela" (10:30). En sus planes, aparentemente Hobab tenía otra marcha que realizar. Muchos prefieren marchar hacia su familia, marchar hacia su tierra sin esperanza, antes que marchar hacia la tierra prometida por Dios. Hobab dijo que no a una gran oportunidad que cambiaría para siempre su destino y el de sus generaciones futuras.

Cuando Jesucristo ofrece oportunidades de ser parte de algo grande, de meterse en el programa de Dios, siempre hay alguien que responde: "Yo no iré". Al igual que Hobab que tuvo su propia excusa, otros tiene las suyas: "Yo no iré a predicar porque…"; "Yo no iré allá porque…"; "Yo no iré a la iglesia porque…".

Hobab puso a su tierra y a su familia antes que el llamado a una gran promesa de Dios. Imagínate decirle que no a Moisés, el libertador de los hebreos, el hombre que miraba a Dios "cara a cara". Pero todo eso, posiblemente, no le importaba a Hobab porque él ya tenía sus planes preparados.

Leemos: "Y él le dijo: Te ruego que no nos dejes; porque tú conoces los lugares donde hemos de acampar en el desierto, y nos serás en lugar de ojos" (10:31). La Biblia *Dios Habla Hoy* dice así: "—No te vayas —insistió Moisés—. Tú conoces bien los lugares donde se puede acampar en el desierto, y puedes servirnos de guía".

A pesar de toda la guía divina con la columna de nube, con la columna de fuego, con el Ángel de la presencia divina, con la ayuda y experiencia humana del cuidado de Moisés, se necesitaba a Hobab.

Notemos esa expresión: "…porque tú conoces los lugares donde hemos de acampar en el desierto…". De aquí aprendemos cómo lo divino se asocia con lo humano, lo sobrenatural se une con lo humano, lo extraordinario se une con lo ordinario, la mano divina se une con la mano humana. Siempre necesitaremos de un Hobab, de alguien que Dios ponga en nuestro camino para ayudarnos a caminar.

Hobab conocía bien los caminos para recorrer y las rutas del desierto. Moisés, a pesar de cuarenta años de experiencia en el desierto, tuvo que admitir que su cuñado Hobab lo superaba en cartografía del desierto y podía hacer los rastreos de la zona. La humildad se demuestra cuando admitimos que no sabemos todas las cosas, y que otros conocen áreas que nosotros desconocemos.

"…y nos serás en lugar de ojos". El rabino W. Gunther Plaut ve la declaración anterior como una referencia a que Hobab sería el guía de los hebreos por el desierto. La visión de Moisés era espiritual en lo referente a Dios, nadie veía lo que él veía, nadie sentía lo que él sentía, nadie oía lo que él oía. Pero en asuntos del desierto, verdaderamente hablando, Moisés no podía ver lo que su cuñado vería o miraría. Moisés y el pueblo necesitaban esa visión terrenal del desierto, la ayuda que Hobab podía darles por su experiencia. Esa ayuda extra de un familiar siempre es necesaria para cruzar algún desierto de la vida.

En las congregaciones y los ministerios, siempre hay alguien con la visión de Hobab, que sirve como complemento a la nuestra. Yo le llamo a eso la visión del desierto, que complementa la visión del monte Sinaí. Cuando Jesucristo ponga a ese Hobab a tu lado, no lo margines, no lo rechaces, no lo ignores, aprovecha sus capacidades y oye sus instrucciones.

La Madre Teresa de Calcuta dijo estas palabras: "Hay mucha gente que puede hacer grandes cosas, pero hay poca gente que hará las cosas pequeñas" (*In The Heart of The World* [En el corazón del mundo], MJF Books, New York, 1997, p. 43).

Todos nosotros necesitamos a alguien que sea nuestros *ojos*. Una persona que vea lo que no vemos, que mire a favor nuestro por donde vamos. Padre o madre, sean los *ojos* de los hijos. Miren el futuro de ellos. Pareja, sé los *ojos* de tu esposo o esposa. Habla con tu pareja sobre esas áreas de su vida que él o ella no ve. Hijos, sean *ojos* que cuidan lo que es de sus padres. No arruinen lo que a estos les ha costado mucho sacrificio y trabajo. Líderes, sean *ojos* para sus pastores. Ayúdenlos a realizar la labor pastoral con gozo y alegría. Usemos nuestros *ojos* para velar, cuidar, proteger, guiar, supervisar, mirar a aquellos que Jesucristo ha puesto a nuestro lado.

Leemos: "Y si vienes con nosotros, cuando tengamos el bien que Jehová nos ha de hacer, nosotros te haremos bien" (10:32). Moisés sabía que su cuñado Hobab era de gran valor en esa conquista del desierto y no le aceptó el no por respuesta. Todo lo contrario, le insistió con mayor persistencia. El ganador de almas nunca desiste de su objetivo espiritual. No te rindas en la tarea de sumar a alguien al plan que Dios te ha dado a favor de otra vida.

"Y si vienes con nosotros..." Literalmente, "acompáñanos". Esa invitación la están esperando muchos amigos y familiares. Es una invitación para que vengan a la iglesia y sean bendecidos en Jesucristo.

Moisés volvió y le recordó a Hobab que Dios le haría bien a ellos y ellos le harían bien a él (10:32). Haz bien a otros, y otros te harán bien. Depositas para sacar. Das para recibir. En otras palabras, parafraseo lo dicho por Moisés: "Muchacho, no seas tonto, toma esta oportunidad". Hay oportunidades en la vida que solo pueden ser capturadas una sola vez. Muchas oportunidades te aparecerán al descubierto, y otras vendrán disfrazadas. ¡Captúralas! ¡No dejes que se te escapen! ¡Corre tras ellas, porque ellas no correrán detrás de ti! Cuando una oportunidad te pasa por al lado y no la atrapas, puede que pasen muchos años antes de que una parecida se te pueda presentar.

En la vida, hay momentos que serán irrepetibles. Los grandes líderes son aquellos y aquellas que se encuentran en el momento correcto ante una oportunidad correcta y actúan correctamente ante la misma.

III. La continuación

"Y la nube de Jehová iba sobre ellos de día, desde que salieron del campamento" (10:34).

"Así partieron del monte de Jehová camino de tres días..." (10:33). ¿Qué pasó con Hobab? ¿Los acompañó o los dejó? ¿Se fue con Moisés o se fue con su familia de Madián?

Creo que decidió marchar con Moisés; y que fue parte de aquellos que "partieron del monte de Jehová camino de tres días". Pero se arropó con la sábana del anonimato. De él no sabemos nada más en la historia bíblica, pero con lo ya sabido es suficiente. No importa si la historia posterior no nos dedica un capítulo ni nos menciona en algún renglón, lo importante es que seamos parte de la historia que comienza.

En Jueces 1:16 leemos: "Y los hijos del ceneo, suegro de Moisés, subieron de la ciudad de las palmeras con los hijos de Judá al desierto de Judá, que está en el Neguev cerca de Arad; y fueron y habitaron con el pueblo" (cp. Jue. 4:11). En esa expresión: "y los hijos del ceneo, suegro de Moisés..." se hace referencia a los cuñados de Moisés. Estos contextos bíblicos son una fuerte evidencia inductiva que apoya la posición sostenida de que Hobab sí marchó con Moisés.

"...y el arca del pacto de Jehová fue delante de ellos camino de tres días, buscándoles lugar de descanso" (10:33). En esos tres días de marcha, la presencia de Dios ahora estaba más cerca del pueblo por medio del arca del testimonio. Dentro del arca, se depositaron el maná, las tablas de la ley y la vara reverdecida de Aarón. Con propiedad teológica, se la llamó "arca del testimonio". ¡Interesante! Se dice del arca: "...buscándoles lugar de descanso". La presencia de Jesucristo les busca a la Iglesia y a los creyentes lugar de descanso. ¡En Él descansamos! Durante aquellos tres días "la nube de Jehová" (10:34) no dejó solo al pueblo, marchó con ellos, iba delante de ellos.

"Cuando el arca se movía, Moisés decía: Levántate, oh Jehová, y sean dispersados tus enemigos, y huyan de tu presencia los que te aborrecen" (10:35). Con la presencia de Dios, se prepara el camino espiritual para los creyentes. Esa presencia ya no está en el arca, este artefacto religioso desapareció en los días de Jeremías; pero la presencia divina está con nosotros, está en nuestros corazones. Por lo tanto, no hay demonios que se pongan delante del creyente, porque la presencia del Espíritu Santo los dispersa y limpia el camino para que la Iglesia continúe caminando, avanzando y llegando a su meta, que es el cielo.

"Y cuando ella se detenía, decía: Vuelve, oh Jehová, a los millares de millares de Israel" (10:36). Moisés le pedía a Dios por su pueblo Israel, que cuidara de cada uno de ellos, que los arropara, que los cubriera y que los tapara con su presencia.

Nosotros oramos también: "Señor Jesucristo, vuélvete a aquellos que constituyen y conforman tu Iglesia. Favorécelos con tu presencia, arrópalos de gracia, vístelos de tu misericordia y cobíjalos con tu amor.

Conclusión

Todos nosotros necesitamos la presencia de un Hobab, que con su experiencia enriquezca la nuestra; que con sus ojos mire aquello que nosotros no podemos ver.

"HABLARON CONTRA MOISÉS"

"María y Aarón hablaron contra Moisés a causa de la mujer cusita que había tomado; porque él había tomado mujer cusita" (Nm. 12:1).

Introducción

Los dos hermanos mayores de Moisés, Aarón y María, murmuraron contra él (12:1-2). Dios convocó a los tres a una reunión en el tabernáculo (12:4). Allí Dios confrontó a Aarón y a María, y les dejó saber que con el único que Él podía hablar "cara a cara" era con Moisés (12:5-8), el cual es descrito como "muy manso" (12:3).

A María, Jehová Dios la castigó con lepra (12:9-10). Aarón apeló por ella y por él ante Moisés (12:11-12). Este entonces intercedió ante Jehová para que la sanara (12:13). Dios respondió a su oración, pero ella tuvo una disciplina fuera del campamento por siete días (12:14-16).

I. La murmuración

"María y Aarón hablaron contra Moisés a causa de la mujer cusita que había tomado; porque él había tomado mujer cusita" (12:1).

Moisés aparece unido con una mujer cusita de origen etíope, que tomó además de Séfora. Es probable también que Séfora hubiera fallecido, y que por ese motivo Moisés contrajera segundas nupcias con una mujer cusita, de la raza negra. Algunos intérpretes creen que se trata aquí de Séfora, la madianita, y también respeto su opinión.

Más allá de la discriminación racial contra aquella mujer cusita, se señala el chisme a causa de una raíz de celos por parte de los hermanos mayores de Moisés, lo cual se descubre en Números 12:2. Según estos hermanos, el Dios que hablaba por mediación de Moisés lo hacía de igual maneraa través de ellos. Leemos: "Y dijeron: ¿Solamente por Moisés ha hablado Jehová? ¿No ha hablado también por nosotros? Y lo oyó Jehová" (12:2).

El hecho de ver que Moisés era usado por Jehová Dios encendió en María y Aarón la fogata de los celos, por eso comenzaron una campaña de murmuración contra su hermano menor. Esto los llevó a compararse con el siervo elegido por Dios. No lo vieron a él en una posición de autoridad espiritual sobre ellos, sino que se posicionaron ellos mismos en el nivel de él.

Aarón y María, por ser mayores que Moisés, tenían autoridad familiar sobre él. Pero en lo espiritual, Moisés estaba en autoridad sobre ellos. Él era la autoridad espiritual que representaba a Dios.

"...Y lo oyó Jehová" (12:2). Ese espíritu murmurador de Aarón y María llegó a oídos de Jehová. Dios oye a cualquiera que murmurara contra algún siervo de Jesucristo. Lo que parecía un asunto personal, un criterio propio, se transformó en una ofensa contra Dios.

"Y aquel varón Moisés era muy manso, más que todos los hombres que había sobre la tierra" (12:3). La palabra *manso* significa lo mismo que *humilde*. El espíritu murmurador de Aarón y María se descubre entre líneas. Para sus hermanos mayores, Moisés era un orgulloso. Por eso, se responde en el texto bíblico que Moisés era "muy manso", y nadie se le podía comparar. Donde ellos vieron orgullo, Jehová Dios vio humildad. Aunque para muchos Moisés era intemperante, explosivo y se airaba; Dios, que conoce el corazón de los seres humanos, tuvo una opinión muy distinta. Por eso leemos que "Moisés era muy manso".

II. La confrontación

> "Luego dijo Jehová a Moisés, a Aarón y a María: Salid vosotros tres al tabernáculo de reunión. Y salieron ellos tres" (Nm. 12:4).

Los tres hermanos fueron convocados por Jehová Dios. El orden natural o jerárquico era Aarón, María y Moisés; el orden espiritual era Moisés, Aarón y María. La autoridad espiritual se antepone a la consanguínea, la familiar, la de la edad física. Tenemos que tener una revelación de los niveles de autoridad.

La presencia divina en la nube se manifestó "a la puerta del tabernáculo" (12:5); y desde allí llamó a reunirse con Él, a Aarón y a María. Allí les aclaró que a los profetas se les revelaría en visión y les hablaría en sueños (12:6). Pero en el caso de Moisés, la revelación divina era única, muy personal: a él le hablaba cara a cara sin figuras, y le mostraba su apariencia (12:8).

"...¿Por qué, pues, no tuvisteis temor de hablar contra mi siervo Moisés?" (12:8). Interesante, ¡de Moisés hablaba todo el mundo! Él era una figura pública, y con la fama de la posición, venía la murmuración, el chisme, el hablar mal de él. Pero que sus hermanos de sangre, de apellidos, su propia familia, se prestaran para hablar mal de él era algo fuera de serie, y por eso, Dios mismo salió en defensa de Moisés, a quien llamó: "Mi siervo Moisés". Para nosotros los títulos pastor, profeta, evangelista, apóstol, maestro, obispo, doctor son grandes, pero para Dios son títulos pequeños; el título más grande en el reino del Señor es el de "siervo". No obstante "siervo" es el título que menos les gusta a los líderes. Al hablar contra Moisés, Aarón y María no tuvieron temor de Jehová.

Al decir esto Dios se enojó contra ellos y se fue de la puerta del tabernáculo (12:9). Tan pronto la nube de la presencia divina se apartó, María estaba leprosa y Aarón la vio (12:10). Este juicio le llegó a María porque parece que ella fue la instigadora de esta huelga de murmuradores. Murmurar ha sido una de las mayores debilidades en las mujeres, aunque hay hombres a quienes les gusta murmurar. ¡Se la pasan hablando mal de los siervos de Dios!

Cuidemos de no caer atrapados en una telaraña de murmuraciones, de chismes, de dimes y diretes, de me dijo y le dije, de "bochinches", como dicen los puertorriqueños. Muchos con astucia hablan un poquito mal de otros, para ver lo que uno dice, para luego ir corriendo a aquellos y contar con un poco de añadido y color lo que hemos dicho.

Pídele al Espíritu Santo que active en ti el don de discernimiento de espíritus; o discierne por la Palabra lo que está cocinándose en el corazón de otros. Si vas a decir algo malo de alguien, ante una persona que no es de confiar, mejor di lo bueno que ves en esa persona. En todo ser humano, si uno se esfuerza, se pueden descubrir minas de oro, de plata y de piedras preciosas.

Aarón apeló a su hermano Moisés como la verdadera autoridad espiritual y confesó su pecado: "...¡Ah! señor mío, no pongas ahora sobre nosotros este pecado; porque locamente hemos actuado, y hemos pecado" (12:11).

"...¡Ah! señor mío..." Aarón admitió que Moisés era la verdadera y genuina autoridad espiritual. ¡Allí se bajó de su caballito! Aceptó el lugar que espiritualmente le correspondía. "...no pongas ahora sobre nosotros este pecado..." Aarón aceptó que María y él habían pecado al murmurar contra Moisés y que Moisés podía demandar ante Dios por el pecado de ellos. Le estaba pidiendo perdón por sí mismo y por su hermana María. "...Porque locamente hemos actuado, y hemos pecado". Aarón admitió que María y él habían actuado como locos y que por su murmuración habían pecado. Solo unos locos pudieron atreverse a hablar mal de Moisés como ellos lo hicieron.

Por eso dijo que habían actuado locamente. Su conducta fue irracional, torpe, terca, tonta, fuera del juicio cabal. Del hijo pródigo de la parábola, leemos: "Y volviendo en sí..." (Lc. 15:17). El pecado anestesia, embrutece, enceguece y nos hace actuar mal.

Aarón le suplicó a Moisés que María no quedara leprosa (Nm. 12:12). Al confesar su pecado y el de ella, Aarón esperaba la intercesión de su hermano Moisés. Pero María se quedó callada, no confesó su falta.

III. La intercesión

"Entonces Moisés clamó a Jehová, diciendo: Te ruego, oh Dios, que la sanes ahora" (12:13).

Aquel hombre "manso" y "siervo Moisés", a pesar de haber sido el blanco humano de la murmuración, no se vengó de sus hermanos, oyó la petición y oró a Dios: "...Te ruego, oh Dios, que la sanes ahora" (12:13). Esta fue una oración cargada de mucha fe, un clamor específico y de tiempo. Él pidió con ruego. ¡Pide con fe, no dudando nada! Bendecir al que habla mal de uno trae bendición.

Leemos: "Respondió Jehová a Moisés: Pues si su padre hubiera escupido en su rostro, ¿no se avergonzaría por siete días? Sea echada fuera del campamento por siete días, y después volverá a la congregación" (12:14). El leproso tenía que vivir separado del resto de la comunidad israelita (Lv. 13:46; Nm. 5:3). Si un padre escupía en el rostro a su hija, ponía a esta bajo vergüenza, y eso significaba la separación del campamento. María también estaba bajo vergüenza. Allí, Dios le dictó una disciplina de una semana. María sería expulsada del campamento y al cumplir su tiempo volvería a reunirse con el pueblo.

El pecado de Aarón y María fue perdonado por Dios, pero la consecuencia sobre María requería tiempo. La disciplina no perdona pecados, solo Dios los perdona, pero ayuda en la restauración al ofensor. Por siete días, María fue removida de su posición de autoridad congregacional.

"Así María fue echada del campamento siete días..." (12:15). La disciplina espiritual y congregacional echa al disciplinado fuera del campamento, lo exime de sus funciones, le quita sus privilegios y lo expone a la vergüenza.

"...y el pueblo no pasó adelante hasta que se reunió María con ellos" (12:15). Por causa de la disciplina de María, el pueblo se detuvo, no pudo marchar, no avanzó. Cuando alguien peca en el campamento, la obra se detiene, se produce retraso y pérdida de tiempo.

Hoy día tenemos muchos fugitivos de la disciplina. Son disciplinados y se fugan. No cumplen con la disciplina. Los disciplinan en una congregación y se fugan a otra, donde sin investigarlos les restituyan posiciones y privilegios. Estos delincuentes espirituales, a la larga, vuelven a repetir las mismas ofensas espirituales que ya antes cometieron.

En Deuteronomio 24:9 se dice: "Acuérdate de lo que hizo Jehová tu Dios a María en el camino, después que salisteis de Egipto". Esa disciplina dada a María por Dios sería un aviso para el pueblo para que supieran que si pecaban, Dios los castigaría.

Con el retorno de María al campamento, el pueblo se movió a su próxima estación o jornada (12:16). María fue disciplinada y restaurada. Disciplina sin restauración es simple castigo, es degradación humana, es destrucción emocional. La gracia y la misericordia son llaves en el proceso de levantamiento y restauración para una persona. El ser humano necesita ser levantado de su condición caída. Una oportunidad de levantarse no se le debe negar a nadie, aunque hay muchos abusadores de la gracia y de la misericordia.

Conclusión

La disciplina siempre debe tener una oportunidad de restauración. María fue disciplinada, sacada fuera del campamento, pero fue reintegrada después que la lepra se fue. La lepra representaba en ella el pecado de la murmuración.

"LOS ENVIÓ MOISÉS"

27

"Los envió, pues, Moisés a reconocer la tierra de
Canaán, diciéndoles: Subid de aquí al Neguev, y subid al
monte" (Nm. 13:17).

Introducción

Jehová instruyó a Moisés para que enviara doce delegados de
las tribus a explorar la tierra prometida al otro lado del Jordán y
a traer un reporte de lo observado (13:1-20). Entre ellos el escrito
sagrado destacó a Oseas, conocido posteriormente como Josué
(13:16).

Los doce espías exploradores subieron al Neguev, donde habitaba
una familia de gigantes (13:22). Del arroyo de Escol trajeron un
sarmiento de uvas, granadas e higos (13:23-24).

A los cuarenta días, la comitiva regresó al desierto de Parán
en Cades (Nm. 13:25-26); y la mayoría de ellos rindió un informe
desalentador, pesimista y negativo (13:27-33).

I. La delegación

"Y Moisés los envió desde el desierto de Parán, conforme
a la palabra de Jehová; y todos aquellos varones eran
príncipes de los hijos de Israel" (13:2).

Moisés, obedeciendo la palabra de Jehová, reclutó a doce príncipes
tribales para que fueran los delegados y representantes del pueblo
de Israel (13:1-15). En 13:6 se menciona a Caleb, hijo de Jefone y en
13:8, a Oseas, hijo de Nun. Luego en 13:16 se destaca a "Oseas hijo
de Nun", a quien Moisés lo llamó *Josué*, que significa "Jehová salva".
Es el equivalente al nombre Yeshua o Jesús.

Esta citación particular de Josué es la manera como el escritor de Números lo posiciona ya en un lugar de reconocimiento dentro de la comunidad hebrea. Aquellos nombres de hombres y mujeres con los cuales Jesucristo tiene un propósito comienzan a verse en la palestra pública, aparecen escritos en los anuncios, se pronuncian en las menciones congregacionales.

Todos ellos fueron enviados por Moisés a Canaán, al Neguev, para observar la tierra de la promesa. Moisés les dio instrucciones exactas (13:17). El visionario ve las bendiciones sin haberlas recibido aún, ve los lugares sin haber llegado aún, saborea las promesas de Dios sin haberlas gustado aún.

Al llegar al Neguev, ellos observarían la tierra, el pueblo, su fortaleza o debilidad, si vivían en ciudades, campamentos o si tenía fortificaciones (13:18-19); y además traerían un reporte de agronomía y agricultura (13:20).

"…y esforzaos, y tomad del fruto del país…" (13:20). La palabra clave aquí es *esforzaos*. Eso es lo que hace la diferencia entre lo mediocre y lo excelente; lo deficiente y lo eficiente; lo peor y lo mejor; la calificación de F o de A; de 10 o de 1. Dios nos pide esfuerzo, que es poner fuerza a algo o en algo. El matrimonio demanda esfuerzo, la familia requiere esfuerzo, los ministerios exigen esfuerzo, los estudiantes necesitan esfuerzo. Un poco de esfuerzo en tu vida y en la mía hará la diferencia. ¡Esfuérzate!

Ellos traerían "del fruto del país". Era la prueba objetiva y la motivación para el pueblo de Israel. Tenemos que esforzarnos en buscar el fruto del país, el fruto de la ciudad, el fruto del barrio. "…era el tiempo de las primeras uvas" (13:20). ¡Era tiempo de cosecha! La semilla de la Palabra ha sido sembrada en muchos corazones, y en nuestras comunidades ya es "tiempo de las primeras uvas."

II. La realización

"Y subieron al Neguev y vinieron hasta Hebrón; y allí estaban Ahimán, Sesai y Talmai, hijos de Anac. Hebrón fue edificada siete años antes de Zoán en Egipto"
(13:22).

Por la ruta del Neguev, los espías exploradores llegaron a la histórica ciudad de Hebrón, donde fueron sepultados los patriarcas Abraham, Isaac, Jacob, y Sara y Rebeca. Hasta el día de hoy, permanecen sus tumbas dentro de un santuario musulmán.

A Hebrón se la identifica en el relato como ciudad de gigantes. Se menciona a Anac, el padre, y a sus hijos Ahimán, Sesai y Talmai. La primera visión de los príncipes hebreos fue la de ver los gigantes de la ciudad. ¿Cuáles son los gigantes de nuestra ciudad? ¿Cuál es el gigante padre en nuestra comunidad, en nuestro condado, en nuestro estado, en nuestra nación?

En "el arroyo de Escol", tomaron un racimo de uvas y lo pusieron entre dos en un palo que cargaron, y tomaron granadas e higos (13:23). Esa fue la segunda visión de los príncipes: ver los frutos dulces. A aquel lugar lo llamaron "Valle de Escol" por el racimo cortado de uvas (13:24). A muchos barrios maldecidos por nombres que les han dado, debemos bendecirlos con nombres de buenas acciones. Si vives en el Barrio "Infierno", llámalo Barrio "Paraíso"; si es el Barrio "Maldición", llámalo Barrio "Bendición"; si es el Barrio "Miseria", llámalo Barrio "Provisión"; si es el Barrio "Perdición", llámalo Barrio "Salvación". Esos nombres de maldición que se le han dado a muchos barrios deben ser cambiados por nombres que los bendigan.

Allí en la tierra de Neguev, los espías estuvieron cuarenta días (Nm. 13:25 cp. Dt. 1:19-33). El número cuarenta es representativo de los propósitos divinos. En cuarenta días, muchas cosas pueden cambiar y suceder en la vida de cualquier persona.

Los espías regresaron al desierto de Parán, donde estaban Moisés y Aarón, el líder político y el líder religioso. Era el lugar donde estaba el oasis de Cades. En esa región, el pueblo de Israel pasó la gran parte de los cuarenta años en su ruta a Canaán (Nm. 13:26).

III. La información

"...y dieron la información a ellos y a toda la congregación, y les mostraron el fruto de la tierra" (13:26).

A su regreso los espías rindieron su informe a Moisés y Aarón, y al pueblo de Israel, con la prueba mayor: el sarmiento de uvas, las granadas y el higo, "...y les mostraron el fruto de la tierra" (13:26).

En su informe introductorio, dijeron que era la tierra donde fluía leche y miel (13:27). Es un término que se refiere a la ganadería y agricultura de la tierra prometida. La tierra donde Jesucristo te tiene o Jesucristo te lleva, es la tierra que "fluye leche y miel".

Añadieron en su informe que el pueblo de la tierra era fuerte, la ciudad era grande y estaba fortificada. Era el lugar de los gigantes hijos de Anac, que ellos mismos vieron (13:28). En el Neguev habitaba Amalec; en el monte que incluía toda una cordillera montañosa, habitaban el jebuseo y el amorreo; en la costa del mar Mediterráneo, el cananeo, que puede ser alusivo a los filisteos; y a orillas del Jordán, el resto de los cananeos (13:29).

En el informe de la mayoría de ese grupo de espías, no se reflejó la opinión de Josué y Caleb, que eran la minoría. A muchos les gusta hablar en nombre de otros, y quieren inyectar en los demás su espíritu negativo, pesimista, derrotado. Ten cuidado con las personas negativas, ellos te pueden transferir negativismo, pesimismo y derrota.

"Entonces Caleb hizo callar al pueblo delante de Moisés, y dijo: Subamos luego…" (13:30). Ese nombre Caleb puede significar alguien intrépido, atrevido, osado, temerario. Su procedencia puede ser del hebreo *Keleb* que significa "perro" o *Kol leb* que significa de "todo corazón". En ambos casos, Caleb honró su nombre, fue enfático, positivo, determinado y decidido; emitió su ladrido, habló con todo el corazón, y el pueblo calló. Sin lugar a dudas, sus palabras eran también el eco de las de Josué. Esa tierra con ciudades fortificadas y con un pueblo fuerte tenía que ser poseída, había que conquistarla.

"…Caleb hizo callar al pueblo…" A los opositores de la visión, que no quieren conquistar, que no se atreven a derrotar al enemigo, se los tiene que callar. Manda a callar a aquel o aquella que no cree que tú puedas emprender algo grande para Dios. Manda a callar a esos que solo saben desanimarte y buscan sembrar miedo ante los retos de la vida. Manda a callar la incredulidad, la ignorancia, el pesimismo, el temor, el miedo y todos esos sentimientos negativos que paralizan la fe de muchos seres humanos.

"…Subamos luego…" ¡Sé decidido! En la vida, se tienen que tomar decisiones inmediatas. Hombres y mujeres decididos son los que cambian el mundo. Son los que ganan las carreras. Son los que reciben los diplomas. Son los que obtienen las promociones. Son los que aventajan en las ventas. Son los que construyen el sueño para sus vidas. No fuiste diseñado por el Creador para quedarte abajo, sino para subir alto.

Sube, aunque otros digan que se debe bajar. Sube, aunque parezca un imposible llegar a la cima. Sube, aunque sea algo contradictorio a la razón humana. Sube, aunque muchos proféticen que no se puede.

"…porque más podremos nosotros que ellos" (13:30). Es posible que aquí Caleb, apoyado por Josué, aludiera a los hijos de Anac. Aquellos eran gigantes humanos, pero el Dios al cual ellos servían era un Gigante Divino. La actitud de Caleb era positiva, afirmativa, declarativa, imperativa. El enemigo sí podía ser vencido, derrotado y aniquilado por el pueblo de Israel. Los enemigos cananeos, jebuseos, heteos y amorreos no eran contrincantes superiores para Israel. ¡Cree que con la ayuda de Dios puedes más que los gigantes!

IV. La oposición

"Mas los varones que subieron con él, dijeron: No podremos subir contra aquel pueblo, porque es más fuerte que nosotros" (13:31).

"...No podremos subir..." La visión negativa de los diez los tenía incapacitados del cuello hacia arriba. José Feliciano, el cantante y músico puertorriqueño, invidente, ha dicho: "En el mundo, hay personas que son más ciegas que yo. Ellos no ven lo que yo veo". Al autor Ron Hagley, cuadripléjico, le escuché decir hace varios años en Miami: "Yo soy paralítico del cuello hacia abajo, la mayoría de las personas son paralíticas del cuello hacia arriba". La peor discapacidad, incapacidad o parálisis está en la mente del ser humano.

Ese problema tenía aquel equipo de espías exploradores: estaban derrotados antes de empezar la conquista. Ellos mismos eran sus propios enemigos, se herían con el arma de la inferioridad. Confesaban la derrota y se destinaban para ella. Mientras no cambiaran ese "no podremos" por un "sí podremos", jamás alcanzarían la meta de derrotar al enemigo. Si ellos tenían fe y confianza en Dios, sí podían subir contra aquel pueblo.

"...porque es más fuerte que nosotros" (13:31). En su confesión, ellos hacían "más fuerte" al enemigo. Confesiones negativas nos hacen reos de la derrota. Pablo de Tarso dijo: "Cuando soy débil, entonces soy fuerte" (2 Co. 12:10). El enemigo será tan fuerte como tú lo confieses. El problema será tan grande como tú lo declares. En nuestras palabras, podemos pronunciar vida o muerte. En Proverbios 18:21 leemos: "La muerte y la vida están en poder de la lengua, y el que la ama comerá de su fruto". Lo que tú y yo declaramos con la lengua puede provocar vida o puede provocar muerte.

Aquellos negativos comenzaron a transferir su espíritu negativo entre el pueblo, "...hablaron mal entre los hijos de Israel, de la tierra que habían reconocido..." (13:32). Nunca hables mal de la tierra que Dios ha prometido darte como bendición para ti y tus generaciones.

"...La tierra por donde pasamos para reconocerla, es tierra que traga a sus moradores... (13:32). La expresión "es tierra que traga a sus moradores" era una manera de decir que se trataba de tierra improductiva, estéril, que no daba cosechas, donde un pueblo se moriría de hambre. Para ellos, quien entraba a aquella tierra no saldría vivo. Estaban sembrando temor colectivo entre el pueblo.

"...y todo el pueblo que vimos en medio de ella son hombres de grande estatura" (13:32). En realidad los gigantes eran tres, llamados Ahimán, Sesai y Talmai; y quizás si estaba vivo Anac, el padre de ellos. Pero ellos hablaron que los habitantes de aquella tierra eran "hombres de grande estatura". En su miedo, vieron a todo el mundo grande. El miedo nos hace aumentar el tamaño de los problemas, exagerar el tamaño de las dificultades y engrandecer el tamaño de los obstáculos. ¡Hacemos confesiones exageradas! ¡Vemos todo con el aumento de la incredulidad!

Es tiempo de comenzar a profetizar cosas buenas, profetiza bendiciones, profetiza prosperidad, profetiza milagros... Muchas expresiones exageradas y negativas tienen que ser modificadas en nuestra manera de hablar y declarar. Muchos de esos programas negativos que han sido instalados en nuestro computador humano tienen que ser borrados, y nuevos programas deben ser instalados.

"También vimos allí gigantes, hijos de Anac, raza de los gigantes, y éramos nosotros, a nuestro parecer, como langostas; y así les parecíamos a ellos" (13:33).

La visión de los gigantes los posesionó a ellos, en vez de ellos posesionar la visión de la tierra que fluía leche y miel. A su manera de pensar, eran insectos y así creían que eran vistos por los enemigos. ¡Tú y yo no somos insectos! ¡No somos langostas! ¡Somos águilas! ¡Somos búfalos! ¡Somos leones! ¡Somos ciervos!

Notemos la declaración: "Vimos allí gigantes". ¿Qué visión tienes del mundo? ¿Qué visión tienes en tu trabajo? ¿Qué visión tienes de tus vecinos? ¿Qué visión tienes de tu medio ambiente? ¿Cómo ves a los demás? ¿Engrandeces a otros y te infravaloras tú?

Notemos esta otra expresión: "Éramos nosotros, a nuestro parecer, como langostas". ¿Quiénes somos nosotros? ¿Cuál es nuestro parecer? ¿A qué nos parecemos? ¿Con qué nos estamos comparando? Una visión pobre produce una mentalidad pobre. Lo que vemos en nuestro ser interior puede determinar lo que somos en nuestro ser exterior. La opinión que tenga uno de su parecer será la proyección que otros tengan de nuestro parecer. Como uno se ve, otros nos ven. No importa lo que a ti te parezca acerca de ti, lo que a otros les parezca de ti, sino lo que a Jesucristo le parezca de ti.

Esa mentalidad de *langostas* tiene que desaparecer de nuestro diario vivir. ¡Transfórmate en un gigante para Dios! Sé diferente a los que viven acondicionados por los demás y condicionados ante las adversidades. Cuando nosotros cambiamos, todo cambia a nuestro alrededor. Cambiemos de opinión, y otros cambiarán su opinión sobre nosotros. Mira las cosas como Jesucristo las ve, y te verás como Jesucristo te ve a ti.

Interesante es decir aquí que los espías fueron enviados a explorar la tierra prometida en el segundo año desde que pueblo hebreo salió de la esclavitud y opresión de Egipto. El pueblo en general estaba en la frontera de la tierra prometida, cerca de la promesa de la tierra, pero por su terquedad tuvieron luego que vagar por el desierto treinta y ocho años, que desperdiciaron, hasta que toda esa generación incrédula y falta de fe tuvo que perecer, menos Josué y Caleb. Sé parte de esa generación que no muere en el desierto, aunque todos los demás sí.

Muchos seres humanos próximos a realizar una visión, con una misión lista para cumplirse en ellos, ya para desarrollar un ministerio, muy cerca de las metas, casi listos para graduarse de alguna institución, ya con un buen negocio en las manos, cerca de una gran oportunidad... pierden todo en la frontera de la incredulidad y se quedan vagando en el desierto por muchos años. Ubicados en el futuro del progreso, vuelven al pasado del retroceso. Se dan la vuelta ante las bendiciones y las pierden.

Conclusión

Muchos no terminan nunca lo que comienzan, siempre están empezando lo que no terminaron. Estos son aquellos que se alejan de las bendiciones, y una vez que están lejos se quieren acercar a ellas. Y vuelven a repetir ese círculo vicioso. Hacen como Sansón: dan vueltas alrededor de un molino filisteo en Gaza.

"LOS COMEREMOS COMO PAN"

"Por tanto, no seáis rebeldes contra Jehová, ni temáis al
pueblo de esta tierra; porque nosotros los comeremos
como pan; su amparo se ha apartado de ellos, y con
nosotros está Jehová; no los temáis" (Nm. 14:9).

Introducción

Ante el mensaje desalentador de los diez espías, el pueblo gritó
y lloró (14:1). También confrontó a Moisés y Aarón y les expresaron
su deseo de regresar a Egipto (14:2-4). Eso afligió al líder y a su
hermano (14:5).

Josué y Caleb hablaron al pueblo dándoles esperanza e
impartiéndoles valor para conquistar la tierra (14:6-9). El pueblo
pensó apedrearlos, y Dios le dejó saber a Moisés que destruiría al
pueblo y lo pondría con un pueblo mayor (14:10-12). Moisés declinó,
no aceptó ese privilegio y esa alta posición, e intercedió ante Dios
por aquel pueblo rebelde (14:13-19). Dios contestó la oración de
Moisés, pero ellos no verían la tierra prometida (14:20-23), excepto
Josué y Caleb (14:24). Luego Dios les recordó sus palabras (14:25-30).
El pueblo obstinado quiso subir a la cima del monte (14:39-44), pero
fueron heridos por el amalecita y el cananeo (14:45).

I. La protesta

"Y decían el uno al otro: Designemos un capitán,
y volvámonos a Egipto" (14:4).

El informe negativo de los diez espías fue desalentador, estuvo vacío de fe, ausente de esperanza, carente de optimismo y afectó emocionalmente al pueblo que dio voces de grito y "lloró aquella noche" (14:1).

El pueblo que salió de Egipto no había sacado todavía a Egipto del corazón, por eso arremetió en queja contra Moisés, prefiriendo la muerte en Egipto y deseando la muerte en el desierto (14:2). Se preguntaban para qué Jehová los había traído con sus familias al desierto, y deseaban volver a Egipto (14:3).

Muchos creyentes son malagradecidos. El Señor Jesucristo los sacó de la opresión espiritual del mundo, en Jesucristo han llegado a ser libres de vicios y ataduras, pero cuando les vienen las pruebas, pecan añorando el Egipto de su vida pasada. Viven lamentándose de sus pruebas, tribulaciones y dificultades. Quieren muchas bendiciones, pero no aceptan las pruebas que vienen a sus vidas. La tentación de volverse a Egipto los acosa toda la vida. Cada vez que les sucede algo, abren la ventana para mirar al mundo. Tienen un cuadro mental pintado del mundo, el cual se pasan contemplando.

Leemos: "Y decían el uno al otro: Designemos un capitán, y volvamos a Egipto" (14:4). Este es el lenguaje de un espíritu democrático equivocado. El pueblo de Israel llegó a tal extremo que hablaron de designar un capitán y regresar a Egipto. Ellos querían cambiar de "jefe". Para ellos, Moisés ya estaba obsoleto. Ten cuidado de estar buscando "un capitán" designado por ti. Ese era el espíritu de deserción; el de dejar al líder, dejar el rebaño, alejarse del lugar donde Dios los ha llevado. Esas tentaciones de cambiar de congregación, de cambiar de liderazgo y de volverse al mundo deben ser vencidas, o ellas nos vencerán.

Todo eso causó tristeza y dolor humano en Moisés y Aarón, los cuales "...se postraron sobre sus rostros delante de toda la multitud..." (14:5). Las muchas quejas de un pueblo afectan emocionalmente a los líderes. Las quejas, críticas, peleas, desuniones, divisiones producen aflicción en los corazones del liderato. ¡No hagas sufrir a tus líderes! ¡No los llenes de dolor y tristeza!

II. La defensa

> "Si Jehová se agradare de nosotros, él nos llevará a esta tierra, y nos la entregará; tierra que fluye leche y miel" (14:8).

Josué y Caleb, que fueron parte de la compañía de los doce, rasgaron sus vestidos y le hablaron al pueblo de Israel (14:6-7). Ellos se negaron a dejarse arrastrar por la corriente negativa de los demás y trataron de convencer al pueblo de sus equivocaciones. Tuvieron el carácter para ponerse firmes y hablar con voz autoritaria contra esos renegados de la fe y de la esperanza. Se necesita carácter para ponerse firme en lo que es políticamente correcto. Tenemos que ser radicales en lo que es justo. Seamos paladines de la verdad.

"...La tierra por donde pasamos para reconocerla, es tierra en gran manera buena" (14:7). Su mensaje se centró en la tierra buena. No se debían distraer de ese objetivo por noticias negativas y por personas negativas. Aunque la mayoría diga que las cosas están mal, que todo va de mal en peor, tú di: "La tierra es tierra en gran manera buena". Resalta lo bueno sobre lo malo, no lo malo sobre lo bueno.

"Si Jehová se agradare de nosotros, él nos llevará a esta tierra, y nos la entregará; tierra que fluye leche y miel" (14:8). El que los llevaría a esa tierra y el que se la entregaría era Dios. En otras palabras: ¡pon tu confianza en Jehová Dios! La expresión "tierra que fluye leche y miel" significa tierra cultivable, próspera y bendecida. Su mensaje era claro: "Hagamos la voluntad de Dios, y la tierra será nuestra". En tu casa, en tu trabajo, en tu congregación, *fluye leche y miel*.

"Por tanto, no seáis rebeldes contra Jehová..." (14:9). Al rebelarse contra Moisés y Aarón, se rebelaron contra Dios. Estas palabras son un llamado a arrepentirse de la rebeldía. La rebeldía nos aleja de Dios y hace que Dios se distancie de nosotros. Los rebeldes están destinados al fracaso.

"...ni temáis al pueblo de esta tierra; porque nosotros los comeremos como pan..." (14:9). Para Josué y Caleb, aquel pueblo arameo, de hombres grandes, les tenía que "dar hambre" al pueblo de Israel para comérselos como pan. Es decir, "ellos no podrán contra nosotros, los comeremos como pan".

Nos *comeremos como pan* los problemas. Nos *comeremos como pan* las adversidades. Nos *comeremos como pan* las pruebas que vienen a la vida. Nos *comeremos como pan* todo aquello que produce aflicción, tristezas y lágrimas en nuestras vidas. No dejemos que los problemas nos coman a nosotros como a pan, nosotros nos comeremos a los problemas como a pan. Para darle más colorido a esto, diría: "Comamos los problemas como pan con mantequilla acompañado de jalea de gozo, jalea de paz y jalea de alegría".

"...su amparo se ha apartado de ellos, y con nosotros está Jehová; no los temáis" (14:9). La clave era: "con nosotros está Jehová". El pueblo de Israel tenía al Dios verdadero, algo que no tenían los cananeos. No se trata de la inventiva humana que se vea en otros o el potencial que otros tengan, sino de la realidad que vivimos de tener a Dios, la verdad de que Jesucristo está con nosotros. ¡Sin Jesucristo nos falta mucho, con Jesucristo estamos completos! El que está sin Jesucristo tiene un signo de resta, el que anda con Jesucristo tiene el signo de suma. ¡Jesucristo y tú son mayoría! ¡Jesucristo y yo somos mayoría!

El mensaje de Josué y Caleb fue mal recibido (14:10). Muchos oyentes no reciben la revelación de Dios. Buenos mensajes aterrizan en malos oídos. En vez de escuchar con oídos hebreos, escuchan con oídos samaritanos. Su sistema de descodificación espiritual está dañado, oyen algo bien y lo interpretan mal. Aunque se les ofrece la oportunidad de modificar su patrón de pensamientos, de corregir su conducta presente, de cambiar su mal comportamiento, de rehabilitarse de sus malos hábitos, se cierran a la visión de lograr algo que han creído que no se puede lograr. Se cierran mentalmente a los cambios, se trancan al progreso y se estancan en el desarrollo del potencial humano. Se niegan a volar como águilas.

III. La reacción

"Yo los heriré de mortandad y los destruiré, y a ti te pondré sobre gente más grande y más fuerte que ellos" (14:12).

Jehová le dejó saber a Moisés que ya estaba cansado del pueblo de Israel que lo irritaba y que no creía en Él (14:11). Dios también se cansa de nuestras actitudes infantiles. Dios se cansa de ver y oír que no queremos cambiar las actitudes. Dios se cansa de nuestras "quejabanzas", como acuñó el evangelista Carlos Jiménez. ¡Deja ya de estar quejándote por cosas insignificantes! ¡Levántate del nivel de la mediocridad y pasa al nivel de la excelencia!

Anteriormente, Dios le había propuesto a Moisés: "Ahora pues, déjame que se encienda mi ira en ellos, y los consuma, y de ti yo haré una nación grande" (Éx. 32:10).

De nuevo Dios contempla el deseo de destruir al pueblo y le hace otra propuesta tentadora a Moisés: "...y los destruiré, y a ti te pondré sobre gente más grande y más fuerte que ellos" (Nm. 14:12). Dios le ofreció a Moisés levantar "una nación grande de él" y hacerlo líder de "gente más grande y más fuerte". Imagínate que Dios le diga a un pastor que está enfrentando serios problemas con su congregación: "Voy a eliminar a toda esa membresía problemática, te daré una megaiglesia, con megaentradas, con megavisión, con megaproyectos, con megapropiedades. Tendrás miembros más grandes y fuertes que los que tienes".

Pero Moisés le dijo no a Dios, rechazó la oferta divina, y apeló a Él pidiendo perdón y misericordia por aquel pueblo rebelde (14:13-19). A pesar de todo, Moisés tenía un corazón paternal y pastoral. ¡Cuánta necesidad tenemos de padres y madres espirituales! ¡Cuántos corazones paternales y maternales se necesitan en nuestros días! Como Pablo de Tarso, decimos: "Porque aunque tengáis diez mil ayos en Cristo, no tendréis muchos padres; pues en Cristo Jesús yo os engendré por medio del evangelio" (1 Co. 4:15).

Muchos hijos espirituales están gimiendo, llorando y buscando paternidad espiritual. El pastor que no pueda dar paternidad espiritual será un fracasado. Pero por otro lado, esos hijos en busca de paternidad espiritual también necesitan de hermanos mayores; y hay ausencia de estos hermanos mayores que ayuden, que ministren, que curen y que levanten a hermanos menores.

Pero los hijos espirituales no deben abusar de la paternidad espiritual. Son muchos los hijos espirituales que buscan paternidad espiritual para beneficio propio. No buscan un padre espiritual que los corrija, que los exhorte, que los guíe. Solo quieren un padre o una madre espiritual de nombre, sin derechos y sin funciones. La paternidad involucra y exige responsabilidades del padre hacia el hijo, pero también responsabilidades del hijo hacia el padre.

La respuesta inmediata a Moisés fue: "Entonces Jehová dijo: Yo lo he perdonado conforme a tu dicho" (Nm. 14:20). Dios actuó conforme a la palabra de Moisés. Por tus oraciones, Dios puede perdonar a otros que te han ofendido, que han buscado tu mal, que desean que fracases, que han querido exiliarte a la isla del olvido y del abandono.

Pero Dios, en un monólogo ininterrumpido, se expresó (14:21-25). Él habló de su gloria (14:21), señaló que el pueblo lo tentó diez veces (14:22) y decretó que Josué y Caleb serían los que entrarían a la tierra prometida. Leemos: "Pero a mi siervo Caleb, por cuanto hubo en él otro espíritu, y decidió ir en pos de mí, yo le meteré en la tierra donde entró, y su descendencia la tendrá en posesión" (14:24). El relato de Números 14:24 es una tradición que se enfoca más en Caleb. Luego Dios instruyó a Moisés para que el pueblo viajara el día siguiente (14:25).

En Números 14:26-35, Jehová reanudó su discurso de represión al pueblo. A pesar de que el pueblo de Israel estaba en la frontera de la tierra prometida, Dios lo hizo volver al desierto y señaló juicio de muerte para todo el pueblo mayor de veinte años, que vagarían cuarenta años por esas áridas tierras, un año por cada día de desobediencia (14:32-34). A los diez espías que expresaron su mensaje desalentador e hicieron murmurar al pueblo, una plaga los aniquiló (14:36-37); pero no tocó a Josué y a Caleb (14:38). Las murmuraciones y las quejas traen muerte espiritual y hasta física. La obediencia trae longevidad espiritual, y por qué no decir física.

Me gusta la frase de Números 14:36 que dice: "...desacreditando aquel país". Eso fue lo que hicieron los diez espías: desacreditaron la tierra prometida. Muchos seres humanos se pasan la vida desacreditando la tierra a la cual Dios los ha traído, a una "tierra que fluye leche y miel" para ellos y para sus generaciones después de ellos.

Peor aún, muchos desacreditan el país donde han nacido. Y si fuera poco, hay quienes viven desacreditando el país de otros. Y todavía peor, algunos desacreditan su congregación donde han crecido espiritualmente. Y hay otros que están fuera de serie, pertenecen al *talk show* de la Dra. Laura Bozzo, donde veíamos invitados que desacreditaban a su familia, a sus hijos, a sus padres y a su pareja. No desacredites aquel lugar ni a aquellas personas que en un momento de tu vida, cuando más necesitado y necesitada estabas, fueron instrumentos para bendecirte, ayudarte y levantarte. Cada favor que alguien te hace a ti o tú haces a otro es una línea de crédito que se abre.

Pero también están aquellos que viven desacreditando a otros. Se inventan patrañas con el fin de dañar la reputación de personas serias, personas trabajadoras, personas ejemplares y personas dedicadas al servicio de la humanidad. Si no tienes nada bueno que decir de tu país, de otro país, de tu congregación, de los tuyos, de otras personas; por favor, no digas nada. ¡Ponle candado a tu boca! ¡Sube el cierre! ¡Tranca el pasador! ¡Activa el freno de mano!

Moisés transmitió el mensaje de Jehová al pueblo, y este "...se enlutó mucho" (14:39). Ellos mismos guardaron luto. Son muchos los creyentes que están de luto por sus propias vidas espirituales. Una vida triste, cabizbaja, melancólica es una vida de luto emocional.

Al otro día, el pueblo decidió subir a la tierra prometida (14:40). Moisés los exhortó a no hacerlo porque estaban en desobediencia (14:41), y Dios no estaba con ellos (14:42-43). Pero ellos persistieron en subir sin el arca del pacto y sin Moisés (14:44). En su obstinación, subieron, y el amalecita con el cananeo "los hirieron y los derrotaron, persiguiéndolos hasta Horma" (14:45).

Hay personas que cuando quieren hacer algo, no admiten consejo que las detenga. Toman decisiones movidos por impulsos emocionales. Más que análisis racional y asesoría colectiva, ellos deciden por ellos y por otros. Los que más causan problemas a la hora de aconsejar son aquellos que se creen *superespirituales*, que son parte de la familia de los *superincreíbles*. Ante un consejo, siempre responden que Dios ya les habló.

"Donde no hay dirección sabia, caerá el pueblo; mas en la multitud de consejeros hay seguridad" (Pr. 11:14).

"Los pensamientos son frustrados donde no hay consejo; mas en la multitud de consejeros se afirman" (Pr. 15:22).

"Porque con ingenio harás la guerra, y en la multitud de consejeros está la victoria" (Pr. 24:6).

Aquel pueblo actuó y obró fuera de la voluntad de Dios. Todo lo que hicieron fue en la carne y no en el espíritu. ¡Cuidado con los muchos esfuerzos que proceden de la carne y no del espíritu!

Dios le enseñó a aquel pueblo que, sin su presencia, ellos serían presa de sus enemigos. ¡Solos no podrían vencer! Dios sin ellos lo era todo, pero ellos sin Dios no eran nada. Jesucristo no nos necesita a nosotros; más bien nos da el privilegio de trabajar con Él, de ser sus socios y sus colaboradores. Pero nosotros sí necesitamos a Jesucristo. Sin Él habremos fracasado, viviremos derrotados, seremos vencidos. Jesucristo dijo: "...porque separados de mí nada podéis hacer" (Jn. 15:5).

Conclusión

Un pueblo cerca de la bendición, a la puerta de la conquista, a un paso de la promesa, próximo a la recompensa, a una corta distancia de la meta, lo perdió todo por la incredulidad, por no cambiar su manera de pensar. Su mente los derrotó, y su falta de voluntad los aniquiló.

"GOLPEÓ LA PEÑA CON SU VARA"

"Entonces alzó Moisés su mano y golpeó la peña con su vara dos veces; y salieron muchas aguas, y bebió la congregación, y sus bestias" (Nm. 20:11).

Introducción

A los cuarenta años de la salida de Egipto, en el desierto de Zin, murió María la hermana de Moisés y de Aarón (20:1). Una vez más, el pueblo se rebeló verbalmente contra Moisés (20:2-5). Él y Aarón llevaron el problema a Dios (20:6). A ambos el Señor les ordenó hablar a una peña en presencia del pueblo, para que esta les diera el agua necesitada (20:7-10). Moisés golpeó la peña dos veces, y ocurrió el milagro (20:11). Esa acción les privó a Moisés y a Aarón de introducir al pueblo en la tierra prometida (20:12). Se la llamó "las aguas de la rencilla", y al lugar, Meriba, que significa "contender" (20:13).

I. La necesidad

"Y porque no había agua para la congregación, se juntaron contra Moisés y Aarón" (20:2).

El capítulo 20:1-3 de Números no sigue un orden cronológico, pero parece ubicarse en el último año de las peregrinaciones en el desierto, es decir el año cuarenta del Éxodo de Egipto. Este capítulo 20 de Números se une con el capítulo 14 de Números, donde se cumplió el segundo año de la salida de Egipto. Y entre ambos se abre una gran brecha de treinta y ocho años, de los cuales sabemos muy poco.

El pueblo hebreo transitó en la Península del Sinaí, con el desierto de Sur al Noroeste, el desierto del Sin al Sur y el desierto de Zin en el Noreste (a estos desiertos se les puede sumar el desierto de Parán entre el Noreste y Sureste). En el desierto de Zin, en Cades, falleció María, hermana mayor de Moisés y de Aarón. Para ella no se decretó ningún luto nacional como sería el caso posterior de su hermano Aarón (20:27-29). Con ella se inauguró el primer luto familiar en el trío de hermanos.

Todos tenemos que prepararnos para lo inesperado de la muerte en la familia. Alguien morirá primero, y por ahí se continuará el rompimiento de los eslabones familiares. Por eso es importante hacer ahorros para la eternidad, depositando la fe y la esperanza en el banco del cielo. Interesante es que Números 20:1 comienza con la muerte de María, y Números 20:27-29 cierra el capítulo con la muerte de Aarón. Ellos son llaves que abren y cierran este relato.

A esa tristeza familiar, se sumó el coro quejumbroso del pueblo, que en necesidad de agua para beber volvió a arremeter verbalmente contra su líder Moisés. De las quejas del pueblo, Moisés jamás se pudo separar. Cuando todo iba bien, el pueblo estaba callado, pero cuando algo salía mal, el pueblo hacía huelga de protestas.

"...se juntaron contra Moisés y Aarón" (20:2). En vez de juntarse para orar, para apoyar a los líderes, para expresar confianza y fe en Dios, el pueblo se juntó "contra Moisés y Aarón". Muchos se reúnen para hacer daño a la obra del Señor Jesucristo y no para ayudarla.

Estos rebeldes y renegados expresaron a Moisés y Aarón el deseo de haber muerto con el resto del pueblo (20:3) en el juicio de Jehová (Nm. 11:1, 33; 14:37; 16:32, 35, 49). Con dos interrogantes culpan a Moisés y Aarón de haberlos sacado de Egipto y traerlos al desierto para morir y enfrentar necesidad de cultivos y de agua (20:4-5).

En Números 20:5 dijeron: "¿Y para qué nos has hecho subir de Egipto, para traernos a este mal lugar? No es lugar de sementera, de higueras, de viñas ni de granadas; ni aun de agua para beber". En otras palabras, rechazaron el mensaje de que en la tierra prometida habían uvas, granadas e higos (13:23). Fueron ellos mismos los que se alejaron treinta y ocho años de aquellos frutos prometidos. La razón es que cuando estuvieron cerca de la bendición, a la puerta de la promesa, ellos mismos cerraron la puerta por su incredulidad y falta de fe.

Números 20:3-5 representa las frustraciones que los líderes enfrentan de parte de congregaciones o comunidades religiosas desconsideradas, que no agradecen lo que por ellos se hizo en el pasado y, basados en necesidades presentes, atacan sin piedad, sin tomar en cuenta los sentimientos familiares de sus líderes.

Moisés y Aarón no discutieron con el pueblo ni contraatacaron verbalmente, sino que hicieron lo correcto: fueron delante de Dios, y este manifestó su presencia a ellos. Hombres y mujeres de Dios, evitemos "los dimes y diretes", "las guerras de carteos", "el tú me dices, y yo te digo".

Leemos: "Y se fueron Moisés y Aarón de delante de la congregación a la puerta del tabernáculo de reunión, y se postraron sobre sus rostros; y la gloria de Jehová apareció sobre ellos" (20:6). Como personas de fe, debemos buscar refugio en la presencia de Dios. Dejemos que la gloria de Jesucristo se manifieste sobre nosotros. La presencia divina es suficiente y nos basta en esos momentos de crítica, señalamientos, rechazo, culpa y falta de consideración de parte de otros hacia nosotros.

II. La orden

> "Toma la vara, y reúne la congregación, tú y Aarón tu
> hermano, y hablad a la peña a vista de ellos; y ella dará
> su agua, y les sacarás aguas de la peña, y darás de
> beber a la congregación y a sus bestias" (20:8).

Jehová habló a Moisés diciéndole: "Toma la vara..." (20:8). En esta ocasión, la vara no era para ser usada, sino para mostrarla. Le instruyó tomar su vara como símbolo de gobierno y autoridad espiritual. Con su hermano Aarón, reuniría al pueblo y le hablaría a la peña; y de esta saldría agua para que bebiera el pueblo y los animales (20:8).

La instrucción de Dios fue clara: "hablad a la peña". Moisés no tenía que hacer otra cosa. Dios solo le pedía que ejercitara la fe hablándole a la peña. A veces Dios nos instruye hacer algo en un acto de fe, pero en el proceso de realizarlo le añadimos algo de nuestras fuerzas.

Moisés obedeció a Dios y "...tomó la vara delate de Jehová..." (20:9). Junto con Aarón, reunió al pueblo y comenzó su discurso introductorio: "...¡Oíd ahora, rebeldes! ¿Os hemos de hacer salir aguas de esta peña?" (20:10). El tono de su voz y las expresiones dichas salían cargadas de coraje. El sermón de Moisés era una catarsis emocional: sobre ellos descargaba enojo, ira y coraje. La ira nos hace expresarnos de manera incorrecta. El coraje hizo erupción en Moisés hacia el pueblo "rebelde", por eso les preguntó: "¿Os hemos de hacer salir aguas de esta peña?".

En Éxodo 17:6 leemos sobre la experiencia anterior que tuvo Moisés con la peña en Horeb: "He aquí que yo estaré delante de ti allí sobre la peña en Horeb; y golpearás la peña, y saldrán de ella aguas, y beberá el pueblo. Y Moisés lo hizo así en presencia de los ancianos de Israel". Ciertos comentaristas pretenden unir estos dos relatos, como complementarios del mismo evento, pero una lectura a ambos demostrará lo absurdo de esta posición.

Según Pablo, "la roca era Cristo" y el agua era "bebida espiritual" (1 Co. 10:4). A esa primera roca en Horeb, Dios le ordenó a Moisés golpearla con la vara, lo cual es tipo de la flagelación de Cristo y de su crucifixión. De Él emanó agua de salvación cuando fue atravesado por la lanza del soldado en el Gólgota. Leemos: "Pero uno de los soldados le abrió el costado con una lanza, y al instante salió sangre y agua" (Jn. 19:34).

Espiritualmente, esa Roca, Cristo, continúa siendo golpeada por muchos. El ateo, con la vara que niega la existencia de Dios, golpea esa Roca. El que vive apartado de Dios, con la vara de la indiferencia, golpea esa Roca. El que practica vicios dañinos, con la vara de las ataduras, golpea esa Roca. El que se cree justo, con la vara de autojustificación, golpea esa Roca. El religioso, con la vara de sus errores y tradiciones, golpea esa Roca. De una y muchas maneras, muchos pecadores tienen alguna vara que golpea esa Roca.

A la segunda roca en el desierto de Zin, Dios le ordenó a Moisés hablarle. Moisés tenía que confesar la palabra sobre ella. Golpear la roca con la vara tenía límites, confesar la Palabra no tiene límites. Sin embargo, Moisés se había aferrado a un concepto, a un modelo, a una repetición de actos, a una forma de operar milagrosamente. Y Dios le quería romper su esquema y su paradigma. Le estaba enseñando que al declarar la Palabra sustituía el empleo de la vara.

Muchos se quedan operando en una primera unción, pero no se mueven a la segunda unción. Jesucristo está cambiando patrones y haciendo cosas diferentes, atrévete a hablarle a la roca. No la golpees con tu legalismo y tus tradiciones. ¿Qué le hablaría Moisés a la roca? No sabemos, pero hablaría una palabra revelada por Dios. No te quedes atrapado en patrones de interpretación académicas, busca la revelación progresiva. Muchos comparten sermones cargados de información, pero vacíos de revelación bíblica. No utilices nunca las herramientas bíblicas para golpear a nadie.

Dios nos ordena a menudo utilizar la fe como instrumento de comunicación, pero nosotros, dejándonos guiar por impulsos emocionales, porque alguien nos enojó, en ira tratamos de actuar para Dios y, por eso, luego tenemos que pagar consecuencias.

El coraje que Moisés expresó verbalmente se trasformó en coraje de acción. Alzando la vara, golpeó dos veces la peña, y el milagro ocurrió (20:11): las aguas salieron de la peña. Moisés nunca le habló a la peña, le habló con coraje al pueblo, y con autoexaltación hizo las cosas a su manera. Al golpear la peña dos veces, se dio más importancia a sí mismo que a Dios. Si la peña no hubiera dado agua en seguida, de seguro Moisés la hubiera golpeado despiadadamente hasta quebrantar aquella vara.

Cuando Dios nos ordene hablar la palabra, no golpeemos a aquellos que nos tienen que escuchar. Moisés confundió la autoridad de la vara con la unción de la palabra. En aquel momento, él no tenía que actuar con autoridad, aunque la vara representaba su posición de autoridad. Moisés tenía que hablar con fe la palabra que le fuera revelada por Dios.

A la familia se le tiene que hablar la palabra de fe, no herirla con la vara del enojo. A las personas se les tiene que hablar la palabra revelada, no golpearlas con la vara de prejuicios. Tenemos que aprender a hablar más de parte de Dios y no golpear con la vara de nuestra personalidad y carácter cuando nos sentimos ofendidos y criticados.

Muchos creyentes, al igual que Moisés, son bombas de tiempo. Pueden explotar cuando menos uno lo espere y donde menos uno lo espere. Si les enciende la mecha, explotan y hacen daño. Un temperamento no controlado por el Espíritu Santo puede dañar el buen servicio que hagamos para Dios.

Una lección que aprendemos de esto es que hay personas que son como aquella peña de Cades Meriba: si les hablamos, podemos sacar de su interior agua de bendición; no necesitamos golpearles. Pero muchas veces, aunque podemos sacar con buenas palabras lo mejor de alguien, utilizamos la fuerza para conseguir lo mismo.

Recordemos esto: ¡hablémosle a la peña, no la golpeemos! No hagamos nada que hiera aquello a lo cual el Señor Jesucristo nos ordene hablarle. Jesucristo es nuestra peña, y llenos de coraje lo podemos herir, no una vez, o dos veces, sino muchas veces.

III. La exclusión

"Y Jehová dijo a Moisés y a Aarón: Por cuanto no creísteis en mí, para santificarme delante de los hijos de Israel, por tanto, no meteréis esta congregación en la tierra que les he dado" (20:12).

"...Por cuanto no creísteis en mí..." (20:12). Moisés y Aarón vieron un milagro de fe, pero no actuaron en fe. Muchas cosas suceden en nuestra vida y no son actos de fe; no creemos en algunos milagros, pero Dios los hace. Actuamos con incredulidad, pero el Señor Jesucristo se glorifica.

"...para santificarme delante de los hijos de Israel..." (20:12). En aquel milagro, el pueblo oyó y vio a Moisés y Aarón, no vieron a Dios. Se glorificaron ellos, no glorificaron a Dios. Hicieron las cosas a su manera y no a la manera de Dios. En todo acto y acción cristiana, Jesucristo debe ser glorificado.

"...por tanto, no meteréis esta congregación en la tierra que les he dado" (20:12). Ese día la visa de entrada a la tierra prometida les fue cancelada a Moisés y Aarón. Dios perdona nuestros pecados, sobrelleva nuestros arranques de ira y de coraje, pero una secuela de consecuencias puede seguirnos y privarnos de muchas bendiciones y privilegios en el reino. Por ese actuar ligero de Moisés y Aarón, el destino de ambos fue cambiado. No alteremos el destino que Dios ya tiene planificado para nosotros.

Moisés y Aarón hubieran podido vivir hasta los ciento ochenta años de edad, ya dentro de la tierra prometida, pero fueron descalificados de ese privilegio y cortados de ese alto honor; simplemente por dejarse controlar por las emociones de otros y no controlar sus propias emociones.

A aquellas aguas se las conocieron como "las aguas de la rencilla" (20:13) o *Meriba*, el lugar donde el pueblo contendió con Dios. El texto se cierra con esta declaración: "...y él se santificó en ellos" (20:13). A pesar de la incredulidad del pueblo que no creyó en Dios, y de Moisés y Aarón que no obedecieron a Dios, Yahveh se santificó en aquel milagro de las aguas.

Conclusión

Es interesante observar que Moisés y Aarón, en su actuación motivada por el enojo y el coraje, no santificaron a Dios; el Creador en ese milagro "se santificó en ellos".

"NO PASARÁS POR MI PAÍS"

"Edom le respondió: No pasarás por mi país; de otra
manera, saldré contra ti armado" (Nm. 20:18).

Introducción

Mediante una delegación de embajadores de paz, Moisés le pidió
visa de tránsito al rey de Edom, presentándole un trasfondo histórico
del pueblo de Israel (20:14-16). Le dio garantías al rey edomita de su
intención pacífica de no tocar nada ni a nadie, mientras el pueblo
hebreo cruzaba por su territorio (20:17).

El rey de Edom no le concedió la visa de tránsito al pueblo hebreo
y lo amenazó militarmente (20:18). Israel pidió que se le concediera
ir por el camino real o principal, pero el ejército de Edom lo resistió
y presentó ofensiva (20:19-21). Por esa razón, el pueblo llegó al
monte de Hor.

I. La delegación

"Envió Moisés embajadores al rey de Edom desde Cades,
diciendo: Así dice Israel tu hermano: Tú has sabido todo
el trabajo que nos ha venido" (20:14).

Los edomitas y los israelitas eran pueblo de raza semita, estaban
emparentados como descendientes de Esaú (Edom) y Jacob (Israel).
Ambos pueblos eran el cumplimento profético de Génesis 25:23
(léase todo el contenido de Génesis 25:19-34). Los nombres edomitas
(llamados por los hebreos) e idumeos (llamados por los romanos) se
utilizan en las Sagradas Escrituras de manera intercambiable. Edom
significa "rojo", referido a la piedra rojiza de la región, y el nombre
Esaú también significaba "rojo", referido al color de su pelo.

Nadie mejor que el pueblo de Edom para que Moisés solicite alguna consideración. Notemos la expresión introductoria: "... Así dice Israel tu hermano...". Ambos pueblos se asociaban con las promesas a Abraham y a Jacob; eran sus descendientes. ¡Eran hermanos históricos! Con este fin, Moisés envió "embajadores al rey de Edom", utilizando la diplomacia y el protocolo político. Él quiso presentarse como embajador de paz. Su intención de atravesar por el territorio de Edom era pacífica y no militar.

Prestemos atención nuevamente a esa expresión: "Israel tu hermano". ¡Eran dos pueblos hermanos! ¿Quién mejor que los hermanos étnicos para pedir un favor? Los concilios y las denominaciones deben verse como instituciones hermanas en Cristo Jesús. La religión, los dogmas, las tradiciones, los conceptos y los paradigmas crean divisiones fraternales entre organizaciones y ministerios. Veamos a otros siervos de Dios como hermanos. El espíritu de competencia y superioridad humana debe ser derrotado en las vidas de los nacidos de nuevo.

Los fines de Moisés eran pacíficos. Ya Dios le había hablado a este y al pueblo sobre la tierra de Edom, que no sería parte de la tierra prometida. Dicen las Escrituras: "No os metáis con ellos, porque no os daré de su tierra ni aun lo que cubre la planta de un pie: porque yo he dado por heredad a Esaú el monte de Seir" (Dt. 2:5). Lo que es de otros, nosotros no tenemos que codiciarlo o desearlo. Cuando Dios nos dice que algo no es nuestro, ni pensemos en tenerlo.

Moisés le recordó al rey de Edom: "...tú has sabido todo el trabajo que nos ha venido". En otras palabras: "Para nosotros, llegar hasta aquí ha costado mucho. Somos un milagro de Dios. Sabes que nada nos ha sido fácil". Con estas palabras, Moisés buscaba la empatía humana del rey de Edom. Posiblemente, según creen muchos, el rey Hadar mencionado en Génesis 36:39 es este rey.

Moisés le recordó a Edom el tiempo que Israel estuvo en Egipto —por cierto un "largo tiempo" (cuatrocientos treinta años)— y de cómo ellos y su antepasados habían sido maltratados (20:15). Luego Moisés le declaró a Edom que ellos oraron a Jehová, quien oyó y envió un ángel que los sacó de Egipto. Por eso ahora estaban en Cades (20:16).

La esclavitud del pasado no nos debe atar, aunque la recordaremos para testificar. El maltrato del que fuimos víctimas no debe producir en nosotros resentimientos, debemos testificar que Dios nos libró del pasado. Es bueno, de vez en cuando, testificar ante otros por dónde hemos pasado y de dónde nos sacó Dios. Que se sepa que hoy estamos aquí porque antes estuvimos allá. Muchos se olvidan del antes cuando viven en el ahora. ¡Sal del laberinto del Minotauro! ¡Escapa del Alcatraz de tus fracasos!

Es interesante la declaración: "...ciudad cercana a tus fronteras" (20:16). En el desierto, nos acercamos a las fronteras de otras personas, y es nuestro deber respetar esas fronteras. Saber que donde termina nuestro derecho comienza el derecho del vecino. La Iglesia de Jesucristo siempre estará cerca de las fronteras del mundo. Es nuestra misión enviar "embajadores" con la buena noticia.

II. La petición

"Te rogamos que pasemos por tu tierra. No pasaremos por labranza, ni por viña, ni beberemos agua de pozos; por el camino real iremos, sin apartarnos a diestra ni a siniestra, hasta que hayamos pasado tu territorio" (20:17).

Moisés una vez más, a nombre del pueblo, le rogó a Edom que los dejara pasar, cruzar y caminar por su territorio. En otras palabras: "Danos un salvoconducto, damos una visa de tránsito, danos permiso de entrada y salida de tu territorio". Pedir permiso a otros para utilizar su propiedad privada e invadir sus límites territoriales es un deber, es una responsabilidad, es respetar los derechos de otras personas.

Nuestro prójimo, nuestra familia, nuestra pareja, nuestros hermanos congregacionales y nuestros vecinos son un Edom territorial que no podemos cruzar sin permiso. Tenemos que respetar las fronteras espirituales y emocionales de otros. Lamentablemente, el entremetimiento ha arruinado buenas relaciones, amistades, familias y matrimonios. El entrometido es aquel y aquella que se mete donde no lo han invitado, que da una opinión que no le han pedido, que mete las narices donde no se lo ha llamado.

Además Moisés le presentó los requisitos que ellos mismos se habían impuesto: (1) "No pasaremos por labranza, ni por viña", (2) "ni beberemos agua de pozos", (3) "por el camino real iremos", (4) "sin apartarnos a diestra ni a siniestra", (5) "hasta que hayamos pasado tu territorio" (20:17).

¿Estamos nosotros dispuestos a escribir nuestras propias leyes teniendo en cuenta a otras personas? ¿Consideramos a otros para que ellos nos consideren a nosotros? ¿Respetamos el espacio psicológico y espiritual de los demás?

Moisés caminaría con el pueblo por la vereda. Ni el cultivo ni los pozos le interesaban a Moisés. Solo quería cruzar con el pueblo "por el camino real", que era una carretera pública para las caravanas. Pero antiguamente los pueblos fronterizos cobraban impuestos y concedían permisos de paso o visas de tránsito. Mientras pasaban por el territorio edomita, no se harían paradas. Esas eran las garantías del pueblo de Israel. El pueblo hebreo iría de pasada y no de estadía.

Lamentablemente, en nuestros días tenemos a muchos manipuladores sociales, abusadores emocionales y desconsiderados espirituales; consumen lo que es de otro; abusan de la propiedad ajena; y en vez de cruzar con el favor que se les hace, se trasforman en recipientes permanentes de favores y ayudas. En la vida, el ser humano no puede ser un simple recipiente de bienes y favores; tiene que ser un contribuyente de ayuda a otros.

Es bueno pedir la oración a otros, pero debemos orar por nosotros mismos. Es bueno recibir, pero debemos empezar a dar a otros. Es bueno que otros sean agradables con nosotros, pero nosotros debemos ser agradables con los demás.

III. La negación

"Edom le respondió: No pasarás por mi país; de otra manera, saldré contra ti armado" (20:18).

A pesar de toda la diplomacia, de las garantías políticas ofrecidas, de la actitud de *bona fides* de Moisés y el pueblo, el rey de Edom rechazó la petición. Su respuesta fue: "No pasarás por mi país…". Él les cerró las puertas en las narices. Les negó un favor humano.

Muchos, como este rey, son insensibles al dolor ajeno. No sienten ni padecen por otros. ¡Tienen un corazón de hierro, una voluntad de acero y unos sentimientos de plomo!

Siempre nos encontraremos con personas difíciles, inaccesibles, frías, que cierran puertas, como Edom. Estos son aquellos que no negocian, que se niegan a llegar a un acuerdo, que se trancan en su voluntad. Solo tienen una respuesta ante la necesidad de otros, ante el dolor humano, ante un favor que puede hacerse: un rotundo NO.

Aquellos del espíritu de Edom son egoístas, desconsiderados, sin afectos por nadie, carentes de caridad, faltos de calidad humana. Autosuficientes que no les importa nadie. Su mundo gravita alrededor de ellos mismos.

A los del espíritu de Edom les gusta amenazar, intimidar y meter miedo: "…de otra manera, saldré contra ti armado". Con amenazas e intimidación, muchos manipulan el carácter de otros y se hacen dictadores de voluntades ajenas. En otras palabras: "No te metas conmigo porque te irá muy mal"; "Si te me acercas, te haré correr"; "Con ustedes no queremos nada"; "Vayan por otra ruta, porque esta está cerrada".

¡Dejemos ya de amenazar a otros! ¡No le pongamos tropiezo a nadie en el camino! ¡Dejemos a otros pasar cuando nos lo pidan!

En el camino del desierto, entre la salida de la esclavitud del pasado a la tierra prometida del futuro, en nuestro destino en Dios, encontraremos a Edom en la frontera de la victoria, que nos será obstáculo y nos dirá: "No pasarás". En la frontera de tus bendiciones, tendrás mucha oposición. Pero no te desanimes ni te rindas, confía en Jesucristo. Tu milagro no depende de los hombres, depende de Jesucristo. Prepárate para escuchar muchas veces ese: "No pasarás".

Israel le declaró que solo pasarían por la vía pública, el camino real o principal (20:19). Era el camino del Sur al Norte, que luego se desviaba hacia la Cisjordania. Moisés declaró que si tuviera que beber agua para ellos y el ganado, pagaría por ella (20:19). Ese "camino real" o la "Carretera del Rey" conectaba desde el Golfo de Aqaba hasta Damasco, atravesando por lo que luego se conoció como el camino de los nabateos. En ese trayecto, en Jordania, encontramos unas ruinas antiguas conocidas hoy día como Petra, La Ciudad Rosada o La Ciudad de Piedra Roja, una de las Siete Maravillas Modernas. Muchos estudiantes de la profecía escatológica identifican a Petra con el lugar de refugio donde huye la mujer de Apocalipsis 12:14, la cual representa al remanente de los 144.000 judíos sellados que serán perseguidos por el dragón-anticristo durante los días de la gran tribulación apocalíptica.

"...déjame solamente pasar a pie, nada más" (20:19). Moisés respetaría dicho lugar, pasaría a pie. En otras palabras, le estaba diciendo: "Nosotros no estamos en plan de guerra. Aparte de cruzar, no tenemos ninguna otra agenda". Es bueno dejarles ver a otras personas nuestras buenas intenciones. Reconoce cuando puede haber conflictos y evítalos. La insistencia es importante, "déjame… nada más". Persiste en tus metas. No abandones tus planes fácilmente. Si te dijeron "no" la primera vez (20:18), intenta la segunda vez (20:20). Lo diferente que puede ocurrir entre las dos veces es que te digan "sí"; si no, te dirán nuevamente "no".

Esa fue una simple petición, "...nada más". Ese "nada más" es importante. No pidas más, pide eso que solo necesitas. No busques más de lo que conviene, sino "nada más" lo que te apremia y te ayudará. ¡Dile a otros de tus buenas intenciones! ¡Sé un pacificador!

A muchos tenemos que decirles: "Déjame pasar", cuando se activan como interruptores del destino para otros. Buscan inactivar el propósito de Jesucristo en alguna vida. A ese o esa que se te pone de frente para que no avances, dile: "Déjame pasar".

Se nos dice: "…nada más" (20:19). Sé específico en lo que quieres alcanzar. No te confundas con muchas cosas, enfócate en una sola. Pablo dijo: "…pero una sola cosa hago…" (Fil. 3:13). Los conquistadores con metas a corto plazo alcanzan metas a largo plazo. No hagas muchas cosas, haz una sola cosa. Tratar de alcanzar muchas cosas a la vez resta el potencial necesario para alcanzar las cosas más importantes. Un águila no se puede enfocar en muchos salmones, tiene que enfocarse en uno. ¡Enfócate en una sola visión! Muchos seres humanos tienen una gracia tentacular, son multifacéticos, se cambian muchos sombreros como don Francisco, el de la televisión mexicana. Esta clase de personas pueden hacer muchas cosas a la vez, pero eso es muy raro en la mayoría.

IV. La reacción

"Pero él respondió: No pasarás. Y salió Edom contra él
con mucho pueblo, y mano fuerte" (20:20).

La primera vez, el rey de Edom le contestó: "…No pasarás por mi país; de otra manera, saldré contra ti armado" (20:18). Esta segunda vez contestó lo mismo, pero seguido de acción: "Pero él respondió: No pasarás. Y salió Edom contra él con mucho pueblo, y mano fuerte" (20:20).

Me atrevo a decir que estos pasajes me dejan ver un cuadro de aquellas naciones que niegan visa de entrada a personas necesitadas, y a los que tienen sin visas ya en sus fronteras, los amenazan con "la migra". Muchos de estos indocumentados han levantado familias, sus hijos han nacido en territorio nacional, pero aun así los deportan, lo cual fragmenta las familias y les quita el sustento.

En las fronteras de naciones desarrolladas, se pone seguridad armada y con "mano fuerte" persiguen a los inmigrantes. La *Homeland Security* [Seguridad Nacional] de los Estados Unidos de América muchas veces persigue a quienes no son una amenaza a su seguridad nacional, sino una ayuda a su economía y desarrollo. Los gobiernos que así se comportan se transforman en el *rey de Edom*, y quienes los apoyan, en la nación de Edom.

Pero volviendo al hilo de reflexión sermonaria, tengo que decir que no siempre las cosas saldrán como hemos pedido en oración, como hemos planificado. Un buen plan puede tener un gran revés. Debemos estar preparados para algunos fracasos. Un problema sin resolver ya no es nuestro problema, es el problema de Dios. ¡Suéltalo y déjalo a Dios! Si tu problema es grande, tu Dios es más grande que tu problema.

"No pasarás…" Edom tenía una sola respuesta y era NO. El mundo mayormente está habitado por esa clase de personas, programados desde sus genes para decir NO a todo: a las buenas oportunidades, dicen NO; a la ayuda de alguien, dicen NO; a un beneficio futuro, dicen NO. Ellos mismos son un NO social.

Es común escuchar: "No lo lograrás". "No estudiarás". "No comprarás". "No llegarás". "No tendrás". Pero cuando tú y yo nos ponemos en las manos de Jesucristo, podemos decir: "Todo lo puedo en Cristo que me fortalece" (Fil. 4:13). Pero recuerda: el secreto es estar "en Cristo". El espíritu de Edom no ha dejado a muchos pasar hacia una mejor educación; lograr comprar una casa; realizar un sueño de por vida; escribir un libro; grabar un disco compacto de música; desarrollar un ministerio de servicio en la Iglesia de Jesucristo.

Puedo parafrasear en mis propias palabras algo que dijo Rick Warren: "El libro más vendido todavía no se ha escrito. La canción más sonada todavía no se ha grabado. El invento que más beneficiará al mundo todavía no se ha desarrollado. El discurso más escuchado no se ha pronunciado. La cura más elogiada en la medicina no se ha descubierto. El ministerio cristiano más impactante para el mundo todavía no se ha visto. La congregación más poderosa y milagrosa todavía no se ha manifestado".

Edom entonces se levantó contra Israel "con mucho pueblo, y mano fuerte" (20:20). Todo el plan y el esfuerzo diplomático se le derrumbaron a Moisés. Edom supuso un impedimento a la marcha del pueblo de Israel, no lo dejó pasar por su territorio (20:21). Aunque muchos son fuertes contra uno, confiemos en Aquel que nos ha llamado.

En la época de Eliseo, el pueblo edomita se juntó con los pueblos de Israel y Judá y constituyeron una alianza de apoyo y ayuda militar contra el pueblo de Moab (2 R. 3:3-9). Posteriormente, Judá derrotó a Edom en una guerra (2 Cr. 25:5-12).

El profeta Ezequiel declaró a la nación de Edom: "Por cuanto tuviste enemistad perpetua, y entregaste a los hijos de Israel al poder de la espada en el tiempo de su aflicción…" (Ez. 35:5).

Hoy día, Edom es parte territorial del Reino Hashemita de Jordania, una nación que mantiene la paz con Israel y con sus vecinos árabes. Un país muy hermoso, con una economía estable y con una gran atracción turística.

¿Qué hizo Israel? Leemos: "…y se desvió Israel" (Nm. 20:21). Me imagino a Moisés dándole la orden al pueblo y diciendo:

"Pueblo mío, no nos dejan pasar. Tenemos que volvernos. Se tiene que cambiar de ruta. Pero tengan fe, llegaremos porque Dios lo ha prometido".

Cuando no te quieran dejar pasar, desvíate. Si te rechazan, desvíate. Si te cierran una puerta, desvíate. Si no te quieren en un lugar, desvíate. Muchas confrontaciones se deben evitar. Los hijos de Dios no viven peleando, cuando pueden evitar los conflictos. Muchas veces tenemos que cambiar de ruta, pero no cambiaremos de destino. El plan de Dios seguirá siendo tu plan. Aunque no te dejen pasar por un lugar ni te abran puertas, por cualquier ruta que vayas, Jesucristo estará contigo.

De Cades, el pueblo de Israel marchó al monte de Hor (20:22). Allí en Hor, Jehová anunció a Moisés y Aarón la muerte del segundo (20:23, 24). Dios le había ordenado a Moisés que subiera con Aarón y su hijo a la cima del monte de Hor. Aarón ascendió vestido como sumo sacerdote y lo desvistió Moisés para luego vestir a Eleazar con el atuendo de sumo sacerdote usado por Aarón, su padre (20:25-28). Vestir a Aarón representaba su investidura, desvestirlo —despojarse de la investidura— y vestir a Eleazar era un traspaso de investidura. Allí en el monte de Hor, hoy día en Jordania, murió Aarón (20:28). En Deuteronomio 10:6 al lugar donde falleció Aarón se lo identifica como "Beerot-bene-jaacán" (significa "pozos de los hijos de Jaacán") o Mosera.

Moisés luego descendió al pueblo con Eleazar, su sobrino (20:28). El luto guardado por Aarón fue de treinta días (20:29). Este tiempo de luto era parte de la cultura del desierto y se le guardó posteriormente a Moisés (Dt. 30:8). El relevo del sacerdote Aarón había ocurrido. El luto fue por treinta días, luego la vida tenía que continuar. El luto no puede ser para siempre.

Según Números 33:38-39, Aarón murió en el año cuarenta del éxodo de Egipto y tenía ciento veintitrés años de edad. Esto indica que era tres años mayor que Moisés. Así como el sacerdocio de Aarón fue relevado por su hijo Eleazar, el liderazgo de Moisés sería sustituido por Josué.

Una generación saliente cede paso a una generación entrante. ¡Ese es el ciclo de la vida! Nuestros hijos o alguien tomarán nuestro lugar. El día de cambiar vestiduras nos llegará a cada uno de nosotros, cuando tendremos que subir al monte que Dios nos tenga espiritualmente destinado, para desde allí decir un último adiós a la vida del valle, la de abajo. A Aarón le tocó subir a su monte de Hor, y a Moisés le tocó subir a su monte Nebo.

Conclusión

En la vida, siempre nos encontraremos con alguien que no nos dejará pasar, personas que no podrán entender nuestras buenas intenciones. Pero dejemos todo en las manos del Señor Jesucristo, Él se encargará.

"HAZTE UNA SERPIENTE ARDIENTE"

"Y Jehová dijo a Moisés: Hazte una serpiente ardiente, y ponla sobre una asta; y cualquiera que fuere mordido y mirare a ella, vivirá" (Nm. 21:8).

Introducción

Moisés con el pueblo de Israel dieron la vuelta por Edom (21:4), hasta que los israelitas se desanimaron (21:4). El espíritu de queja volvió a manifestarse en el pueblo (21:5). Jehová le envió como juicio una plaga de "serpientes ardientes" (21:6).

A causa de la mortandad, el pueblo se arrepintió (21:7). Moisés oró ante Dios por ellos (21:7). Dios entonces le instruyó a hacer una "serpiente ardiente" y ponerla sobre un asta. El que la mirara tendría vida (21:8-9).

I. La queja

"Y habló el pueblo contra Dios y contra Moisés: ¿Por qué nos hiciste subir de Egipto para que muramos en este desierto? Pues no hay pan ni agua, y nuestra alma tiene fastidio de este pan tan liviano" (21:5).

Después que a Israel le fue impedido cruzar por el territorio edomita (20:14-21), tuvo que enfrentar la ofensiva del pueblo cananeo de Arad, al cual derrotó con la ayuda de Yahvéh (21:1-3). La ruta más corta a la tierra prometida era por el Nordeste subiendo por el Neguev. Israel, después de su victoria contra el rey Arad (21:1-3), se volvió de su camino por razones desconocidas.

Al igual que Israel, muchos que están ya cerca de la meta o dentro del destino de Dios para ellos, se vuelven y abandonan el objetivo de su marcha. Estos son aquellos y aquellas que están listos para realizar un sueño dado por Dios y se despiertan antes de completarlo. A punto de tomar algo, súbitamente lo dejan. Se han esforzado por llegar a una meta y se detienen en la carrera. Son la generación desanimada que no completa las cosas. El lugar donde Arad fue derrotado se llamó *Horma* (21:3), que significa "destrucción". Estaba a una distancia geográfica de veinte millas (treinta y dos kilómetros) de Hebrón y veinticinco millas (cuarenta kilómetros) de Beerseva. A principios de los años sesenta, se construyó cerca de allí una ciudad con el nombre de Arad. El pueblo de Israel ya estaba en la tierra prometida. Muchas veces, con la bendición ya alcanzada, nos alejamos de ella.

El pueblo de Israel partió del monte de Hor en dirección al Mar Rojo —que es una referencia al Golfo de Aqaba— dando la vuelta a Edom. Esto "...desanimó al pueblo..." (21:4). Tanto el pueblo de Edom como el pueblo de Moab le cerraron el paso a Israel (Jue. 11:17-18). El rey amorreo tampoco le dio paso, pero Israel lo derrotó junto con su rey (Jue. 11:19-23). Los obstáculos y las pruebas son inevitables en el camino hacia la conquista y los logros humanos. Toda la vuelta que Israel dio a Edom para evitar su territorio, la falta de agua y el cansancio de comer el maná desanimaron al pueblo (Nm. 21:4 cp. 21:5).

Culparon a Dios y a Moisés por haberlos sacado de Egipto para vagar por el desierto (21:5). Ellos todavía no se habían liberado de la mentalidad de Egipto. Físicamente estaban libres de Egipto, pero mentalmente se sentían todavía esclavos. La peor esclavitud no es la física, sino la mental, la emocional, la sentimental. Egipto fue su pasado, el desierto era su presente, y Canaán sería futuro; pero ellos vivían siempre concentrados en su pasado, no pensaban mucho en su futuro.

Leemos: "...Pues no hay pan ni agua, y nuestra alma tiene fastidio de este pan tan liviano" (21:5). El pueblo se sintió fastidiado por el "...pan tan liviano" (21:5), llamado *maná*, que Dios le proveía en el desierto. ¿Qué te fastidia a ti y que me fastidia a mí? ¿Te fastidia tu pareja? ¿Te fastidian tus hijos? ¿Te fastidia alguien de tu familia? ¿Te fastidia algún vecino? ¿Te fastidia el trabajo? ¿Te fastidia alguna enfermedad? ¿Te fastidia una necesidad? ¿Te fastidia la carencia de algo? ¿Qué consideras que se ha vuelto *pan liviano* en tu vida?

II. El juicio

"Y Jehová envió entre el pueblo serpientes ardientes, que
mordían al pueblo; y murió mucho pueblo
de Israel" (21:6).

El pasaje parece aludir a una plaga de serpientes venenosas de
las muchas que se encuentran en el desierto de Sinaí. Las serpientes
en este caso se asociaron con el juicio divino, como era la manera
en muchos contextos bíblicos de explicar las tragedias. La palabra
hebrea *seraph* tiene un significado de "fuego". En el uso del pasaje bajo
consideración, se traduce "ardientes", "abrasadoras" y es la misma
palabra con la cual se describe al orden angelical de los "serafines"
o "seres ardientes" (Is. 6:2). Puede ser una manera figurativa de
referirse a los efectos inflamatorios de la piel, acompañados de
altas temperaturas corporales. En 1 Corintios 10:9, Pablo de Tarso
mencionó este juicio de serpientes sobre Israel, exhortando a los
corintios a no murmurar. Deuteronomio 8:15 también menciona
"serpientes ardientes" y otros reptiles del desierto. Todo esto es
una figura espiritual de ataques demoníacos permitidos por Dios.

A muchos, las "serpientes ardientes" los muerden porque pasan
el tiempo murmurando, quejándose y lamentándose demasiado. La
murmuración contra Dios y sus líderes acarrea juicio y cancela todo
seguro de protección espiritual. Los murmuradores se exponen a
ser picados por alguna "serpiente ardiente", que espiritualmente les
puede llevar al fracaso de los anhelos y de los sueños.

"Entonces el pueblo vino a Moisés..." (21:7). Aquellos que
murmuraron contra Moisés ahora lo buscaban, lo necesitaban y
se acercaban a él. Cuando estés en necesidad de ayuda espiritual,
ve a tu líder, él o ella sabrán cómo ayudarte. Nunca hables mal de
alguien, a quien mañana tengas que necesitar. ¡Mide tus palabras y
pesa tus acciones!

"...y dijo: Hemos pecado por haber hablado contra Jehová, y
contra ti..." (21:7). El juicio les hizo reconocer y admitir su pecado.
Su oración de arrepentimiento se parece mucho a la del hijo pródigo:
"Me levantaré e iré a mi padre, y le diré: Padre, he pecado contra
el cielo y contra ti" (Lc. 15:18). El pecador que desea reconciliarse
con Dios debe reconocer toda responsabilidad propia, asumiendo la
culpa en el acto pecaminoso, reconociendo que le ha faltado a Dios
y a su prójimo.

"...ruega a Jehová que quite de nosotros estas serpientes..."
(Éx. 21:7). En el Salmo 78:34 leemos: "Si los hacía morir, entonces
buscaban a Dios; entonces se volvían solícitos en busca suya" (cp.

1 S. 12:19; 1 R. 13:6; Hch. 8:24). Muchos piden la oración cuando están en aprietos, cuando algo les cae encima, cuando el alicate de las pruebas los está apretando. Pero si todo está tranquilo en sus vidas, no oran, no vienen al templo, no leen la Palabra, no dan para la obra de Dios. Sé de muchos creyentes que cuando están enfermos o en pruebas difíciles sirven más y mejor al Señor Jesucristo.

Cuando las *serpientes ardientes* pican, muchos entonces buscan a Dios; van a los siervos del Señor Jesucristo, piden la oración y reconocen que el único que los puede librar es Jesucristo. Eso no está mal, lo encomiamos, pero pide la oración en todo tiempo, busca a Dios a toda hora.

"...Y Moisés oró por el pueblo" (21:7). Si algo caracterizó a Moisés fue el espíritu ferviente de oración. Lo vemos más veces orando que obrando milagros. El secreto de su vida espiritual, de sus grandes victorias, de los milagros ocurridos en su ministerio, de esa fuerza de voluntad para soportar la murmuración y los ataques humanos fue la práctica habitual de la bendita oración. A la petición del pueblo que estaba arrepentido de su pecado de murmuración, Moisés simplemente oró a Dios. Recuerda que la murmuración es pecado. Pero la oración es un antídoto contra los efectos de la murmuración.

III. El milagro

> "Y Jehová dijo a Moisés: Hazte una serpiente ardiente, y ponla sobre una asta; y cualquiera que fuere mordido y mirare a ella, vivirá" (21:8).

Dios le había prohibido al pueblo en el decálogo: "No te harás imagen, ni ninguna semejanza de lo que esté arriba en el cielo, ni abajo en la tierra, ni en las aguas debajo de la tierra" (Éx. 20:4). Por el contexto de Éxodo 20:5, entendemos que esa "imagen" era alusiva a la idolatría.

Asclepio, el dios griego de la medicina, fue llamado Esculapio por los romanos. Se lo representaba como un hombre barbudo con una serpiente que le iba subiendo por los pies y se enrollaba en una vara o pasaba sobre la vestidura de él. También tenía la figura de un gallo a los pies que representa la vigilancia. La doble serpiente enroscada sobre una espada ha sido el símbolo de la medicina por siglos. En diferentes lugares de asentamientos de pueblos cananeos, se han descubierto serpientes de bronce, y en Egipto, la serpiente era venerada.

Antiguamente se hacían imágenes de los animales feroces y de la imaginación de demonios, con el fin de ahuyentarlos, según la creencia de las culturas pasadas.

La imagen es la "serpiente ardiente" (21:8) o "serpiente de bronce" (21:9). El bronce es una aleación del cobre con el estaño. Esta "serpiente de bronce" era simplemente un objeto de fe. Pero esa serpiente sobre el asta para ser mirada por aquellos que fueron mordidos se trasformó en la realidad neotestamentaria de la crucifixión de Cristo, y la fe del ser humano para alcanzar la gracia de la salvación.

Leemos: "Y como Moisés levantó la serpiente en el desierto, así es necesario que el Hijo del Hombre sea levantado, para que todo aquel que en él cree, no se pierda, mas tenga vida eterna. Porque de tal manera amó Dios al mundo, que ha dado a su Hijo unigénito, para que todo aquel que en él cree, no se pierda, mas tenga vida eterna" (Jn. 3:14-16).

Aquella "serpiente de bronce", que fue un medio utilizado por Dios para obrar sanidad, aparece como objeto de idolatría a la cual "...le quemaban incienso los hijos de Israel..." (2 R. 18:4). El rey Ezequías la llamó "Nehustán" (pedazo de bronce, bagatela de bronce). En hebreo se dice *nahas* para referirse a la serpiente.

El autor Henry C. Thompson dijo lo siguiente sobre la serpiente de bronce: "La llevaron en peso por el desierto, y por Canaán, y la cuidaron aun más que la misma Arca del Pacto, pues fue llevada en cautividad" (*Historia sagrada*, Editorial Clie, 1985, p. 140).

El gran reformador veterotestamentario Ezequiel "...hizo pedazos la serpiente de bronce que había hecho Moisés..." (2 R. 18:4). Lo que fue de bendición a una generación puede ser de idolatría a la otra. La idolatría es simplemente adorar algo que no es Dios.

Los reformadores religiosos viven precisamente para hacer pedazos cualquier *serpiente ardiente* o *serpiente de bronce*, es decir aquello que un día fue un milagro con validez, algo con un propósito determinado, pero cuyo abuso lo ha convertido en algo que disgusta a Dios. En una reforma espiritual, se destruye todo aquello que impide la manifestación del propósito divino.

En Jueces 8:27 leemos: "Y Gedeón hizo de ellos un efod, el cual hizo guardar en su ciudad de Ofra; y todo Israel se prostituyó tras ese efod en aquel lugar; y fue tropezadero a Gedeón y a su casa". Gedeón hizo aquel efod de los zarcillos de oro que quitaron a los reyes madianitas, como recuerdo de su gran victoria (Jue. 8:24-27). Pero aquel recuerdo inofensivo se volvió luego ofensivo para Dios. Muchos, en vez de ver un símbolo religioso, ven un objeto de adoración.

Todo esto nos ayuda a entender cómo la tendencia humana de guardar cosas que fueron instrumentos de Dios o recordatorios de alguien usado por Él —en la iglesia de los conquistadores o popular—, hace que se conviertan en reliquias religiosas y corrompen la verdadera adoración. Y los evangélicos también tenemos "reliquias religiosas", cosas de las cuales no nos queremos desprender, y debido a las cuales somos capaces de perder de vista la visión del reino para la Iglesia.

Esa *serpiente de bronce* puede ser un sistema rígido, impositivo, legalista, institucional, que sirvió en el contexto de una época; pero que estorba en el contexto de otra época de restauración y renovación dentro de la Iglesia. Escuché a un compañero repetir lo que dijo un ministro, teniendo a su líder delante: "Mi obispo me enseñó la dogmática que predico y mantengo hasta el día de hoy, y aunque él ya no cree en este legalismo, yo llegaré al cielo, pero nunca cambiaré lo que me fue enseñado".

Esa *serpiente de bronce* recuerda a un medio, o un programa o un estilo que funcionó frente a una necesidad generacional, pero ante la evolución de una nueva generación se hacen obsoletos y desvían la atención de lo que verdaderamente es importante, es prioritario, es del reino de Dios.

Esa *serpiente de bronce* nos habla de la imagen del pasado, que fue buena en su momento, pero de la cual muchos no quieren divorciarse para ser promovidos a un próximo nivel espiritual. Las manos de la nostalgia y la tradición muchas veces no nos dejan soltar la *serpiente de bronce.*

Esa *serpiente de bronce* es algo que se tiene escondido, que se le quema incienso, pero ante la revelación del Espíritu Santo y el *rhema* de la Palabra de Dios, se descubre y se tiene que hacer pedazos.

Leemos: "...y cualquiera que fuere mordido y mirare a ella, vivirá" (2:8). Muchos fueron mordidos antes que Moisés levantara la "serpiente de bronce"; pero aquellos que habían sido ya mordidos alcanzaron la gracia y la misericordia cuando miraron la serpiente levantada. Me imagino a muchos gritando en medio del pueblo con la noticia de que ya no tenían que morir más, que mirando a la "serpiente de bronce" tendrían el regalo de la vida. Una mirada de fe producía sanidad.

Conclusión

Muchos no viven porque no miran a Jesús levantado en el desierto de sus vidas. ¿Te han picado muchas serpientes? ¡Si te sientes herido, si te faltan fuerzas, si no puedes caminar, levanta tu cabeza y mira a Jesús sobre la cruz del Calvario! ¡Mira a Jesucristo y vive! Quita la mirada de las serpientes espirituales que te quieren enfermar, dañar y matar; mira a la serpiente que representa la vida, la sanidad y los milagros.

"NI MALDIGAS AL PUEBLO"

32

"Entonces dijo Dios a Balaam: No vayas con
ellos, ni maldigas al pueblo, porque bendito es"
(Nm. 22:12).

Introducción

Balac, rey de Moab, al ver al pueblo de Israel acampando en
los campos de Moab, se llenó de temor (22:1-4). Entonces envió a
buscar por Balaam para maldecir a Israel (22:5-6). Una delegación
de ancianos moabitas y madianitas fueron a Balaam con el mensaje
del rey (22:7). Jehová habló a Balaam y le prohibió ir con aquellos
ancianos-príncipes, y lo amonestó contra maldecir al pueblo
de Israel (22:12). Balaam obedeció a Dios y así informó a aquella
delegación (22:13-14).

Balac no aceptó un no por respuesta y envió a otra delegación
a Balaam, ofreciéndole honrarlo mucho (22:15-17). Este se mostró
renuente (22:18), pero les dijo que volvería a consultar a Jehová
(22:19, 20). Dios le dio permiso para ir con ellos, pero haría lo que
este divinamente le ordenara (22:20).

En el camino, el ángel de Jehová interceptó al profeta, mientras
iba montado en su asna y con dos criados suyos (22:21-22). El asna
al ver al ángel de Jehová se apartó del camino, y Balaam la azotó
(22:23). Como el ángel de Jehová le cerró el paso al asna, de nuevo
fue golpeada por Balaam (22:24-25). Por tercera vez Balaam azotó al
asna, y Dios la hizo hablar y cuestionar al profeta (22:26-32). Dios
le abrió los ojos a Balaam y vio al ángel de Jehová con su espada
desenvainada (22:31). Entonces el ángel de Jehová lo reprendió
(22:32). Como aparentemente Balaam se arrepintió, aquel se movió
y le dio permiso de ir con Balac (22:33-35).

Balac recibió a Balaam y también le llamó la atención (22:36-37). A Balaam y a los príncipes, Balac los honró con bueyes y ovejas que ordenó matar (22:40).

I. La petición

> "Ven pues, ahora, te ruego, maldíceme este pueblo, porque es más fuerte que yo; quizá yo pueda herirlo y echarlo de la tierra; pues yo sé que el que tú bendigas será bendito, y el que tú maldigas será maldito" (22:6).

Los hijos de Israel ya habían llegado a la frontera de Canaán, estaban en "...Moab junto al Jordán, frente a Jericó" (22:1). Ante la presencia de Israel, Balac, rey moabita que supo de la derrota del rey amorreo Og de Basán, se atemorizó (22:2-3). Luego comunicó su sentir de derrota a los ancianos de Madián (22:4).

Balac envió por el profeta "...Balaam, hijo de Beor, en Petor..." (22:5), territorio de Babilonia; quien además es mencionado por tres autores de libros en el Nuevo Testamento (2 P. 2:15, Jud. 11 y Ap. 2:14). Solicitó los servicios de un conjurador a quien respetaba por sus oráculos (Nm. 22:6). Balac sabía que si el profeta pagano bendecía a alguien, ese era bendecido; y si maldecía a alguien, era maldecido (22:6 cp. Nm. 23:7; Jos. 24:9; Dt. 23:4). Los contextos bíblicos, especialmente Deuteronomio 23:4, aclaran la procedencia de "...Balaam hijo de Beor, de Petor en Mesopotamia...".

El hecho de que Balac enviara por Balaam demuestra que el segundo era reconocido por sus conjuros proféticos, era alguien con un don corrompido. Él poseía carisma, aunque fuera negativo, pero le faltaba carácter. Tenía un don en su vida, pero carecía de santidad. De nada vale lo que proyectemos espiritualmente, si dentro de nosotros carecemos de integridad; de nada vale la reputación que se tenga de nosotros si ante Jesucristo estamos faltos.

Los ancianos de Moab con los ancianos de Madián llevaron a Balaam "dádivas de adivinación" y le comunicaron el deseo del rey Balac (22:7). Esas "dádivas de adivinación" son una prueba de la remuneración por el mal uso del don profético. La codicia y el amor al dinero transformaron a Balaam en un mercenario espiritual, en un vendedor de unción y en un capitalista del carisma.

Balaam actuó con una espiritualidad enchapada: les dio hospedaje esa noche a los enviados, mientras consultaba a Jehová (22:8). A aquellos que no tienen espiritualidad o la pierden, les gusta ensayarla delante de otros. Pretenden demostrar una santidad que ya perdieron. Reclaman una comunión con Dios que es pura apariencia. Balaam era un pagano, un adivinador, un conjurador, que se expresaba como si mantuviera una comunión con Jehová, el Dios de Israel.

II. La prohibición

"Entonces dijo Dios a Balaam: No vayas con ellos, ni maldigas al pueblo, porque bendito es" (22:12).

Dios interrogó a Balaam: "...¿Qué varones son estos que están contigo?" (22:9). Posiblemente por medio de un sueño, Dios se le reveló al profeta de Mesopotamia. Dios sabía quiénes eran los visitantes en la casa del profeta, pero deseaba una confesión de Balaam. En otras palabras, Dios le dijo: "Yo sé quiénes son ellos, pero ¿lo sabes tú?". Muchas preguntas de Dios son confrontaciones.

Balaam le declaró al Señor que eran una comisión de Balac, rey de Moab (22:10). Y le repitió a Jehová lo dicho por aquel, quien le pidió al profeta la maldición sobre el pueblo de Israel (22:11).

La respuesta de Dios a Balaam fue: "...No vayas con ellos, ni maldigas al pueblo, porque bendito es" (22:12). El mensaje de Dios fue claro: (1) "No vayas con ellos", (2) "No lo maldigas", (3) "Bendito es". Todo lo que Balaam hiciera fuera de lo dicho por Jehová estaría fuera de la voluntad divina. ¡Lo que Dios dijo era su voluntad divina!

A los príncipes de Balac, Balaam les declaró: "...Jehová no me quiere dejar ir con vosotros" (22:13). En otras palabras: "Yo quisiera ir con ustedes, pero Jehová me lo ha prohibido".

III. El permiso

"Si vinieron para llamarte estos hombres, levántate y vete con ellos; pero harás lo que yo te diga" (22:20).

Balac envió a otra delegación de príncipes "...más honorables que los otros" (22:15). Ellos llegaron a Balaam y le presentaron la oferta de Balac si los acompañaba (22:16). (1) "Te honraré mucho" y (2) "haré todo lo que me pidas" (22:17).

Balaam se mostró reacio a lo ofrecido por Balac (22:18); y se expresó aparentemente sumiso a la palabra de Dios. Leemos: "...Y Balaam respondió y dijo a los siervos de Balac: Aunque Balac me diese su casa llena de plata y oro, no puedo traspasar la palabra de Jehová mi Dios para hacer cosa chica ni grande" (22:18). Notemos esa supuesta confesión de fe que él declaró: "No puedo traspasar la palabra de Jehová mi Dios para hacer cosa chica ni grande". ¿Cómo llegó Balaam al conocimiento de Jehová? Es un misterio en esta historia.

El grave error de Balaam estuvo cuando invitó a esta otra compañía a pasar la noche en su casa para volver a consultar a Jehová (22:19). Esta segunda consulta a Jehová por parte del profeta demostraba en él inseguridad espiritual, el deseo que había en él de ir con aquellos príncipes ante Balac. Si ya Dios le había hablado diciéndole que no fuera con ellos ni maldijera al pueblo porque era bendito, volver a Dios en oración con el mismo asunto era una demostración del profeta de querer hacer su voluntad y no la voluntad de Dios, que rotundamente le había declarado: NO.

En la nueva contestación o respuesta de Jehová Dios al profeta Balaam, se introduce la que los teólogos y biblistas cristianos han denominado como la voluntad permisiva de Dios. Es decir, Dios permite algo que en realidad uno quiere hacer y que no es su voluntad.

Dios le habló en la noche a Balaam: "...Si vinieron para llamarte estos hombres, levántate y vete con ellos; pero harás lo que yo te diga" (22:20). Antes, Dios le había dicho al profeta: "...No vayas con ellos..." (22:12). Ahora le dijo: "...vete con ellos..." (22:20). El deseo de ir con ellos estaba arraigado en el corazón de Balaam. Era algo que Dios sabía. La voluntad perfecta de Dios desde el principio era que Balaam no fuera con ellos, la voluntad permisiva de Dios ahora era que fuera con ellos, porque eso quería hacer Balaam. No todo lo que uno siente de Dios hacer en su vida es porque sea en realidad la voluntad de Dios. En otras palabras, Jesucristo muchas veces deja que hagamos lo que queremos hacer. Él respeta el libre albedrío.

"...pero harás lo que yo te diga" (22:20). A pesar de que Dios no estaba de acuerdo con la insistencia de Balaam en que Él reconsiderara si iba o no iba con aquellos emisarios del rey Balac, estableció su voluntad sobre el profeta. A pesar de nuestra terquedad, de nuestros caprichos, de querer hacer lo que queremos, Jesucristo puede realizar el propósito de Él en nuestras vidas. Podemos ser usados por Dios muchas veces, aunque en nuestros corazones no esté el querer ser usados.

No hagamos lo que queremos hacer, hagamos lo que Jesucristo quiere que hagamos. Por eso es importante conocer la mente de Dios por medio de la lectura de las Sagradas Escrituras.

IV. La reprensión

"Y la ira de Dios se encendió porque él iba; y el ángel de Jehová se puso en el camino por adversario suyo.

Iba, pues, él montado sobre su asna, y con él dos
criados suyos" (22:22).

En la voluntad permisiva de Dios, Balaam se fue con los príncipes
de Moab montado en su asna (22:21). "Y la ira de Dios se encendió
porque él iba..." (22:22). Esto demuestra que el viaje del profeta no
era la perfecta voluntad de Dios para él. Dios se molesta con aquel
y aquella que insisten en hacer lo que Él le dijo que no hicieran. A
Dios le enoja cuando operamos en nuestra voluntad.

"...y el ángel de Jehová se puso en el camino por adversario
suyo..." (22:22). En hebreo *adversario* es "Satán", y en griego es
"Satan" sin acento. En Zacarías 3:1 se hace una distinción entre
Jehová como "adversario" y "Satanás" el reconocido "adversario".
Dios puede ser nuestro adversario cuando insistimos en hacer
algo que Él ya antes había prohibido. Es muy posible confundir el
Adversario divino con el adversario maligno. La tormenta que el
profeta Jonás experimentó en el mar vino de parte de Dios (Jon. 1:4),
la que experimentaron los discípulos vino de parte del maligno (Mt.
8:23-27). Para distinguir esto, se necesita discernimiento espiritual.

En el trayecto del camino, la burra de Balaam vio al ángel de
Jehová "...con su espada desnuda en su mano; y se apartó el asna
del camino, e iba por el campo..." (22:23). La terquedad del animal
contrasta con la inteligencia del profeta. La burra vio lo que el
profeta no vio. Esta vio al ángel de Jehová y se salió del camino.
Esta burra fue más sabia que el profeta, que fue burro ante esta
visión. Hay animales más inteligentes que muchos seres humanos
que no proveen para la necesidad de sus hijos, que los dejan morir
de hambre, que los abandonan ante el peligro, que no les dan
protección contra los depredadores sexuales, que abusan de ellos y
los maltratan.

Recientemente vi un documental filmado por un aficionado en
África, donde un grupo de leones jóvenes atacaron una manada de
búfalos, que al huir dejaron atrás a una cría. Esta, desesperad, cayó
al río, y los leones luchaban por sacarla y sofocarla. Para colmo, un
cocodrilo también atacó al joven búfalo. Ambos, leones y cocodrilo,
peleaban por la presa. Para sorpresa la manada de búfalos regresó
al rescate de su homólogo. Un búfalo se enfrentó a los leones, y así el
joven búfalo logró incorporarse y regresar con la manada.

"...Entonces azotó Balaam al asna para hacerla volver al camino"
(22:23). El animal de carga fue sensible a la presencia del ángel de
Jehová, pero el profeta de Dios fue insensible a la presencia del
ángel y al animal que golpeó.

El ángel de Jehová se puso en una senda que tenía una pared a un lado y otra pared a otro lado (22:24); y el asna, al ver de nuevo al ángel de Jehová, apretó el pie del profeta contra la pared (22:25). Por eso Balaam la volvió a azotar (22:25). Por segunda vez, la burra tuvo una revelación que no tuvo el burro Balaam. A causa de su codicia, el profeta había perdido la visión espiritual. La burra tuvo más visión que el dueño. El pecado quita la visión espiritual.

Luego, el ángel de Jehová los interceptó en un camino angosto, y al verlo el asna se echó abajo, y Balaam con enojo la golpeó por tercera vez (22:26-27). Dios le abrió la boca a la burra haciéndola inteligente al hablar, la cual dijo a Balaam: "...¿Qué te he hecho, que me has azotado estas tres veces?" (22:28). Aun con lo sucedido tres veces, el burro Balaam no podía discernir el trato de Dios con su vida. Dios tuvo que utilizar una burra para hacer entrar en razón al profeta caprichoso.

En Proverbios 12:10 leemos: "El justo cuida de la vida de su bestia; mas el corazón de los impíos es cruel". En otras palabras, la actitud de Balaam era la de un injusto y de un impío con un corazón cruel.

Balaam contestó al asna: "Porque te has burlado de mí. ¡Ojalá tuviera espada en mi mano, que ahora te mataría!" (22:29). Escuchemos al burro Balaam discutiendo con la burra. El enojo de Balaam se trasformó en ira (22:27). Y todo eso germinó en el profeta el deseo de matar a su asna (22:29). El enojo ha llevado a muchos a pensar en matar aquello que le ha sido de bendición y ayuda para su vida.

La respuesta milagrosa del asna fue: "...¿No soy yo tu asna? Sobre mí has cabalgado desde que tú me tienes hasta este día; ¿he acostumbrado hacerlo así contigo? (22:30). Balaam le respondió: "No" (22:30). Entre la burra y el profeta burro se desarrolló un diálogo. Lo que el profeta no se daba cuenta era que Jehová Dios estaba tratando con él. Balaam fue más burro que la misma burra. Al profeta, al vidente, al supuesto entendido en oráculos, Jehová le habló a través de una burra.

Si nuestros animales un día pudieran hablar, ¿qué crees que nos dirían cuando los estamos maltratando? Si Dios tuviera que utilizar tu mascota preferida, el animal doméstico de tu casa o finca para corregirte algo espiritual, ¿qué te imaginas que te podría decir?

Dios entonces le abrió los ojos al profeta, el cual vio al ángel de Jehová como lo había visto su asna y, con reverencia, se inclinó con el rostro a tierra (22:31). El texto hebreo implica que Balaam se postró sobre los orificios de la nariz. El ángel de Jehová le habló con reprensión diciéndole: "...¿Por qué has azotado tu asna estas tres veces? He aquí yo he salido para resistirte, porque tu camino es perverso delante de mí" (22:32).

En las acciones negativas del asna, estaba la resistencia de Dios, el cual quería detener al profeta en ese camino de desobediencia y de perversidad. Balaam estaba yendo donde Dios realmente no quería que él fuera. Las pruebas y los obstáculos que se manifiestan en nuestras vidas no siempre son ataques del enemigo, pueden ser ataques de Dios para resistirnos en nuestra avanzada.

Dios siguió hablando con Balaam: "El asna me ha visto, y se ha apartado luego de delante de mí estas tres veces; y si de mí no se hubiera apartado, yo también ahora te mataría a ti, y a ella dejaría viva" (22:33).

Si el asna no se hubiera apartado del ángel de Jehová, Dios le hubiera traído juicio de muerte al profeta. Su asna le salvó tres veces la vida a Balaam. Para Dios, más merecía vivir la burra que el profeta ("y a ella dejaría viva"). Matthew Henry dijo: "Que nadie se ensoberbezca con fantasías de visiones y revelaciones, cuando incluso una burra vio a un ángel" (*Comentario Bíblico de Matthew Henry*, Editorial CLIE, p. 164).

Balaam en aparente actitud de arrepentimiento oró: "...He pecado, porque no sabía que tú te ponías delante de mí en el camino; mas ahora, si te parece mal, yo me volveré" (22:34). A pesar de esta oración del arrepentido y de admitir que Jehová se le apareció en el camino para resistirlo, el profeta se columpiaba en su voluntad: Primero, dice: "...porque no sabía que tú te ponías delante de mí...". Luego: "...si te parece mal, yo me volveré". Todavía Balaam no fue capaz de admitir en su vida que su viaje a Balac estaba mal, por eso le dice a Dios: "...si te parece mal, yo me volveré". Aún le causaba problemas darse cuenta de que Dios no lo quería en el viaje que estaba realizando. Cuántas cosas hacemos y decimos que están fuera de la voluntad primera de Dios.

Leemos: "Y el ángel de Jehová dijo a Balaam: Ve con esos hombres; pero la palabra que yo te diga, esa hablarás. Así Balaam fue con los príncipes de Balac" (22:35). En otras palabras se puede parafrasear lo dicho por Dios: "Tú insistes en ir. Yo insisto en lo que tú comunicarás. El mensaje que entregarás será el mío".

Números 22:36-40 narra el encuentro entre Balac y Balaam. Balac le hizo tres preguntas: "...¿No envié yo a llamarte? ¿Por qué no has venido a mí? ¿No puedo yo honrarte?" (22:37).

Balac se dirigió al profeta con cierto nivel de familiaridad, de compromiso y de autoridad. Transformados los interrogantes en contestaciones, sería: "Sabes que yo envié a llamarte. Tenías que venir inmediatamente a mí. Yo te remunero por tus servicios". Todo esto demuestra una vez más que Balaam era un mercenario espiritual, uno que comercializaba con su don, lo explotaba para beneficio propio.

Balaam le dejó saber a Balac que esta vez todo sería diferente. Aunque llegó a él, hablaría lo que Dios le diera a hablar: "La palabra que Dios pusiera en mi boca, esa hablaré" (22:38).

Balac se hizo acompañar por Balaam (22:39); y el rey celebró el encuentro del profeta con los príncipes que llegaron con Balaam, mediante un gran festín de bueyes y ovejas (22:39).

Conclusión

El Espíritu Santo puede usar lo más raro, lo que no tiene sentido, incluso el burro de nuestra propia vida, para hablarnos y dejarnos saber que estamos fuera de la voluntad de Dios.

"Y LE DIO EL CARGO"

"Y puso sobre él sus manos, y le dio el cargo,
como Jehová había mandado por mano
de Moisés" (Nm. 27:23).

Introducción

Dios, en el monte Abarim, dejó que Moisés viera la tierra prometida donde le reveló su muerte (27:12-13) y la razón de la misma (27:14). Moisés le pidió a Jehová un sucesor con corazón de pastor (27:15-17). Dios eligió a Josué, su asistente, y le dio instrucciones relativas a su instalación como líder sucesor (27:18-23).

I. La orden

"Jehová dijo a Moisés: Sube a este monte Abarim, y verás
la tierra que he dado a los hijos de Israel" (27:12).

El monte Abarim es parte de la cordillera donde también está el monte; tiene una altura de 2740 pies (840 m). El mensaje de Dios para Moisés fue: "...Sube a este monte Abarim, y verás la tierra que he dado a los hijos de Israel" (27:12).

Es decir que Jehová Dios le permitió a Moisés ver la tierra prometida, aunque no entraría en ella. Leemos: "Y después que la hayas visto, tú también serás reunido a tu pueblo, como fue reunido tu hermano Aarón" (27:13). A Moisés le fue revelada la proximidad de su muerte y de su reunión con los fallecidos del pueblo y con su hermano Aarón. La muerte para el creyente es una reunión con amigos, conocidos y familiares que hayan vivido al máximo la fe dada por Dios. Es dejar una familia terrenal para unirse a una familia espiritual. A todos nosotros se nos extenderá dicha invitación, pero hay dos reuniones con dos destinos diferentes (léase Ecl. 7:1-4). La versión *Dios Habla Hoy* declara: "Después que la hayas visto morirás…". Dios nos deja ver muchas cosas antes de que tengamos que morir.

Jehová estaba preparando a Moisés para emprender el mayor éxodo de su vida: de la muerte a la presencia directa con Dios. Ese éxodo de la muerte es una transición por la que todas las personas tienen que peregrinar. Y un día también nos tocará caminar a nosotros. Desde que nacimos, tenemos la sentencia de la muerte. Pero vale la pena morir por el privilegio de haber vivido. Así como María y Aarón se reunieron con sus padres, ahora le tocaría a Moisés reunirse con ellos, con la familia y con muchos otros. ¡Esta es la reunión de la muerte!

Jehová le recordó a Moisés la causa por la cual él no entraría a la tierra prometida, al igual que otros que no entrarían. Aunque no entró a la tierra prometida con esperanzas temporales, sí entró a la otra tierra prometida con esperanzas eternas. Dios preparó a Moisés para este éxodo a la eternidad. En el desierto de Zin, el pueblo se quejó contra Dios a causa de las aguas; y Moisés enojado golpeó la peña para que diera agua. Pero esa acción los privó a él y a Aarón de entrar a la tierra prometida (27:14 cp. 20:1-13). Cuántas acciones nuestras nos privan de muchas bendiciones y nos cierran puertas de oportunidades. Errores del pasado arrastran cadenas de consecuencias que podemos experimentar en el presente y que nos encadenarán en el futuro.

Deshonrar al padre o la madre puede traer una muerte prematura (Éx. 20:12); de igual manera la desobediencia a Dios puede cancelar mediante la muerte nuestra entrada a muchos sitios a los que Jesucristo nos quiere llevar. Muchos mueren sin ver sueños cumplidos por haber hecho las cosas a su manera y no a la manera de Dios. No cancelemos el propósito de Jesucristo en nuestras vidas.

II. La petición

"Entonces respondió Moisés a Jehová, diciendo: Ponga Jehová, Dios de los espíritus de toda carne, un varón sobre la congregación" (Nm. 27:15-16).

Leemos: "Entonces respondió Moisés a Jehová…" (27:15). Estas palabras hablan de una resignación humana por parte de Moisés. El creyente necesita reconocer cuándo tiene que resignarse, rendirse y someterse a la voluntad de Dios, aunque esta no le convenga desde el punto de vista humano. Un comentario a la Torá dice:

"Una tradición posterior, comoquiera, tuvo a Moisés discutiendo vigorosamente su caso con Dios" (W. Gunther Plaut). La palabra dicha por Jehová a Moisés sobre su muerte hizo a este pensar sobre quién sería su sucesor. Pocos líderes se preparan en vida para una transición de liderazgo; es más, la mayoría muere sin haber preparado o identificado a su sucesor. ¡Dejan todo al garete! Otros y no ellos decidirán quiénes serán los sustitutos que llenarán sus zapatos. Con nosotros se realiza la obra de Dios, sin nosotros la obra de Dios continuará. Sencillamente, Jesucristo no detiene sus planes porque nos muramos.

Moisés fue a Dios en oración pidiendo "...un varón sobre la congregación" (27:16). Él tenía por lo menos dos candidatos, Josué y Caleb, pero podía haber otros. Los líderes como Moisés se preocupan por el futuro y la continuidad de un ministerio, una institución y una organización. Ese *varón*, en este caso, Jehová Dios ya lo estaba armando, y preparándolo.

"Que salga delante de ellos y que entre delante de ellos..." (27:17). Hay líderes que salen y no entran, otros entran y no salen. ¡Estancan la obra! Moisés pidió un sucesor con estas dos cualidades, público y privado, ministrador y administrador. Se necesitan líderes que sepan estar con el pueblo, es decir, gente de pueblo. A muchos les gusta el escritorio, la oficina, pero no el campo. Se tiene que salir para afuera y se tiene que entrar hacia adentro. El verdadero líder anda por todas partes.

"...que los saque y los introduzca..." (27:17). La misión del sucesor era sacar al pueblo del este del Jordán para introducirlo al oeste del Jordán. Era cruzar el río Jordán. Conquistar la tierra de la promesa. Repartir el territorio conquistado entre las doce tribus. El trabajo consistía en poseer, distribuir y reorganizar a un pueblo nómada del desierto en un pueblo sedentario en territorios ocupados. ¡Una gran envergadura de esfuerzo y valentía! Se necesitaba un líder que dirigiera y fuera seguido. La señal de un líder es que detrás de él o ella hay una cortina de polvo que es levantada por aquellos que lo siguen.

"...para que la congregación de Jehová no sea como ovejas sin pastor" (27:17). Dios llamó a Moisés cuando ya en él estaba formado el corazón de pastor. David, antes de ser rey, tenía corazón de pastor. La nación de Israel veía al rey como el dirigente pastor. Moisés no quería que su muerte dejara al pueblo sin líder.

Muchos hoy día pueden ser pastores sin un corazón de pastores. Ejercen un ministerio al cual verdaderamente no han sido llamados. La necesidad económica en la sociedad y la incapacidad para realizar otras labores es lo que los impulsa a optar por el ministerio, y no porque hayan sido llamados por Jesucristo para esa gran tarea. La falta de un corazón pastoral produce ministerios raquíticos, carentes de visión, faltos de compromiso comunal, líderes que estancan la obra y no promueven su desarrollo. La formación de un corazón pastoral es un proceso lento y doloroso, pero efectivo.

El verdadero corazón pastoral que deben tener todos aquellos que ejercen algún ministerio es un corazón perdonador, un corazón restaurador, un corazón compasivo, un corazón preocupado por el bienestar de otros, un corazón servicial.

III. La respuesta

"Y Jehová dijo a Moisés: Toma a Josué hijo de Nun,
varón en el cual hay espíritu, y pondrás tu mano sobre él"
(27:18).

Jehová Dios le confirmó a Moisés que Josué, hijo de Nun, era quien lo sucedería para dirigir al pueblo de Israel (27:18). La obra de Dios marchará mejor cuando sea Jesucristo mismo quien designe las personas para las grandes tareas de la Iglesia.

"...varón en el cual hay espíritu..." (27:18). Esto se puede leer así: "Varón en quien está el espíritu". Literalmente implica "uno que está inspirado". Jesucristo llamará y usará a una persona con espíritu de discípulo, con espíritu manejable, con espíritu de líder, con espíritu disponible. Muchos quieren el liderazgo, pero carecen de espíritu para las demandas de este. A muchos, Jesucristo los quiere usar, pero tienen que desaprender muchas cosas antes de aprender nuevas cosas. Es decir, tener un espíritu enseñable, controlable y disponible. En Josué ya estaba el espíritu, no lo recibió ceremonialmente, sino que la ceremonia confirmó en público que era posesor del don.

"...y pondrás tu mano sobre él" (27:18). Mediante este acto de imposición de manos, Josué sería designado públicamente como el sucesor elegido por Moisés y designado divinamente por Dios. Ante todo el pueblo, Moisés lo nombraba. En el hebreo, se utiliza la *semichah* para describir este acto de ordenación, popular en las ordenaciones ministeriales para rabinos y ministros cristianos.

"Y lo pondrás delante del sacerdote Eleazar..." (27:19). Josué necesitaba ser reconocido por la máxima autoridad espiritual, que era la del sumo sacerdote. Este también le daría su aprobación sacerdotal.

"...y delante de toda la congregación..." (27:19). Josué sería presentado oficialmente como el sucesor electo de Moisés ante el pueblo. Ellos lo aceptarían en su nuevo cargo, aunque para el pueblo no era un desconocido, sino un conocido.

"...y le darás el cargo en presencia de ellos" (27:19). El traspaso de la autoridad espiritual sería en una ceremonia pública. Allí Moisés entregaría su cargo a Josué. Muchos líderes entregan la posición, pero no traspasan su autoridad espiritual. ¡Eso confunde y hace daño al pueblo! ¡Tenemos que prepararnos para el tiempo del relevo, para la hora de entregar el mando a otro!

"Y pondrás de tu dignidad sobre él..." (27:20). Josué tendría una transferencia de poderes, privilegios y respeto de parte de Moisés. Aun antes de morir, Moisés pondría algo de su autoridad sobre Josué. La dignidad que gozaba Moisés como líder, la gozaría Josué como sucesor. Lo que Moisés tenía lo pondría sobre Josué. Le entregó una posición con dignidad. Eso es lo que conocemos como investidura espiritual. Se puede discrepar con la persona, pero se debe honrar la investidura. Tenemos que aprender a respetar las investiduras espirituales, así como respetamos la investidura de un rector, un policía, un doctor, un juez...

"...para que toda la congregación de los hijos de Israel le obedezca" (27:20). A la congregación se le haría un encargo principal: obedecer a Josué. Lamentablemente, vivimos en días en los que las personas quieren obedecer de manera selectiva, es decir obedecen más por sentimientos que por voluntad.

Moisés nunca necesitó el Urim para hablar con Dios, pero Josué consultaría al sacerdote Eleazar y mediante el Urim discerniría la voluntad divina. De esa manera, dirigiría al pueblo en las campañas militares (27:21). Sus movimientos a favor de otros serían confirmados por la voluntad divina. Dios no cambia, pero sus tratos cambian. A unos les habla de una manera y a otros les hablará de otra manera.

"...por el dicho de él saldrán, y por el dicho de él entrarán..." (27:21). Josué sería un líder con autoridad directiva. Sus órdenes tenían que ser obedecidas y cumplidas. Obedecer la palabra de Josué era respetar su carácter e investidura.

Moisés obedeció las instrucciones de Jehová, presentó a Josué delante de Eleazar, sumo sacerdote, para la bendición y el ungimiento en presencia de todo el pueblo. "Y puso sobre él sus manos, y le dio el cargo, como Jehová había mandado por mano de Moisés" (27:23).

Leamos esta expresión: "Y le dio el cargo". Josué no buscó el cargo o la posición, Moisés se lo dio por voluntad divina. Las posiciones divinas tienen que venir de parte de nuestro Señor Jesucristo. En Efesios 4:11 leemos: "Y él mismo constituyó a unos apóstoles; a otros, profetas; a otros, evangelistas; a otros, pastores y maestros". Moisés reafirmó a Josué en dicha posición. No busques posiciones, deja que estas vengan a ti. Pero eso sí, trabaja para que cuando las vacantes estén disponibles, puedan ser llenadas por ti. Cuando seas nombrado a alguna posición, hónrala, desarróllala y da en ella lo mejor de ti.

Conclusión

La vida es una transición de continuo. Tarde o temprano, otros nos sustituirán así como nosotros sustituimos a otros. Prepararnos y preparar a otros para este cambio beneficiará a aquellos a los que hemos servido y que serán servidos.

"BASTANTE TIEMPO EN ESTE MONTE"

34

"Jehová nuestro Dios nos habló en Horeb,
diciendo: Habéis estado bastante tiempo en este
monte" (Dt. 1:6).

Introducción

El libro de Deuteronomio presenta una colección de discursos predicados por Moisés, mientras el pueblo de Israel mantenía su campamento en la región de Moab, esperando el momento de marchar hacia la tierra prometida (1:1-5). Ese tiempo de espera es clave para cualquier ministerio, siempre y cuando no sea un tiempo excesivo. Era el año 40, el primer día del undécimo mes (1:3). Todo este mensaje que Dios le dio al pueblo fue después que Moisés derrotó al rey Sehón, amorita en Hesbón (al este de Jericó) y a Og rey de Basán (al noreste del Mar de Galilea).

I. El tiempo

"Jehová nuestro Dios nos habló en Horeb, diciendo:
Habéis estado bastante tiempo en este monte" (1:6).

En el año cuarenta de la peregrinación del éxodo, Moisés le recuerda al pueblo lo que Dios le había dicho en Horeb. En la geografía bíblica, el monte Horeb y el monte Sinaí son nombres intercambiables que se refieren a un mismo lugar (Éx 3:1, 12 cp. Éx 19:2 y Dt. 1:6). Hoy día se conoce con el nombre árabe de Jabel-Musa o monte de Moisés.

De vez en cuando, es bueno recordar lo que Dios ha dicho. Recordar sus amonestaciones, recordar sus palabras de exhortaciones. Repasa las notas de los sermones que hayan impactado tu vida, escucha las grabaciones, mira los videos. Mantén activas en tu presente las palabras de Dios del pasado.

Horeb representa el lugar donde descubrimos quiénes somos y para qué nos llama Dios. Allí Moisés descubrió quién era él y quién era Dios. Es el lugar de la revelación divina y de la búsqueda de nuestra fe en esa revelación. Es un lugar de retiro espiritual, de comunión espiritual y, sobre todo, un lugar de crecimiento como creyentes.

Horeb es también el lugar de la espera, donde se posa la nube y donde se levanta. En aquel lugar, aprendemos a ser pacientes en Dios; si la nube no se mueve, no podemos marchar. Es donde se tiene comunicación con lo divino. Allí en Horeb, Dios habla, y nosotros como pueblo lo escuchamos.

Horeb es el lugar donde somos peregrinos de la fe, donde crecemos en el conocimiento de Dios y de su Palabra. Pero es también el lugar tranquilo, placentero, cómodo, de detención, de no avanzar, de acostumbrarnos a quedarnos, de tomar la siesta espiritual.

Horeb tiene que ser una etapa o estación en el éxodo espiritual, no puede ser la meta final. Es un nivel ya alcanzado, pero faltan otros niveles por alcanzar. Muchos no quieren subir a otro nivel. Se quedan siempre en el mismo nivel de fe, el mismo nivel de consagración, el mismo nivel de servicio espiritual, el mismo nivel de trabajo para el Señor Jesucristo. Hay niveles que se deben mantener, pero la mayoría de los niveles se deben sobrepasar. Para muchos pasan los años, y todavía están en el mismo lugar. Sus años son repetidos. Se resisten al crecimiento espiritual. Luchan contra los cambios que los tiempos exigen. Se oxidan en las ideas, los planes y los proyectos. Otros crecen, pero ellos no crecen. Otros avanzan, pero ellos se estancan.

La vida cristiana para muchos es un conjunto de rutinas espirituales. Como Sansón, se encuentran dando vueltas en el mismo molino. Esta clase de creyentes vive muy satisfecho con lo logrado y alcanzado. Es tiempo ya de levantar campamento. Desarmemos las tiendas de campaña y vayamos a levantarlas en otro lugar. No te quedes donde estás. Múdate de esa zona de comodidad, de ese lugar de pasividad, y deja esa esquina de conformidad.

Jehová Dios le habló al pueblo y le dijo: "...Habéis estado bastante tiempo en este monte" (1:6). El tiempo de la transición, del cambio, de progresar, de avanzar, de moverse a la promesa y conectarse con la voluntad divina había llegado. Dios les estaba diciendo: "Pueblo mío, ¿qué pasa? Salgan ya de ahí, ya es tiempo de movernos". Tenemos que levantar campamento. Lamentablemente, muchos seres humanos llegan a una etapa de la vida y ahí se acomodan, se quedan estancados, se apagan en la visión. No son progresistas. Viven muy conformes con pequeños logros, pequeñas victorias, pequeños negocios, pequeñas congregaciones, pequeños proyectos, pequeños programas, pequeños presupuestos, pequeñas visiones... se quedan en todo lo pequeño. Jesucristo te ha dado el potencial de realizar y emprender cosas grandes. Guillermo Carey, el "Padre de las Misiones", dijo: "Emprendan para Dios grandes cosas, y Dios hará grandes cosas". Tú y yo ponemos limitaciones al poder de Dios sobre nuestras vidas, cuando no desarrollamos el potencial que nos ha dado el Espíritu Santo. Todos nosotros tenemos la unción de Dios para hacer cosas extraordinarias y fuera de serie. Decide hoy qué vas a hacer con la unción que Jesucristo te ha dado. Deja que el fuego de Dios avive tu vida.

Es interesante ver que Moisés le recuerda al pueblo de Israel cuando Dios le habló treinta y ocho años atrás en Horeb. Ahora, en pocos días, entrarían a la tierra de la promesa. Si no se hubieran movido, no hubieran llegado al lugar del destino divino, no hubieran arribado a la frontera del propósito divino. Hay lugares que gustan, que hacen a uno sentirse bien, pero son lugares que nos pueden estancar en el crecimiento espiritual. Hay cultos y reuniones que nos estancan, pero hay reuniones que nos ayudan a crecer. Jesucristo quiere que tú y yo crezcamos.

II. La orden

> "Volveos e id al monte del amorreo y a todas sus comarcas, en el Arabá, en el monte, en los valles, en el Neguev, y junto a la costa del mar, a la tierra del cananeo, y al Líbano, hasta el gran río, el río Eufrates" (1:7).

Dios le habló imperativamente al pueblo de Israel: "Volveos e id...". Les ordenó viajar para continuar en la realización de la visión, para llegar a la meta, al lugar del destino; para entrar por la puerta del propósito divino.

El pueblo tenía que darle la espalda al lugar cómodo, pero transitorio; al lugar tranquilo, pero temporal. Ahora era tiempo de marchar, de subir la escalera del éxito, de pasar de un nivel inferior a un nivel superior. Desde luego, Israel conquistó el monte del amorreo, el Arabá, los valles, el Neguev, algo de la costa del mar Mediterráneo, la tierra del cananeo, aunque no pudo conquistar la costa de los filisteos, el Líbano y hasta el río Éufrates. Dios da las promesas, las bendiciones, pero nos toca a nosotros conquistarlas.

Sacúdete, mueve tus alas de águila y lánzate a volar sobre nuevas alturas de fe y de esperanza. Sal del nido de la tranquilidad. Dice el libro de Deuteronomio 32:11: "Como el águila que excita su nidada, revolotea sobre sus pollos, extiende sus alas, los toma, los lleva sobre sus plumas". En estos días de unción profética, de ministerios proféticos, de avivamiento espiritual en que estamos viviendo, el Espíritu Santo está sacudiendo a muchos que descansan cómodamente sobre el plumaje de las bendiciones y no quieren salir del nido. Estos son aquellos y aquellas que no quieren pasar por la transición de aguiluchos a águilas.

Nunca conquistaremos todo lo que el Señor Jesucristo ha planificado para nosotros. Pero es mejor conquistar algo, alcanzar algunas metas, realizar parte de los proyectos, que quedarnos quietos e inamovibles en el santuario geográfico de Horeb. Pedro, en el monte de la transfiguración —posiblemente el Monte Tabor—, dijo: "Señor, bueno es para nosotros que estemos aquí; si quieres, hagamos aquí tres enramadas: una para ti, otra para Moisés, y otra para Elías" (Mt. 17:4). En Pedro, Juan y Santiago, encontramos la reacción humana de quedarse disfrutando en la zona de seguridad y olvidar el reto que tenemos por delante en la vida.

¡No te quedes donde estás! ¡Rompe el ciclo de la tranquilidad! ¡Sal de las rutinas! Es tiempo de volver a trabajar en los planes de Dios para nuestra vida. Más allá de Horeb, está la conquista. Horeb no es un fin, sino un proceso, es un medio para llegar a otro punto geográfico. Horeb es una parada, no es la estación final de la vida.

III. La visión

> "Mirad, yo os he entregado la tierra; entrad y poseed la tierra que Jehová juró a vuestros padres Abraham, Isaac y Jacob, que les daría a ellos y a su descendencia después de ellos" (1:8).

El contexto de esta promesa dada a tres generaciones con llamado y ministerio divino puede ser leído en Génesis 12:7; 15:18; 17:7-8; 26:4; 28:13. Es el triple testimonio generacional que Israel siempre repetía.

La visión es ver lo que Dios está viendo, es mirar hacia donde Dios está mirando. "Mirad…" es tener una visión enfocada en lo que Jesucristo nos quiere dar. Es confesar proféticamente que Él nos invita a ser sus socios, sus colaboradores, sus asistentes en muchos de sus planes y proyectos para nuestra generación.

David cumplió el propósito de Dios para su generación. A lo largo de la historia de la cristiandad, muchos hombres y mujeres, incluyendo líderes fallecidos nuestros y otros que están vivos, cumplieron y están cumpliendo con el propósito de Jesucristo para su generación. Tú y yo tenemos que cumplir con el propósito de Dios para nuestra generación.

"Mirad... os he entregado... poseed..." Nosotros poseemos aquello que miramos y que Dios nos entrega. Una visión, una recepción y una posesión. Veo, recibo y poseo. Mirando, pero sentados, no poseeremos absolutamente nada de los regalos divinos. El ministro del evangelio es un don humano, un regalo de Dios, que el Espíritu Santo le ha dado a la Iglesia.

Leemos: "...que les daría a ellos y a su descendencia después de ellos". Nosotros somos bendecidos en los genes generacionales cuando nos convertimos. De ahí la importancia de la transformación espiritual en la generación de los abuelos y los padres, para tener nietos bendecidos que, a la vez, serán receptores de las promesas para sus hijos, es decir los biznietos. Tú y yo somos bendecidos para bendecir a generaciones. Hemos sido cambiados para tener generaciones cambiadas. Sobre nuestros lomos, cargamos bendiciones generacionales.

Hay bendiciones que no morirán con una generación, sino que vivirán en la otra generación, son bendiciones que pasarán a nuestras generaciones. Nuestras vidas tienen que ser fructíferas en los hijos y nietos. Mucho de lo que Jesucristo te da a ti se lo quiere dar a tus hijos, pero tienes que enseñarles a ellos a recibir y a poseer lo que es ya de ellos. No podemos ser padres pasivos en la fe generacional, sino activos. Transmite valores morales, convicciones espirituales y carácter cristiano a tus generaciones. Márcalos con el cambio que Jesucristo ha hecho en tu vida.

Dios es un Dios de pactos: "...Jehová juró a vuestros padres Abraham, Isaac y Jacob...". Un pacto no es unilateral, es bilateral; es una especie de contrato entre dos partes, donde uno ofrece y demanda, y el otro recibe y reclama.

Por eso tiene que llegar a nosotros una revelación de lo que es vivir una vida de pactos con Dios. Con Él hacemos diferentes pactos:

(1) El *pacto de la profesión de fe*, cuando nos arrepentimos de la pasada manera de vivir, recibimos perdón por nuestros pecados y

entramos en una relación con Jesucristo. Ese cambio inicial con la habitación del Espíritu Santo en nuestras vidas exige de nosotros que vivamos santa y piadosamente.

(2) El *pacto financiero*, con la entrega voluntaria de nuestros diezmos y ofrendas, para ver prosperidad financiera en nuestras vidas. Diezmar es un deber, pero es además un privilegio que nos ofrece Dios.

(3) El *pacto matrimonial*, que se hace ante Dios por medio de un ministro —o se ratifica por este— conlleva un compromiso: "hasta que la muerte nos separe". El ideal del matrimonio cristiano es para toda la vida. De la relación matrimonial, depende la estabilidad de la familia y por qué no añadir el equilibrio espiritual.

(4) El *pacto familiar* es cuando entregamos a nuestros bebés y niños frente a un altar, con el ministro como mediador de ese compromiso. Esos niños deben ser criados en la casa de Dios. Se les tiene que enseñar a amar las cosas divinas, educarlos en la lectura bíblica, en la práctica asidua de la oración y en la asistencia regular al templo. Enséñales a tus hijos a vivir una vida cristiana.

Lamentablemente, nuestra espiritualidad se basa más en una cultura religiosa que en una relación personal con Jesucristo. Estamos más anclados en experiencias místicas que en la revelación del evangelio; en ser bendecidos que en ser bendición; en recibir que en dar; en ser consumidores del reino, antes que ser contribuyentes del reino.

Horeb no es un final, es una escala, es una estación, es una parada en el éxodo de nuestra vida. Es llegar a un lugar y buscar una experiencia con Dios; es recibir su Palabra y ser testigos de su gloria para luego marchar a conquistar y a poseer las promesas divinas.

Muchos se han quedado parados y estancados en experiencias pasadas, en los días de su conversión, hablando de los milagros que Dios hacía y del poder que se derramaba, pero de ahí no pasan a lo que tienen por delante. Manejan el vehículo de su vida enfocados en su retrovisor, sin mirar hacia delante. Y eso los puede hacer chocar emocionalmente.

Recientemente escuché a un reconocido predicador decir: "Las congregaciones tienen que volver al tiempo de los milagros. Hoy ya no se ven milagros". Al oír eso dije para mis adentros: *Este predicador necesita visitar congregaciones ungidas y llenas del poder. Jesucristo continúa haciendo milagros hoy como los hizo en los días bíblicos.*

Dice la Biblia: "Jesucristo es el mismo ayer, y hoy, y por los siglos" (He. 13:8). No te quedes encerrado en el cuarto del pasado, sal a la sala del presente y muévete al balcón del futuro.

Conclusión

Recuerda tu pasado, pero muévete hacia tu futuro. Entre tu pasado y tu futuro, el presente es tu puente: crúzalo. Sal de tu zona de seguridad y entra a la zona de retos que tienes por delante en la vida. En ti serán bendecidas tus generaciones si viven en pactos con Dios y reclaman esas bendiciones.

"TE HA ENTREGADO LA TIERRA"

"Mira, Jehová tu Dios te ha entregado la tierra; sube y
toma posesión de ella, como Jehová el Dios de tus padres
te ha dicho; no temas ni desmayes (Dt. 1:21).

Introducción

Desde, Horeb el pueblo peregrinó hasta Cades-barnea (1:19). Allí,
en el monte del amorreo, Moisés le recordó al pueblo la promesa de
la tierra (1:20-21). Les recordó que por petición de ellos él envió a los
doce espías —el primer servicio de inteligencia judío, hoy conocido
como la Mosad— para traer un informe de la tierra prometida (1:22-
25). Pero el pueblo fue rebelde y no quiso subir (1:26-28). Moisés los
animó a confiar en Dios (1:29-31) y a vencer su incredulidad (1:32-33).

I. El lugar

"Entonces os dije: Habéis llegado al monte del amorreo,
el cual Jehová nuestro Dios nos da" (1:20).

"Y salidos de Horeb, anduvimos todo aquel grande y terrible
desierto que habéis visto, por el camino…" (1:19). Me gusta esa
expresión: "Y salidos de Horeb". Horeb representa ese tiempo
de tranquilidad en la vida del creyente, esa época de renovación
mental, esos días de reposo emocional, esos años de equilibrio
sentimental. Horeb es esa etapa de la vida de la cual no queremos
salir. Horeb es el lugar donde nos sentimos seguros, es un estado
del cual no queremos salir ni avanzar. Pero dice la Palabra: "Y

salidos de Horeb". Horeb es un lugar de partida y no un lugar de estacionamiento permanente.

De esa estación en Horeb, el pueblo tuvo que enfrentar "todo aquel grande y terrible desierto". El desierto fue inevitable para ellos. No era su opción, tenían que atravesarlo. La cruz que lleva el cristiano no es una opción, es una imposición. Entre Egipto y la tierra de Canaán, se interponía el desierto. Los creyentes, tarde o temprano, también tenemos que pasar por algún desierto "grande y terrible". Las pruebas son grandes, las tribulaciones son grandes, las luchas son grandes. Las enfermedades son terribles, los divorcios son terribles, las infidelidades son terribles, las traiciones son terribles, los engaños son terribles. Pero servimos a nuestro Señor Jesucristo, el cual es más grande que todas nuestras luchas, aflicciones, molestias, pruebas y tentaciones. Con Jesucristo es más fácil cruzar los desiertos de la vida, porque Él es la Peña que nos da agua y es la Palmera que nos da sombra.

"...como Jehová nuestro Dios nos lo mandó..." (1:19). Dios permitirá muchas cosas en nuestras vidas. Cada vez que recibimos una noticia de que alguien que conocemos ha fallecido, se ha enfermado, ha tenido algún accidente, nos conmovemos hasta los cimientos más recónditos de nuestra vida. El dolor ajeno nos estremece, las penas de otros nos agobian, los gemidos y lamentos de seres que sufren nos laceran. En cada situación y circunstancia que la vida nos presente, Dios nos estará formando y disciplinando, para sacar de nosotros humildad y amor hacia otros. El desierto es un lugar de quebrantamiento, donde Dios tratará personalmente con nosotros. Allí, Él nos rompe y nos hace de nuevo. Personas orgullosas, tras haber pasado por la universidad del desierto, se han graduado con un certificado en humildad y servicio humano.

"...Habéis llegado al monte del amorreo, el cual Jehová nuestro Dios nos da" (1:20). De los pueblos del desierto, llegamos al gozo de nuestro destino. Aunque se llame el *monte del amorreo*, es nuestro, Dios nos lo da. ¡Tenemos que llegar a él!

"...Dios te ha entregado la tierra; sube y toma posesión de ella..." (1:21). Lo que Dios nos entrega es nuestro, tenemos que tomarlo. El mensaje de Dios es claro y directo: "Sube y toma posesión de ella". ¡Muchos no toman las promesas dadas por Dios! Dios les entrega algo, y no lo quieren poseer. Dios les ha hablado y les ha dado un sí y una orden, pero todavía están sentados para saber si es o no la voluntad de Dios. Jesucristo no te va a poner en las manos algo que ya te entregó, tienes que tomarlo. Si no subes hasta arriba no tomarás posesión. En tus manos está tomar esta decisión. No esperes más, muévete en el propósito divino. Aun Jesús de Nazaret le dijo a Judas Iscariote: "...Lo que vas hacer, hazlo más pronto" (Jn. 13:27).

Muchos mueren sin cumplir el propósito de Jesucristo. Se han pasado toda la vida pidiendo ser usados, pero no se dejan usar; desean servir, pero no sirven; oran por un ministerio, pero no ejercen el que se les ofrece. Están esperando que se les ofrezca algo, cuando ya se les ofreció.

II. La solicitud

> "Y vinisteis a mí todos vosotros, y dijisteis: Enviemos
> varones delante de nosotros que nos reconozcan la tierra,
> y a su regreso nos traigan razón del camino por donde
> hemos de subir, y de las ciudades adonde hemos de
> llegar" (Dt. 1:22).

Moisés, como líder, a los dos años de haber llegado a la frontera de la promesa, accedió a la demanda del pueblo de enviar delegados a la tierra prometida, para emitir un informe de cómo "subir" y cómo "llegar" allá. Esa Mosad judía (servicio de inteligencia y espionaje israelita) tenía una misión de espionaje para Israel: ir, ver e informar a Moisés y al pueblo.

Leemos: "Y vinisteis a mí todos vosotros, y dijisteis: Enviemos varones delante de nosotros que nos reconozcan la tierra, y a su regreso nos traigan razón del camino por donde hemos de subir, y de las ciudades adonde hemos de llegar". Es bueno observar la naturalidad con la que el pueblo y los líderes pudieron dirigirse a Moisés, con una recomendación que implicaba reconocimiento y razonamiento. Dios nos ha dado una cabeza no solo para llevar pelo o cargarla sobre nuestro cuello, sino para que pensemos con ella y la usemos. No tomemos decisiones en la vida sin antes haber razonado y pesado los pros y los contras.

"Y el dicho me pareció bien..." (1:23). Muchos dichos no suenan bien, son confusos, carecen de inteligencia, dicen mucho pero no dicen nada. Lo que ellos dijeron a Moisés, este lo aceptó y recibió en su corazón. ¡Eso es humildad en un líder que escucha las peticiones y necesidades de un pueblo! Muchos líderes creen que si no se hace a su manera, las cosas no funcionan. ¡Seamos humildes y dejemos la arrogancia! Jesucristo humilla a los orgullosos y exalta a los humildes.

Moisés eligió doce varones para que fueran al valle de Escol y trajeran del fruto de la tierra (1:24-25). El valle de Escol rodea el *wadi* Escol y está en las cercanías de la ciudad palestina de Hebrón. Leemos: "...y nos dieron cuenta...". Ellos rindieron su informe o reporte. Las órdenes se dan de arriba abajo y los informes de abajo arriba. El informe fue positivo: "...Es buena la tierra que Jehová nuestro Dios nos da" (1:25).

Tenemos que aprender a dar cuenta a alguien, a algún superior, tanto en lo religioso como en lo secular. La carencia de autoridad espiritual lleva al desenfreno y al fracaso como creyentes. Todos aquellos creyentes que se han descarriado es porque en algún momento dado de su vida, desertaron de la autoridad espiritual, se alejaron del campamento de Jesucristo. Tomaron las riendas de su vida y no dejaron al Espíritu Santo que los siguiera manejando espiritualmente.

La respuesta fue alentadora, positiva, optimista, esperanzadora: "Es buena la tierra". Muchos solo ven lo malo, lo negativo, los defectos, no ven lo bueno de las cosas y las personas. Incluso en lo peor de lo peor podemos ver algo bueno. Decía el Dr. Martin Luther King, Jr. en su discurso de *Tengo Un Sueño*, estas palabras: "Llegará el día cuando nuestros hijos no serán juzgados por el color de su piel, sino por el contenido de su carácter". Por eso tenemos que aprender a separar la persona de la conducta. De una piedra negra, se puede sacar un diamante reluciente.

III. La obstinación

"Sin embargo, no quisisteis subir, antes fuisteis rebeldes al mandato de Jehová vuestro Dios" (Dt. 1:26).

A pesar de un informe tan positivo, la actitud del pueblo fue negativa. Hay buenos mensajes que aterrizan en oídos negativos. ¡Las personas son así! Escuchan prédicas motivadoras y alentadoras, pero muchos continúan desmotivados y desalentados. Los sermones les estremecen en los templos, pero al salir siguen igual; caen al suelo bajo una unción del Espíritu Santo, pero ya la próxima semana no cumplen con sus responsabilidades ante Dios, como son diezmar y asistir según las posibilidades a los cultos; testifican con poder y unción, pero viven llenos de temor y cobardía ante los embates de las pruebas.

"Y murmurasteis en vuestras tiendas..." (1:27). El pueblo de Israel se movía mirando al pasado. Salieron de Egipto, pero Egipto no salió de ellos. ¡Pueblo malagradecido! No podemos manejar la vida mirando el retrovisor del pasado. Ellos murmuraban en las tiendas sobre el mensaje negativo de los diez espías. Muchos se la pasan en los hogares buscando faltas y quejándose de todo. ¡Deja ya de quejarte! ¡No hables de los demás! ¡No critiques a otros! ¡No te metas en la vida ajena! ¡Vive tu vida y respeta la vida de otros! ¡No les hagas caso a las críticas de los demás! ¡Disfruta tu vida en Cristo!

"¿A dónde subiremos? Nuestros hermanos han atemorizado nuestro corazón..." (1:28). Diez espías hablaron de la estatura de los cananeos, de las ciudades fortificadas y de los gigantes anaceos. Esa visión negativa anuló en el pueblo la visión positiva. La preocupación de la mayoría era a dónde subirían. Allí se vieron sin destino, sin lugar a dónde llegar. Muchos son así, no saben hacia dónde van; saben de dónde salieron, pero no saben a dónde llegarán. Estos son aquellos que transitan por esta vida como gitanos de la ignorancia o beduinos de la incertidumbre.

IV. La motivación
"Entonces os dije: No temáis, ni tengáis miedo
de ellos" (1:29).

Moisés los inoculó contra el temor y el miedo. Esos dos gemelos sentimentales trabajan y operan juntos, doblegando la voluntad y los buenos deseos en los seres humanos. Ellos tenían que ser desintoxicados de este doble virus. Limpia tu sistema emocional de todos esos tóxicos negativos.

Moisés les predicó que Jehová, que los dirigiría, pelearía por ellos y que no se olvidaría de lo que había hecho por ellos en Egipto (1:30). Ante lo desconocido del futuro, recordemos lo conocido del pasado. El Señor Jesucristo que ayer me ayudó, me ayudará mañana. ¡No cuentes las pruebas, cuenta las bendiciones! ¡No mires las derrotas, mira las victorias!

Moisés hizo pensar al pueblo sobre cómo Jehová Dios se había manifestado a favor de ellos en su tránsito por el desierto hasta donde habían llegado. Leemos: "...por todo el camino que habéis andado, hasta llegar a este lugar" (1:31). Si Dios nos trajo "a este lugar", nos llevará a aquel otro lugar. "Este lugar" es la frontera de nuestro destino final de aquí para allá. Aunque no veamos a nuestro Señor Jesucristo en nuestro desierto, Él ha estado todo el tiempo caminando a nuestro lado. Cuando no vemos sus pisadas, como el poema que algún anónimo compuso, es porque Él nos lleva cargados en sus brazos divinos.

A pesar de todo lo hecho por Dios y todo lo visto por el pueblo, ellos no creyeron (1:32). Dios fue su brújula de navegación, los dirigía con la columna de nube durante el día y con la columna de fuego por la noche. Pero aun con estas dos grandes señales, este pueblo perdió la fe y la esperanza fácilmente. Lo mismo ocurre hoy. Se ven señales y se ven milagros, pero los creyentes siguen quejándose, con su mentalidad cautiva en Egipto.

Conclusión

Creyente en Jesucristo, no dejes que las circunstancias y las pruebas de la vida te quiten la visión del futuro. Sigue caminando, sigue marchando, sigue avanzando, y verás cómo, poco a poco, te alejas de todo aquello que te quiere hacer daño.

"NO SUBÁIS, NI PELEÉIS"

"Y Jehová me dijo: Diles: No subáis, ni peleéis, pues no
estoy entre vosotros; para que no seáis derrotados por
vuestros enemigos" (Dt. 1:42).

Introducción

El pueblo había pecado contra Jehová, pero igualmente el ejército
decidió guerrear contra los amorreos (1:41). Dios, por medio de
Moisés, les prohibió subir a esa guerra (1:42), pero ellos no hicieron
caso (1:43). Los amorreos vinieron contra ellos como avispas y en
Horma los derrotaron (1:44). Ellos regresaron a Cades llorando
delante de Dios, pero este no les hizo caso. El contexto de este pasaje
puede ser leído en Números 14:39-45.

I. El pecado

"Entonces respondisteis y me dijisteis: Hemos pecado
contra Jehová; nosotros subiremos y pelearemos,
conforme a todo lo que Jehová nuestro Dios nos ha
mandado. Y os armasteis cada uno con sus armas de
guerra, y os preparasteis para subir al monte" (1:41).

"…Hemos pecado contra Jehová…" (1:41). El pueblo le confesó
su pecado a Moisés. Muchos reconocen su pecado y lo confiesan
a otros, pero no se apartan de él. Si no nos apartamos del pecado,
el pecado nos apartará de Dios. La aceptación del pecado nos debe
llevar al arrepentimiento. El que se arrepiente es aquel que siente un
hondo dolor, pesar y amargura por haber pecado; acompañado por
el deseo de apartase de su error.

"...nosotros subiremos y pelearemos..." (1:41). Ellos querían cumplir con la palabra y la orden que Dios les había dado de hacer la guerra. Muchos líderes y creyentes, sabiendo que ante Dios están espiritualmente mal, persisten en realizar un ministerio, en mantener una posición, en hacer algo a favor del Señor.

"...Y os armasteis cada uno con sus armas de guerra, y os preparasteis para subir al monte" (1:41). Como soldados se armaron hasta los dientes. Estaban humanamente listos para la guerra, pero espiritualmente estaban desarmados por parte de Dios. ¡No eran el ejército de Dios! ¡No pelearían la guerra de Dios!

II. La prohibición

"Y Jehová me dijo: Diles: No subáis, ni peleéis, pues no estoy entre vosotros; para que no seáis derrotados por vuestros enemigos" (1:42).

"...No subáis, ni peleéis..." (1:42). Dios le dijo a Moisés que les advirtiera: "No vayan a la guerra". Él le prohibió al ejército esa guerra. Cuando Dios prohíbe hacer algo o ir a algún lugar, no debemos hacerlo. Lamentablemente, muchos creyentes se lanzan a realizar proyectos prohibidos por el Señor Jesucristo.

"...pues no estoy entre vosotros..." (1:42). Esa sería una guerra con la ausencia de Dios. Dios sin ellos era Dios, ellos sin Dios no eran nada. Cuando Dios falta, todo falta. Él se alejó de ellos por su actitud pecaminosa.

Sobre Sansón leemos: "...Esta vez saldré como las otras y me escaparé. Pero él no sabía que Jehová ya se había apartado de él" (Jue. 16:20). Mientras Dios estuvo con Sansón, este derrotó a los filisteos. Cuando Dios se apartó de él, los filisteos capturaron a Sansón, le sacaron los ojos y lo ataron a un molino.

Sobre Saúl leemos: "El Espíritu de Jehová se apartó de Saúl, y le atormentaba un espíritu malo de parte de Jehová" (1 S. 16:14). Saúl se apartó de Jehová Dios, y Dios también se apartó de él. Cuando su cuerpo quedó vacío de Dios, tuvo que ser ocupado por otro poder espiritual, un demonio que le producía tormentos.

Sobre Judas Iscariote leemos: "...Y mojando el pan, lo dio a Judas Iscariote hijo de Simón. Y después del bocado, Satanás entró en él. Entonces Jesús le dijo: Lo que vas a hacer, hazlo más pronto" (Jn. 13:26-27). Cuando Jesús retiró su protección de Judas, Satanás reclamó su cuerpo. Fue a Satanás que Jesús le habló y le dijo: "Lo que vas a hacer, hazlo más pronto". Desde aquel momento, Judas estuvo posesionado por Satanás, fue su propiedad espiritual.

"...para que no seáis derrotados por vuestros enemigos" (Dt. 1:42). Dios los amonestó para que no fueran derrotados. Muchas derrotas nos ocurren porque no le hacemos caso a Dios.

Leemos: "Y os hablé y no disteis oído; antes fuisteis rebeldes al mandato de Jehová, y persistiendo con altivez subisteis al monte" (1:43).

"Y os hablé y no disteis oído..." Dios siempre avisa. Busca capturar nuestro oído. Él desea que lo escuchemos, que le prestemos atención.

"...antes fuisteis rebeldes al mandato de Jehová..." Desobedecer las órdenes de Dios es rebeldía. El pecado de rebeldía es el más visible en las congregaciones. Los rebeldes están dondequiera. ¡Destruyen congregaciones! ¡Destruyen matrimonios! ¡Destruyen líderes! ¡Destruyen personas! ¡Son una plaga destructiva!

"...y persistiendo con altivez subisteis al monte". La altivez de espíritu es confrontada de continuo en los proverbios. Aquí se habla del que persiste con altivez, aquel que con orgullo insiste en hacer lo que le da la gana.

III. La derrota

"Pero salió a vuestro encuentro el amorreo, que habitaba en aquel monte, y os persiguieron como hacen las avispas, y os derrotaron en Seir, hasta Horma" (1:44).

En vez de que el amorreo huyera del ejército de Israel, el ejército de aquel hizo una contraofensiva militar. Todas las guerras de Israel en el Antiguo Testamento representan las guerras espirituales de nosotros, los creyentes. Por lo tanto, las derrotas o victorias de Israel representan de igual manera las nuestras.

Fuera de la voluntad de Jesucristo, el enemigo nos saldrá al encuentro. Él sabe cuándo y cómo tocarnos. Sin el cerco del Espíritu Santo, corremos peligro.

"...y os persiguieron como hacen las avispas..." (1:44). El avispero del enemigo está picando a muchos y dejándoles ronchas. La altivez y la rebeldía mueven el panal de avispas. Dios dejará que las avispas nos piquen si nos apartamos de su voluntad. ¿Te sientes perseguido por las avispas?

"Y volvisteis y llorasteis delante de Jehová..." (1:45). Hay lágrimas que no conmueven a Dios, y oraciones que Él tampoco escucha. Lloraron, oraron, y Dios no les prestó atención. El Señor ignora a los desobedientes. Su oído no oye sus voces.

El pasaje termina diciendo: "Y estuvisteis en Cades por muchos días, los días que habéis estado allí" (1:46). Esa desobediencia, esa rebeldía, esa altivez y la aplastadora derrota estancaron al pueblo en Cades "por muchos días". Es triste cuando, "por muchos días", no avanzamos. Obedecer a Dios nos permite tener "muchos días" de adelanto y no de retraso.

Conclusión

El pecado de la rebelión contra los mandamientos de Dios traerá graves consecuencias sobre el creyente y sobre aquellos que se asocian con el desobediente.

"NO ME ESCUCHÓ"

"Pero Jehová se había enojado contra mí a causa de vosotros, por lo cual no me escuchó; y me dijo Jehová: Basta, no me hables más de este asunto" (Dt. 3:26).

Introducción

Deuteronomio 3:23-29 nos presenta a Moisés, el cual en oración le pidió a Jehová que le permitiera ver la tierra prometida y entrar en ella (3:23-25). Sin embargo Dios no le contestó su oración (3:26), sino que le ordenó subir al monte Nebo y mirar solamente la tierra (3:27). Luego le ordenó animar y fortalecer a Josué, quien introduciría al pueblo en la tierra de la promesa (3:28-29).

I. La oración

"Y oré a Jehová en aquel tiempo, diciendo:" (3:23).

Moisés fue un líder de oración. Uno al cual Dios le hablaba porque él le hablaba a Dios. Dios y él tenían comunicación recíproca. Ningún otro ser humano ha hablado con Dios como Moisés lo hizo. Muchos quieren oír a Dios, pero no le hablan a Dios.

La reina de Escocia dijo una vez: "Le temo más a las oraciones de John Knox, que a todos los ejércitos de Europa". Esta mujer le temía más a un hombre de rodillas que a todo un ejército en pie. Alguien escuchó a John Knox orar de esta manera por su nación: "Oh Señor, dame a Escocia o yo muero". Has orado alguna vez: "Señor Jesucristo, dame a mi familia o me muero".

Alguien dijo de Martín Lutero: "En su habitación íntima de oración, nació la reforma protestante". Las grandes revoluciones espirituales que han ocurrido en este mundo son producto de la oración intensa. La oración sigue siendo el arma de guerra defensiva y ofensiva de cualquier creyente. Veamos los elementos de la oración expresada por Moisés a Jehová:

"Señor Jehová, tú has comenzado a mostrar a tu siervo tu grandeza, y tu mano..." (3:24). Aquí Moisés reveló un espíritu de humildad. Él sentía que todavía necesitaba conocer más de Dios, su naturaleza y su poder. En otras palabras, decía: "Ahora, después de haber andado contigo cuarenta años, he comenzado a ver cuán grande eres". Nunca te sientas satisfecho con lo que has alcanzado espiritualmente. Nunca podemos sentirnos satisfechos con las experiencias recibidas por parte de Dios, todavía Jesucristo tiene más cosas que mostrarnos. Moisés se vio ante Dios como *siervo*. Esas cuatro décadas de trabajar para Dios le enseñaron que ser un siervo de Dios y para Dios era la más alta prioridad en su vida.

Al Señor no le interesan los títulos; Él se interesa en el servicio. El título más alto para Dios es el de *siervo*. Los otros títulos son más bajos. En el servicio a otros, Jesucristo se revela a través de nosotros. Es más importante servir que ser servidos. Cuando tú y yo servimos, somos más bendecidos que cuando nos sirven a nosotros. El nivel más bajo de la bendición es ser bendecido, el nivel más alto de la bendición es bendecir a otros.

"...porque ¿qué dios hay en el cielo ni en la tierra que haga obras y proezas como las tuyas?" (3:24). Con esta interrogante, Moisés le declaró a Dios que lo que Él hacía nadie lo podía hacer, por lo tanto solo Él era Dios en el cielo. Dios se revela por medio de "obras y proezas". Los puertorriqueños tienen una expresión sobre Dios que dice así: "Dios es tremendo".

"Pase yo, te ruego, y vea aquella tierra buena que está más allá del Jordán, aquel buen monte, y el Líbano" (3:25). La oración de Moisés fue de ruego. Él deseaba ver y entrar en la tierra prometida, al otro lado del Jordán y aún más lejos, como "el Líbano". La expresión "aquel buen monte" es probable que se refiera al monte Hermón, no muy distante del Líbano. No estaba pidiendo poco, estaba pidiéndolo todo. Esto demuestra la fe de Moisés. El hombre y la mujer de Dios no se conforman con poco, sino que quieren mucho. No le pidas poco a Dios, pídele mucho. Mucha salud. Muchas bendiciones. Mucho ministerio. Muchos años de vida. Mucha consagración. Mucha alegría. Mucha paz. Mucha tranquilidad. Mucho amor. Mucho servicio.

Moisés nunca perdió la visión de la tierra prometida. Esa visión de "aquella tierra buena que está más allá del Jordán" no se puede perder nunca. Tenemos que mirar la "tierra buena" y ver todo aquello que "está más allá". En dos sentidos —uno literal y el otro espiritual—, dice Deuteronomio 34:7 de Moisés: "...sus ojos nunca se oscurecieron, ni perdió su vigor". La Iglesia de Jesucristo nunca puede perder la visión clara de la *gran comisión* de Mateo 28:19-20 y de Hechos 20:20.

Nunca pierdas esa visión que Jesucristo te ha dado para ti, para tu familia, para tu vecindario, para tu pueblo. Ora siempre por ella. Decláraala en todo tiempo. Esa es la visión que "está más allá". Tu visión se mueve del *aquí* al *allá*; aunque vives hoy, estás mirando a mañana.

II. La respuesta

> "Pero Jehová se había enojado contra mí a causa de vosotros, por lo cual no me escuchó; y me dijo Jehová: Basta, no me hables más de este asunto" (3:26).

Ya Dios le había dado anteriormente a Moisés un no rotundo, le había dicho que él no entraría a la tierra prometida. La razón de esta prohibición fue que en vez de hablarle a la roca en Cades, Moisés la golpeó dos veces, y eso indignó a Jehová (Nm. 20:11). A Moisés se le había ido la mano. ¿Cuántas veces se nos va la mano a nosotros? En vez de hablar, golpeamos. En vez de decir, herimos.

"Pero Jehová se había enojado contra mí a causa de vosotros..." ¡Dios tiene sentimientos! En su santidad, Dios se enoja, reacciona contra todo aquel y todo aquello que se haga en desobediencia a su Palabra. En su enojo contra el pueblo, Moisés hizo las cosas a su manera: en vez de hablarle a la roca, él la golpeó. ¡Líderes, no dejen que los impulsos momentáneos, que nacen a raíz de presiones de un pueblo, los saquen de la voluntad de Jesucristo!

Por aquella acción descontrolada, por aquella ira momentánea, por aquel coraje que lo asaltó, aquel siervo de Dios, que por cuarenta años había servido en el ministerio de dirigir aquel pueblo por el desierto, fue privado del gran privilegio de entrar a la tierra de la promesa. Pero aun así, Moisés no se rindió, creyó que todavía Dios le podía dar una segunda oportunidad. Los intercesores son todos aquellos que se sienten capaces de mover el corazón de Dios, de alterar el curso de su destino.

Muchos, en un momento de enojo, de coraje, de reacción humana, de explosión emocional, han cometido disparates que les han hecho perder trabajos, los han llevado al divorcio, los han conducido al hospital, los han metido en la cárcel. Personas que no toman correctamente las riendas de sus vidas destruyen con sus pies lo que con sus manos han construido. En un minuto de nuestras vidas, podemos perder aquello por lo cual hemos trabajado años. Moisés perdió la paciencia momentáneamente y arruinó el trabajo de cuarenta años. Tuvo que pagar las consecuencias de su coraje. Aunque el coraje se le fue, las consecuencias permanecieron. ¡Cuidado con el coraje!

"...por lo cual no me escuchó..." Al hombre de oración que vio a Dios cara a cara, que por semanas tuvo encuentros en el Sinaí con la presencia divina, al cual Jehová le contestó muchas oraciones, ahora Dios no lo escuchó. Cuán tristes son estas palabras: "por lo cual no me escuchó". ¿Nos hemos sentido alguna vez así ante Dios, que Él no escucha nuestras oraciones, y sabemos en nuestro corazón por qué?

¿Escucha Dios todas nuestras oraciones? No. Muchas oraciones que buscan convencer a Dios de que haga algo, Él no las escucha. Aun la oración con su fuerza sobrenatural no puede obligar a Jesucristo a que haga algo. La oración no puede socavar la soberanía divina. La razón es que cuando Dios ha dado un no por respuesta es no. Tenemos que prepararnos para esas oraciones que no recibirán respuesta del cielo. ¡A Moisés, el cielo se le cerró! Él mismo lo había cerrado por su mal proceder, por no tener un temperamento santificado y controlado por el Espíritu Santo.

Leemos: "...y me dijo Jehová: Basta, no me hables más de este asunto". A Dios muchas cosas lo cansan. Llega el momento cuando Dios dice: "Basta, no me hables más de este asunto". Hay cosas que Dios no quiere saber más, que Él no desea escuchar más de nosotros. Moisés había cansado a Dios pidiéndole lo mismo que Él le había negado. No cansemos a Dios con oraciones insensatas, con repeticiones necias, con insistencias estériles.

Cuando Dios dice: "Basta", en buen castellano significa: "No más". Dijo: "Basta" porque para Dios todo se acabó con Moisés. Sus oídos divinos se habían cerrado. Dios desea en ocasiones que hablemos de otro asunto, que pidamos por otras cosas, que presentemos otras peticiones, que dejemos algunos asuntos donde están. No insistamos cuando ya Dios no quiere que insistamos. En otras palabras, no sigamos molestando a Dios cuando ya es caso cerrado.

"Sube a la cumbre del Pisga y alza tus ojos al oeste, y al norte, y al sur, y al este, y mira con tus propios ojos; porque no pasarás el Jordán" (3:27). A pesar de que Dios le dio a Moisés un no por respuesta, le ofreció una visión de esperanza: "Sube... y mira...". Diga conmigo: ES-PE-RAN-ZA. ¡Desde arriba se ve mejor! En la cima Pisga del monte Nebo, hay un observatorio que está ubicado para ver lo que Moisés miró. En una plataforma de concreto, en dicho lugar, se tiene un diagrama direccional, desde el cual uno puede mirar Jericó, Hebrón, Jerusalén.

En la vida, todos necesitamos una visión de esperanza. Tenemos que mirar con esperanza al futuro. Ver que aunque no lleguemos a la meta deseada, otros un día llegarán. El candidato a la Presidencia de los Estados Unidos, ahora Presidente de esta gran nación, escribió un libro titulado en inglés: *Audacity of Hope*. Traducido sería: La audacia de la esperanza. En su escrito, Barak Obama intenta comunicarle al pueblo norteamericano que se puede tener esperanza para mañana y para pasado mañana.

Nunca pierdas la esperanza en tu vida. Sin agua se puede vivir algunos días, sin alimento varias semanas, sin oxígeno algunos minutos, pero sin esperanza ni un solo segundo.

Puedes perder muchas cosas, pero cuando pierdes la esperanza, lo has perdido todo. Ten la esperanza de que algo bueno te va a ocurrir de parte de nuestro Señor Jesucristo. Aunque el cielo se nuble, la lluvia se desencadene, los truenos se desaten, los rayos como lanzas de fuego crucen el espacio, ten la esperanza de que tu cosecha no será destruida. Deja que Jesucristo esté en control de tu vida. ¡Suelta y deja a Dios!

Finalmente Jehová Dios le dijo: "...porque no pasarás el Jordán". Dios le puso límites a Moisés. Él llegó hasta la frontera de la promesa y vio la tierra prometida, pero no la alcanzó. Muchas promesas de Dios no serán alcanzadas por nosotros, sino por otros. Nuestros hijos llegarán a la meta que no hemos podido llegar. El futuro que tú ves, tu hijo lo alcanzará. El inglés que no hablas, tus hijos lo hablarán. El título académico que no lograste, tu hijo lo logrará. Lo que deseaste tener en la vida, tu hijo lo tendrá. Tus carencias serán las abundancias de tus hijos.

III. La orden

> "Y manda a Josué, y anímalo, y fortalécelo; porque él ha
> de pasar delante de este pueblo, y él les hará heredar la
> tierra que verás" (3:28).

"Y manda a Josué..." Moisés, como autoridad espiritual, le daría órdenes precisas a su hijo ministerial, Josué. El líder en autoridad sabrá cuándo, cómo y dónde dar órdenes. El subalterno espiritual sabe funcionar bajo órdenes. Joven ministro, líder cristiano, si deseas conquistar la tierra prometida, vive acatando órdenes de tus superiores. Jesucristo desea que vivamos una vida de obediencia y entrega total. En el reino de Dios, se tiene que actuar y convivir en obediencia. Pídele al Espíritu Santo que te ayude cuando te den órdenes. No te rebeles contra las órdenes de aquel o aquella que tiene autoridad sobre ti.

"...y anímalo..." Moisés tenía que mover el ánimo de Josué. El verdadero líder es un motivador, tiene el don de animar a otros, muchos le llaman a esto el *don de gentes*. El ánimo es una fuerza que activa la acción y el trabajo en las personas. ¡Ánimo hermano! ¡Ánimo hermana! *Alma* en latín es *ánima*, de ahí el término *ánimo*.

El secreto de que otros hagan las cosas que tú deseas que sean hechas es una palabra: *motivación*. Repite conmigo: MO-TI-VA-CIÓN. La misma palabra tiene la raíz de *motor*, *motriz*, es decir de *movimiento*. A tu pareja, anímala. A tus hijos, anímalos. Si tienes empleados, motívalos. Las empresas que invierten en charlas motivacionales son las más productivas. La motivación es una inversión que se hace en otras personas y que produce buenos resultados al inversor. Pero para animar a otros, tú y yo tenemos que estar animados. Para alegrar tenemos que estar alegres. Para ser pacientes, tenemos que tener paciencia. No podemos dar a otros lo que nosotros mismos no tenemos.

"...y fortalécelo..." Moisés tenía que darle fuerzas a Josué. Eso era moverlo a actuar confiado y decidido. Para Josué, llenar las sandalias de Moisés era una empresa gigantesca. Moisés lo sabía y por eso tenía que inyectarle fortaleza. De Jonatán, hijo de Saúl, que se reunió con David, leemos: "Entonces se levantó Jonatán hijo de Saúl y vino a David a Hores, y fortaleció su mano en Dios" (1 S. 23:16). En aquellos días de vida errante, insegura, incómoda, en los cuales vivía David, la ministración de fortaleza espiritual que le dio su amigo Jonatán le ayudó muchísimo. El ser humano necesita ser fortalecido en esos momentos de la vida difíciles, indeseados e inesperados, aun en esas responsabilidades que le toca llevar a cabo.

"...porque él ha de pasar delante de este pueblo..." Eso significaba: "Él será el líder". Dios había ordenado el cambio de guardia. El plan A se cumplió en Moisés; el plan B se cumpliría en Josué. El momento del relevo ministerial se había acercado, y Moisés tenía que aceptar esto. No seamos un obstáculo para la próxima generación. Las transiciones son inevitables. Y debemos facilitar los cambios. A todos nos llegará el día de sentarnos para que se pare la próxima generación.

El Señor Jesucristo le dijo a Pedro: "De cierto, de cierto te digo: Cuando eras más joven, te ceñías, e ibas donde querías; mas cuando ya seas viejo, extenderás tus manos, y te ceñirá otro, y te llevará a donde no quieras" (Jn. 21:18). Aunque este pasaje es interpretado por el mismo evangelista Juan, que dijo: "Esto dijo, dando a entender con qué muerte había de glorificar a Dios..." (Jn. 21:19), el pasaje de manera literal implica que la persona joven se puede vestir a sí misma e ir a donde quiera, pero cuando llegue a mayor será otro quien lo vista y lo lleve donde este o esta no quiera ir. El joven adulto tiene control de su vida, pero el anciano ya no la puede controlar.

"...y Él les hará heredar la tierra que verás". El trabajo de Moisés había terminado. El propósito de Dios para su vida ya estaba cumplido. A Josué le tocaría continuar con la otra fase del trabajo y cumplir otro propósito espiritual. Lo que Moisés vio, Josué lo repartiría; uno era el visionario, el otro era el actualizador; uno recibió la promesa, el otro la disfrutaría; uno libertó al pueblo, el otro conquistaría con el pueblo; uno dirigió hasta la frontera de la tierra prometida, el otro dirigiría más allá de la tierra prometida.

Jesucristo nos da a todos una o varias oportunidades de hacer algo para el reino de Dios. Moisés hizo lo que a él le tocó, y a Josué le tocaba su parte. Yo, como ministro, estoy haciendo lo que a mí me ha tocado en estos cuarenta años después de mi conversión, pero a ti te toca hacer lo tuyo con los años que Jesucristo te ha dado y te dará.

"...y Él les hará heredar la tierra que verás". ¡Qué grandioso! Moisés tuvo la visión, pero Josué tuvo el encargo de repartir la tierra. El Rvdo. Juan M. Ortiz, nuestro pastor, tuvo la visión de la congregación IPJQ, pero a Rosa y a mí nos ha tocado llevarla a la herencia, la tierra de la promesa. Nuestro pastor nos dirigió hasta la frontera entre los años 1974 y 1984, pero el resto de estos años, mi esposa Rosa y yo hemos estado marchando y conquistando con la IPJQ. Todavía nos falta mucho territorio por poseer, pero todos juntos lo estamos logrando. Un día nosotros también, como Moisés, veremos la tierra prometida, pero un Josué introducirá a la IPJQ a la herencia de la tierra futura.

Conclusión

Decisiones que tomamos bajo coraje nos pueden acarrear graves consecuencias, y nos pueden privar de alcanzar metas y de realizarnos como deseamos en la vida.

"CUÍDATE DE NO OLVIDARTE DE JEHOVÁ"

"Cuídate de no olvidarte de Jehová tu Dios, para cumplir sus mandamientos, sus decretos y sus estatutos que yo te ordeno hoy" (Dt. 8:11).

Introducción

Deuteronomio 8:11-20 es una amonestación que Moisés le dio al pueblo de Israel, ahora que este se preparaba para entrar a la tierra prometida. "Cuídate de no olvidarte..." es el meollo de toda esta exhortación. Moisés fue claro y directo con sus oyentes. Los animó a acordarse y a no olvidarse de todo lo que Dios había hecho por ellos, cómo los sacó de Egipto y los cuidó por cuarenta años en el desierto.

Los versículos 1 al 10 de este mismo capítulo 11 hablan de las bendiciones de Israel en la buena tierra de la promesa.

I. La provisión

"No suceda que comas y te sacies, y edifiques buenas casas en que habites, y tus vacas y tus ovejas se aumenten, y la plata y el oro se te multipliquen, y todo lo que tuvieres se aumente" (8:12-13).

A Israel, Dios lo sació de comida, lo ayudó a edificar casas buenas donde vivir, sus rebaños de vacas y ovejas crecieron y se multiplicaron, y el oro y la plata se le duplicó y triplicó. Es decir, que en la tierra prometida vivieron días de abundancia. En vez de tener necesidad, les sobraba.

A todos nosotros, el evangelio de Jesucristo nos ha ayudado a vivir en la prosperidad económica. Gracias a Él no fumamos, no bebemos bebidas alcohólicas, no malgastamos el dinero en fiestas de fin de semana, ni en juegos de azar ni derrochamos lo que ganamos con el sudor de nuestras frentes.

"Tu vestido nunca se envejeció sobre ti, ni el pie se te ha hinchado en estos cuarenta años" (8:4). Lamentablemente, muchos que han sido bendecidos se olvidan del Dios que los bendijo. El afán por el dinero los aleja de los hermanos en la fe y los distancia de la iglesia. Solo tienen tiempo para ganar dinero y disfrutarlo a su manera.

Leemos: "y se enorgullezca tu corazón, y te olvides de Jehová tu Dios, que te sacó de tierra de Egipto, de casa de servidumbre" (8:14). Un corazón orgulloso se olvida de Dios. Se olvida de los favores divinos. Dice así el Salmo 103:2-5:

> "Bendice, alma mía, a Jehová, y no olvides ninguno de sus beneficios. El es quien *perdona* todas tus iniquidades, el que *sana* todas tus dolencias; el que *rescata* del hoyo tu vida, el que te *corona* de favores y misericordias; el que *sacia* de bien tu boca de modo que te rejuvenezcas como el águila" (cursivas añadidas).

Nunca nos olvidemos de dónde nos sacó el Señor Jesucristo. Él nos "sacó de tierra de Egipto, de casa de servidumbre". Vivíamos en miseria y pobreza espiritual. El mundo nos tenía como esclavos en contra de nuestra voluntad. Deseábamos ser libres y no podíamos, hasta que Dios envió a su Hijo Jesucristo como nuestro libertador y nos rescató de la sombra del Faraón de este mundo.

Hoy somos libres, hemos salido de Egipto; ya no somos generación de esclavos, sino generación de libertos. Dice el himno: "Soy libre, libre, porque Jesús me libertó. Mis cadenas rotas ya están".

II. La protección

"Que te hizo caminar por un desierto grande y espantoso, lleno de serpientes ardientes, y de escorpiones, y de sed, donde no había agua, y él te sacó agua de la roca del pedernal" (8:15).

El Dios que proveyó fue el Dios que protegió al pueblo de Israel. Ese mismo Dios nos provee y nos protege a nosotros, su Iglesia. ¡Somos ahora el Israel del desierto!

La vida del desierto es una vida llena de pruebas, luchas, peligros y quebrantamiento. En el desierto, nuestra fe es probada. Tenemos que aprender a depender totalmente de nuestro Señor Jesucristo.

El desierto es "grande y espantoso". No es fácil caminar por allí. Parece que nunca lo atravesaremos; el destino al cual nos encaminamos se ve muy distante. El desánimo, la frustración, la depresión, la soledad son como serpientes y escorpiones que nos acechan. Pero ¡marchemos confiados en que el Señor Jesucristo ya halló esas serpientes y escorpiones! En el mundo espiritual, las "serpientes y escorpiones" representan los demonios.

Dice así el Salmo 91:13: "Sobre el león y el áspid pisarás; hollarás al cachorro del león y al dragón". Jesucristo nos ha puesto en una posición de autoridad espiritual. Nos ha destinado a pisar y a hollar. ¡No somos presa de caza, somos cazadores! ¡No huimos, hacemos huir!

El desierto produce sed. Leemos: "...y de sed, donde no había agua, y él te sacó agua de la roca del pedernal". Todos pasamos por esa época de sed espiritual. Es cuando nos sentimos desfallecer y creemos que no llegaremos al final. Buscamos agua y no la encontramos. Ahí escuchamos las palabras: "Si alguno tiene sed, venga a mí y le daré a beber del agua viva" (léase Jn. 7:37-38). Dice Juan 4:14: "Mas el que bebiere del agua que yo le daré, no tendrá sed jamás; sino que el agua que yo le daré será en él una fuente de agua que salte para vida eterna". ¡Jesucristo es la fuente de agua viva! Bebe de esa fuente y no tendrás sed jamás.

III. La sustentación

"Que te sustentó con maná en el desierto, comida que
tus padres no habían conocido, afligiéndote y probándote,
para a la postre hacerte bien" (8:16).

El maná era como un pan raro y milagroso, y fue el sustento divino que Israel recibió durante cuarenta años. De nuevo, nuestro maná es Jesucristo.

Leemos en Juan 6:31-35: "Nuestros padres comieron el maná en el desierto, como está escrito: Pan del cielo les dio a comer. Y Jesús les dijo: De cierto, de cierto os digo: No os dio Moisés el pan del cielo, mas mi Padre os da el verdadero pan del cielo. Porque el pan de Dios es aquel que descendió del cielo y da vida al mundo. Le dijeron: Señor, danos siempre este pan. Jesús les dijo: Yo soy el pan de vida; el que a mí viene, nunca tendrá hambre; y el que en mí cree, no tendrá sed jamás".

Notemos esta expresión: "…afligiéndote y probándote, para a la postre hacerte bien" (Dt. 8:16). La aflicción y la prueba del creyente tienen como propósito hacerle bien. Desde luego, cuando estamos bajo aflicción y pruebas, es muy difícil entender y aceptar esto. Pero en todo este proceso de quebranto, morimos al yo y vivimos más para Jesucristo. Al final del largo y oscuro túnel, veremos la luz del propósito divino. Entonces comprenderemos que las aflicciones y pruebas son para hacernos bien.

José, el soñador, entendió esto veinte años después de haber sido despojado de su túnica de colores y ser echado a una cisterna vacía (Gn. 37:23-24). En esos años de aflicciones y pruebas, el joven pastor se transformó en esclavo administrador, en el deseo de su amo, en encargado, en preso, en ayudante de cárcel, en intérprete olvidado, en intérprete de Faraón y en el segundo de Egipto.

La declaración "para a la postre hacerte bien" se cumplió en José. Él mismo pudo interpretar sus tragedias pasadas a la luz de su éxito presente. Lo que había llegado a ser fue resultado de lo que llegó a ser. Sus tristezas lo llevaron a sus alegrías.

"Ahora, pues, no os entristezcáis, ni os pese de haberme vendido acá; porque para preservación de vida me envió Dios delante de vosotros" (Gn. 45:5).

"Y Dios me envió delante de vosotros, para preservaros posteridad sobre la tierra, y para daros vida por medio de gran liberación" (Gn. 45:7).

"Haréis, pues, saber a mi padre toda mi gloria en Egipto, y todo lo que habéis visto; y daos prisa, y traed a mi padre acá" (Gn. 45:13).

IV. La confesión

> "Y digas en tu corazón: Mi poder y la fuerza de mi mano
> me han traído esta riqueza" (Dt. 8:17).

El ser humano nunca debe llegar a creer que lo recibido es por su poder o voluntad, y por su fuerza o capacidad. Todo lo que hemos obtenido nos ha sido dado por Jesucristo. ¡Somos recipientes de sus bendiciones! Notemos esta triple repetición de no olvidarnos de Dios:

"Cuídate de no olvidarte de Jehová tu Dios…" (8:11).

"…y te olvides de Jehová tu Dios…" (8:14).

"Sino acuérdate de Jehová tu Dios…" (8:18).

A la declaración: "...Mi poder y la fuerza de mi mano..." (8:17), Moisés le contesta al pueblo: "...porque él [Dios] te da el poder para hacer las riquezas..." (8:18). Nunca nos olvidemos de que Jesucristo nos da "el poder para hacer". Filipenses 4:13 dice: "Todo lo puedo en Cristo que me fortalece".

La cuarta repetición de no olvidarse de Dios se lee en Deuteronomio 8:19 y dice así: "Mas si llegares a olvidarte de Jehová tu Dios y anduvieres en pos de dioses ajenos, y les sirvieres y a ellos te inclinares, yo lo afirmo hoy contra vosotros, que de cierto pereceréis".

La idolatría y el cambio de religión traerían juicio divino. Aquel que ha conocido a Jesucristo, la Palabra, la verdadera religión y se va en pos de la herejía, acarrea juicio para sí.

Moisés exhorta al pueblo con un fuerte tono en sus palabras: "...yo lo afirmo hoy contra vosotros...". Les habló sin paños tibios, fue directo al grano, le puso la tapa a la botella.

Así como Jehová destruiría naciones, el pueblo malagradecido y olvidadizo de Dios correría la misma suerte (8:20). La suma de todo esto está en las palabras finales: "...por cuanto no habréis atendido a la voz de Jehová vuestro Dios" (8:20). ¡Oye a Dios, escucha a la voz de Dios, obedece su voluntad!

Conclusión

Atendamos con diligencia y humildad de corazón la voz de Dios. Hagamos caso a todo lo que Dios nos dice. Vivamos bajo sus estatutos y preceptos bíblicos. ¡Seamos el pueblo del Libro Sagrado! No solo cargándolo, sino cumpliéndolo.

39

"NO PUEDO MÁS SALIR NI ENTRAR"

"Y les dijo: Este día soy de edad de ciento veinte años;
no puedo más salir ni entrar; además de esto Jehová me
ha dicho: No pasarás este Jordán" (Dt. 31:2).

Introducción

Moisés estaba en la frontera de la tierra prometida, ya había cumplido ciento veinte años de edad (31:2). Se sentía viejo (31:2) y además excluido por Dios de entrar en la tierra prometida (31:2).

Sabiendo que sus días estaban acortados y que su muerte era inminente, le impartió al pueblo palabras de ánimo para que procedieran a la posesión de esa tierra (31:3-6). A Josué, su sucesor, también lo animó (31:7-8). A los sacerdotes, les dio instrucciones sobre la fiesta de los tabernáculos (31:9-13).

Dios le reveló a Moisés el día de su muerte y lo animó a reunirse con Josué (31:14). También le reveló un cuadro futuro de la condición espiritual del pueblo (31:16-18). Además Dios le dio un cántico para que el pueblo recordara a Jehová en la tierra que "fluye leche y miel" (31:19-22). Finalmente, le dio una palabra profética a Josué, el sustituto de Moisés (31:23).

Deuteronomio 31:24-29 cierra el capítulo con las instrucciones sobre la Torá y el lugar que ocuparía al lado del arca del pacto. Además, Moisés reprendió al pueblo por su rebelión, corrupción y apartamiento espiritual después de su muerte. El futuro de ellos le preocupaba a él por haber sido su líder por cuarenta años.

I. La aceptación

"Y les dijo: Este día soy de edad de ciento veinte años;
no puedo más salir ni entrar, además de esto Jehová me
ha dicho: No pasarás este Jordán" (31:2).

Unos años atrás, fue noticia el fallecimiento de Cruz Hernández Rivas, una longeva salvadoreña que murió el día 27 de marzo del 2007. Ella tenía ciento veintiocho años de edad y no había perdido sus facultades mentales. Moisés fue también noticia: un longevo de ciento veinte años de edad. Todos tenemos varias edades:

(1) La *edad cronológica* es la edad que señala el día y el año en que nacimos. ¡Es la verdadera! Somos seres cronológicos.

(2) La *edad biológica* es la edad que realmente tienen nuestros órganos vitales. Cuando no experimentamos los achaques que otros experimentan, nos sentimos bien; o por el contrario, experimentar algo que otros a nuestra edad no están experimentando nos hace sentir mal.

(3) La *edad psicológica* es la edad de la mente y las emociones. Es sentirnos y actuar diferentes a la edad cronológica y biológica que en realidad tenemos.

(4) La *edad fisiológica* es la edad que representamos o no representamos, nos vemos más jóvenes o más mayores que la edad. Algunas personas se tragan lo años, otros parece que los años se los tragan a ellos.

(5) La *edad espiritual* es cuando nos miramos en el espejo de la Palabra de Dios y cuando la presencia del Espíritu Santo nos hace sentir nuevas criaturas. Nos vemos en el mundo espiritual como niños en la fe o ancianos en la madurez espiritual. Es la nueva edad que Jesucristo nos ayuda a vivir.

Por ejemplo, yo tengo al momento de este escrito 60 años cronológicos; 50 años biológicos; 30 años psicológicos; 50 años fisiológicos y 40 años espirituales. Sumo todo eso y me da 230 años; los divido entre cinco, y el resultado es de 46 años. Desde luego, esta es una manera de jugar con edades. La realidad es que tengo 60 años de edad.

A todos nos llegará "este día" cuando tendremos que aceptar y admitir muchas cosas en nuestra vida. ¡Este es el día de la aceptación! De darse cuenta del "soy", de admitir la realidad. Moisés confesó: "Este día soy de edad de ciento veinte años…". El número 120 es la multiplicación de 1 x 2 x 3 x 4 x 5. Es también la multiplicación de 10 x 12. Para los judíos, es símbolo de largura de años. Un dicho judío es: "Que puedas vivir hasta ciento veinte años". Josué y Caleb vivieron hasta los ciento diez años, no alcanzaron la completa longevidad. Esa expresión: "...no puedo más salir ni entrar..." sencillamente dice: "No puedo estar ya más activo". Literalmente: "Ya no puedo más". No se trataba de cómo Moisés se sintiera en cuanto a la edad, sino de la edad que tenía; su tiempo de actividad humana se había agotado.

Caleb tenía 85 años de edad, pero se sentía como cuando tenía 45, por eso reclamó la promesa del monte de Hebrón. Era un hombre con una mente de cuarenta años en un cuerpo de 85 años. El cuerpo envejece, la visión espiritual no envejece. Tú y yo nos ponemos viejos, pero el propósito de Dios no se pone viejo en nosotros. Mi amigo el Rvdo. Milton E. Donato me dijo: "Kittim, uno se pone viejo cuando empieza a decir que está viejo". Mi padre dice: "Soy un hombre joven atrapado en el cuerpo de un hombre de 90 años".

Leemos: "Ahora bien, Jehová me ha hecho vivir, como él dijo, estos cuarenta y cinco años... y ahora, he aquí, hoy soy de edad de ochenta y cinco años. Todavía estoy tan fuerte como el día que Moisés me envió; cual era mi fuerza entonces, tal es ahora mi fuerza para la guerra, y para salir y para entrar" (Jos. 14:10-11).

Pero a pesar de todos estos análisis psicológicos, biológicos, fisiológicos y teológicos, tenemos que decir como Moisés: "...Este día soy de edad de ciento veinte años...". No se trata de la edad que siento ni de la edad que otros ven en mí, sino de la edad que realmente tengo.

Aceptar nuestra edad es aceptar quiénes somos realmente. Cada día de existencia en la tierra es un día más que envejecemos. La vejez se tiene que aceptar con gracia. Vivir la vejez al máximo de su potencial nos ayudará a disfrutarla. ¡Joven, lo que tú eres, nosotros lo fuimos; lo que nosotros somos, tú lo serás! ¡Cuando te miramos, nos vemos como éramos; cuando nos miras, te ves como serás!

II. La prohibición

> "...además de esto Jehová me ha dicho: No pasarás este Jordán" (Dt. 31:2).

Muchas veces hemos escuchado este proverbio: "Tanto nadar, para ahogarse en la orilla". En la vida, hablando claramente, no alcanzaremos muchas metas. No siempre llegaremos a la recta final. ¡Correremos, pero no terminaremos! ¡Empezaremos, pero no concluiremos!

Moisés tampoco alcanzó su meta. Jehová le dijo: "...No pasarás este Jordán". Esa era su meta, pero Dios no le permitió alcanzarla, lograrla, realizarla. El ser humano propone, pero Dios dispone. En nosotros está el querer, pero en Jesucristo está el hacer. Las cosas no saldrán siempre como hemos orado, como hemos profetizado, como hemos confesado, como nos hemos preparado para que sucedan. A final de cuentas, Dios es el que decidirá qué nos conviene más o por qué no lograremos lo que deseamos. Todos deseamos ver los años de vejez, pero no todos los veremos. Todos deseamos los sueños y las visiones cumplidos en nuestro tiempo, pero no todos los veremos.

Moisés se destinó para cruzar el Jordán. Durante un tercio de su vida anduvo para llegar hasta aquel lugar. El río Jordán era su meta. Era la puerta de entrada a la tierra que fluía leche y miel. Pero ¡Dios, el juez de la carrera de Moisés, lo descalificó en los últimos cincuenta metros! ¡Dios no le dio visa de entrada a Moisés! Moisés recibió una sentencia prohibitiva: "No pasarás este Jordán".

Muchos *Jordanes* jamás serán cruzados por nosotros; llegaremos cerca, los veremos, pero no será para nosotros el cruzarlos, llegar a la otra orilla. El Dr. Martin Luther King, Jr. predicó de la tierra prometida, la vio y no entró; habló del sueño que tenía, pero no vio el sueño cumplido. Sus hijos y nietos están viviéndolo. El sueño de él lo están disfrutando las generaciones que le siguieron.

Con la elección presidencial de Barack Obama en los Estados Unidos de América, lo soñado por el Dr. King se ha cumplido. Robert F. Kennedy dijo estas palabras en el año 1968: "De aquí a cuarenta años, un hombre negro será Presidente de los Estados Unidos". Cuarenta años después, en el año 2008, un afroamericano, hijo de un padre africano, de una madre blanca y nacido en Hawaii, se coronó como Presidente de la gran nación norteamericana. Su presidencia ha traído estabilidad y paz a la nación, a pesar de que el prejuicio racial por parte de algunos se expresa contra él.

¿Recuerdas alguna meta de la cual estuviste cerca de alcanzarla, pero no lo lograste? ¿Luchaste por alguna oportunidad que la vida te ofreció, y ya cerca de tus manos, algo ocurrió y la perdiste? ¿Te programaste para hacer algo y lograr algo, pero el programa te falló? ¿Hiciste planes y después de tener todo arreglado, se esfumaron?

Todos hemos sido algún Moisés, parados a la frontera del río Jordán. ¡En vez de despertar de un sueño, nos quedamos dormidos! Hemos llegado cerca de alguna frontera humana, pero no la hemos podido cruzar. No siempre lo que queremos alcanzar es lo que Dios desea que alcancemos. Los *no* de Dios deben aceptarse con resignación. A ese: "¿Por qué yo?", Jesucristo nos responde: "¿Por qué no tú?".

III. La compañía

"Jehová tu Dios, él pasa delante de ti; él destruirá a estas
naciones delante de ti, y las heredarás..." (31:3).

Dios pasaría delante de Moisés: "Jehová tu Dios, él pasa delante
de ti...". Aunque Moisés no llegara a la meta ni cruzara el Jordán, no
por eso el propósito de Dios se detendría. Con Moisés o sin Moisés,
Dios continuaría adelante con su proyecto. Él pasará siempre
delante de nosotros. La tierra que fluía leche y miel era el propósito
divino, no el propósito humano.

Moisés se quedaría atrás, pero Dios continuaría avanzando en
su obra, realizando su propósito. La presencia divina no estaba
condicionada por Moisés. Dios continuaría hacia delante en el
desarrollo de sus planes. La obra de Dios no depende de nosotros;
nosotros dependemos de Dios para realizar su obra.

Moisés tenía claro en su espíritu que el Espíritu de Dios pasaría
delante del pueblo, por eso les dijo: "Jehová tu Dios, él pasa delante
de ti...". En otras palabras: "Aunque yo no pasaré, mi Dios y tu Dios,
Él sí pasará". O sea, el querer y el hacer están en Dios. Moisés se
iría, moriría, no cruzaría, pero los planes de Jehová con el pueblo
hebreo continuarían vigentes. Además Moisés les profetizó: "...él
destruirá a estas naciones delante de ti, y las heredarás...". Notemos
la redundancia complementaria: "Él pasa delante de ti, él destruirá
a estas naciones delante de ti". ¡Dios guía y Dios defiende! La
presencia divina ofrece dirección y protección. ¡Jesucristo dirige y
cuida! El que va delante de nosotros también pelea por nosotros.

Moisés añadió proféticamente: "...y las heredarás...". Esto se
refiere a las naciones cananeas. Esta era una promesa de Dios, no
para Moisés, sino para todo el pueblo. No se puede confundir la
visión personal con la visión corporativa. Mi amigo, el Dr. José
Guadalupe Reyes, dice: "Tenemos que tener visión del Cuerpo".
Muchos tienen una microvisión y no una macrovisión. ¡Solo ven
para ellos, no ven para otros! La visión se mantiene viva con la
pasión. Visión no es emoción. Visión es acción. Visión es realización.

IV. El sustituto

"...Josué será el que pasará delante de ti, como Jehová ha
dicho" (31:3).

Las posiciones y los trabajos producen inseguridad cuando hay
que soltarlos o cuando estos nos sueltan a nosotros. Una posición
representa estatus, poder y control de las personas. Para muchos,

verse desprovistos de una posición o un trabajo es dejar el control sobre otros. Por eso, muchos se agarran de las posiciones y los trabajos y no quieren soltarlos. Psicológicamente, las posiciones son ataduras. Sin las posiciones, muchos se sienten incapacitados. No tenerlas produce crisis de posición, cuando el que no las tiene actúa con derechos y privilegios imaginarios que ya perdió. El que era pastor se sigue presentando como pastor, sin pastorado. El superintendente, presidente u obispo conciliar actúa en asambleas con prerrogativas anteriores, aunque ya no las tiene. A estos líderes, se los debe ayudar confrontándolos con la realidad de lo que son. Líderes que fueron de bendición a una organización, durante esta crisis de posición, se vuelven destructores y divisores de la obra que amaron y ahora envidian. La *posicionitis*, como quiero llamar a este síndrome, necesita consejería. Tenemos que prepararnos para la sustitución, para ser reemplazados, para que otro tome nuestro lugar.

Moisés declaró: "…Josué será el que pasará delante de ti, como Jehová ha dicho". Primero Dios pasaría delante del pueblo; y segundo, Josué pasaría delante del pueblo. Dios opera en asociaciones: Jehová y Moisés; Jehová y Josué.

Moisés era el visionario, pero Josué sería el realizador; el primero inició, el segundo actualizó; uno empezó, y el otro terminaría. El anciano profeta se puso de lado para darle paso al joven conquistador. Muchos líderes no quieren salirse del medio para darle paso a la generación que viene avanzando. Con esto, lo que hacen es obstaculizar y estorbar el desarrollo del programa divino. ¡Vamos a salirnos del medio cuando la hora llegue! Tenemos que ser una generación de transición para la Iglesia y para la familia.

El Señor Jesucristo dijo a Pedro: "De cierto, de cierto te digo: Cuando eras más joven, te ceñías, e ibas donde querías; mas cuando ya seas viejo, extenderás tus manos, y te ceñirá otro, y te llevará a donde no quieras" (Jn. 21:18).

Ahora nuestros hijos dependen de nosotros, mañana nosotros dependeremos de nuestros hijos. Nosotros los llevamos ahora a la escuela, mañana ellos nos llevarán al hospital. Ahora los controlamos a ellos, mañana ellos nos controlarán. Hoy los mandamos a la cama temprano, mañana ellos nos dirán que nos vayamos a dormir.

V. El ánimo

"Esforzaos y cobrad ánimo; no temáis, ni tengáis miedo de ellos, porque Jehová tu Dios es el que va contigo; no te dejará, ni te desamparará" (31:6).

"Esforzaos…" El esfuerzo es poner ese "extra" en todo lo que el ser humano emprende o va a emprender. Con esfuerzo se gana una competición, se termina un proyecto, se alcanza una meta, se escribe un libro, se realiza un viaje, se cumple un sueño, se logra una carrera… Todo lo que se necesita es tomar lo ordinario y ponerle ese extra, para que se convierta en algo extraordinario. Ponles ese "extra" al trabajo, a los estudios, al ministerio, al matrimonio, a la familia, a cualquier proyecto, y todo será *extraordinario*, ponle ese "extra" a tu vida, y serás una persona *extraordinaria*.

"…y cobrad ánimo…" Aunque no creemos de forma literal en pronunciamientos mágicos, psicológica y espiritualmente *ánimo* es una palabra mágica. Al ser activada en el *psique* humano, produce resultados asombrosos y positivos en la conducta humana. Ánimo es el secreto de una combinación para abrir una caja de recursos disponibles para el ser humano. ¡Ánimo, hermano! ¡Ánimo, hermana!

En la Biblia, la palabra *ánimo* se emplea con frecuencia. Esa palabra viene del latín *ánima* que significa "alma". Moisés la utilizó (Dt. 31:6), Jesucristo la declaró (Mt. 9:22; 14:27), y Pablo la proclamó (Hch. 27:25).

"…no temáis, ni tengáis miedo de ellos…" Aunque Moisés no estaría con el pueblo, sino Josué, Dios seguiría siendo el mismo Dios. Por lo tanto, el temor y el miedo tenían que ser vencidos. Estos dos sentimientos son incapacitaciones emocionales.

"…porque Jehová tu Dios es el que va contigo…" El pueblo no enfrentaría las guerras solo. Estas son figuras de las adversidades, de las pruebas, de las tribulaciones. Cada guerra que el pueblo de Israel enfrentó y cada oposición que los creyentes del Nuevo Testamento enfrentaron son representaciones de todas nuestras luchas espirituales. Somos un pueblo en pie de guerra espiritual.

"…no te dejará, ni te desamparará". El Dios que no dejó a Israel, que lo acompañó por el desierto, tampoco nos dejará a nosotros. En Dios tenemos compañía y amparo. No estamos solos. Él se mueve a nuestro lado. Va delante de nosotros.

Conclusión

Tengo una palabra de Dios que he sentido en mi espíritu: "Yo soy el Dios que te ha llamado, no te dejaré nunca, mi amparo como un techo estará sobre tu cabeza. Solo anda y camina, y mi presencia estará contigo. No temas ni tengas miedo, porque yo soy el Dios de tu protección".

40

"SE HA ACERCADO EL DÍA DE TU MUERTE"

"Y Jehová dijo a Moisés: He aquí se ha acercado el día
de tu muerte; llama a Josué, y esperad en el tabernáculo
de reunión para que yo le dé el cargo. Fueron, pues,
Moisés y Josué, y esperaron en el tabernáculo de reunión"
(Dt. 31:14).

Introducción

El capítulo 31 de Deuteronomio señala dos temas sobresalientes:
(1) la revelación de la muerte de Moisés (31:2, 14, 16); (2) el
reconocimiento de Josué (31:7-8, 14, 23).

Primero, Moisés llamó a Josué para el cargo (31:7). Segundo, Dios
fue el que llamó a Josué por mediación de Moisés (31:3, 14). Dios
llama al ministerio a través de hombres y mujeres en posición de
autoridad.

I. La revelación

"Y Jehová dijo a Moisés: He aquí se ha acercado el día
de tu muerte..." (31:14).

Todos sabemos que vamos a morir, pero no a todos Dios revelará
el día de la muerte. Jehová Dios no tenía ni mantenía secretos que
fueran a afectar la vida del profeta Moisés.

Cuando el creyente conserva una vida de comunión y de intimidad con Dios, este le revela muchas cosas, y hasta es probable que le revele el día de la muerte. Desde luego, a la mayoría de nosotros, no nos gustaría saber el día de la muerte. Ella vendrá, su guadaña nos alcanzará, pero el factor sorpresa sería lo mejor. No pienses con preocupación sobre la muerte, simplemente espera que esta te sorprenda o que llegue. Mi amigo, el pastor Mario Marrero, al enfrentar la prontitud de su muerte, me decía: "Kittim, yo no quiero pensar en la muerte, porque me moriría antes. Deseo pensar en la vida".

Moisés dirigía una gran nación sin territorio, era un pueblo en éxodo que todavía no se había asentado. Dios no quería que Israel se quedara huérfano de liderato. Por eso le reveló a Moisés la cercanía, la proximidad, la inminencia, la prontitud de su muerte. ¡Era tiempo de transición, y él tenía que colaborar en dicho proceso!

Dios instruyó a Moisés: "...llama a Josué, y esperad en el tabernáculo de reunión para que yo le dé el cargo...". Dios llamó a Josué por mediación de Moisés. El llamado y el cargo ministerial van asociados. Entre el llamado y la toma de posición del cargo, había siempre un tiempo de espera "en el tabernáculo de reunión". Eso habla de un tiempo de comunión, de confirmación de revelación, de instrucción y de instalación.

Joyce Meyer dice: "Moisés fue un gran hombre de Dios, pero recordemos que después de haberse paseado por cuarenta años en el desierto con el pueblo de Israel recibiendo la culpa de su necedad y terquedad, llegó a cierto punto de su vida en que su corazón fue tardo para creer. Entonces Dios tuvo que retirar a Moisés y reemplazarlo con Josué para así poder cumplir su propósito y misión para el pueblo de Israel" (*El desarrollo de un líder*, Casa Carisma, p. 117).

Luego Dios "...se apareció en el tabernáculo en la columna de nube, y la columna de nube se puso sobre la puerta del tabernáculo" (31:15). Allí en el tabernáculo, se reunieron Moisés, Josué y la *shekiná* (presencia o gloria) de Jehová.

Una vez más, Dios le recuerda a Moisés: "...He aquí, tú vas a dormir con tus padres..." (31:16). Franca y directamente, ahora Dios le dijo a Moisés: "Seguro es, te vas a morir como tus padres ya murieron". La muerte es una profecía segura para todos, a no ser que sea un creyente y que Jesucristo venga y levante a la Iglesia. ¡Tú y yo nos vamos a morir! La diferencia entre tu muerte y mi muerte es de tiempo. (¡Quizás!) Como dijo un personaje de una película que vi: "Lo más triste de mi funeral será que yo no pueda cantar en él".

Por eso, sabiendo que la muerte es inminente, que puede ocurrir en cualquier momento, tratemos de hacer lo máximo en la obra de nuestro Señor Jesucristo. Disfrutemos las cosas espirituales, disfrutemos a la pareja, disfrutemos a la familia, disfrutemos a las amistades, disfrutemos esta vida.

II. El disgusto

> "...y este pueblo se levantará y fornicará tras los dioses ajenos de la tierra adonde va para estar en medio de ella; y me dejará, e invalidará mi pacto que he concertado con él" (31:16).

Jehová Dios, con cuatro verbos en futuro, indicó la deserción, la apostasía y el descarrío del pueblo de Israel. Estos verbos son: (1) "levantará"; (2) "fornicará"; (3) "dejará"; (4) "invalidará". Ellos invalidarían el pacto divino al aceptar "dioses ajenos", en vez del Dios de ellos.

Jehová se encendería en furor contra Israel, los abandonaría y se escondería de ellos (31:17). Serían consumidos, y vendrían sobre ellos males y angustias (31:17). Como pueblo, estarían desprovistos de la protección divina. Esa falta de cobertura los haría preguntarse: "...¿No me han venido estos males porque no está mi Dios en medio de mí?" (31:17).

A Moisés Dios le encargó escribir un cántico, que se conoce como el cántico de Moisés (32:1-43). Este sería enseñado a los hijos de Israel y sería testigo entre Dios y el pueblo (31:19). Ese cántico de Deuteronomio 32:1-43 es de represión, de exhortación y de corrección al pueblo de Israel.

Es interesante ver que nuestros cánticos religiosos en estos días reflejan gozo, poder, alegría, victoria, derrota del enemigo, pero rara vez hablan de nuestra desobediencia, falta de santidad, de entrega absoluta a Dios, de arrepentimiento y de quebrantamiento. ¡Cantamos para sentirnos bien y no para ser corregidos! Nuestra lírica cantada tiene que ser mejorada y actualizada.

Leemos: "Porque yo les introduciré en la tierra que juré a sus padres, la cual fluye leche y miel; y comerán y se saciarán, y engordarán; y se volverán a dioses ajenos y los servirán, y me enojarán, e invalidarán mi pacto" (31:20). Ya antes Dios había dicho que el pueblo invalidaría su pacto (31:16). La tierra que "fluye leche y miel", tierra de ganados y cosechas, proveía a sus necesidades: "...y comerán y se saciarán, y engordarán...". Muchos son bendecidos en la tierra que "fluye leche y miel". Pero al igual que Israel, abandonan el pacto con Dios y sirven a "dioses ajenos", como a "Mammon" (el dinero).

De antemano, Dios conoce los que serán agradecidos con Él y aquellos que a causa de la prosperidad se olvidarán de Jesucristo y de la Iglesia (31:21).

El mundo está lleno de personas malagradecidas, gente que Jesucristo libertó, transformó, salvó y sanó, pero luego le dieron la espalda a causa de *la leche y la miel*. Muchos, mientras no tienen trabajos, están enfermos y atraviesan crisis familiares, asisten regularmente a los templos; pero cuando les sobra *la leche y la miel*, se convierten en la oveja perdida entre los apriscos. Ellos desertan de la Iglesia y de Jesucristo. Antes les sobraba el tiempo para Dios y la Iglesia, ahora les falta tiempo para el servicio a Dios.

III. La orden

"Y dio orden a Josué hijo de Nun, y dijo: Esfuérzate y anímate, pues tú introducirás a los hijos de Israel en la tierra que les juré, y yo estaré contigo" (31:23).

Después de que Dios habló con Moisés, por primera vez habló con Josué. De ahora en adelante, Josué tendría oídos abiertos para escuchar la voz de Jehová Dios.

Primero: "…Esfuérzate y anímate…". Josué necesitaría fortaleza y ánimo, y tendría que buscar ambas cosas. Su tarea exigiría hacer más de lo acostumbrado y estar con el ánimo de hacerlo siempre.

Yo viajo mucho. ¡No siempre tengo deseos de viajar! Yo escribo mucho. ¡No siempre tengo deseos de escribir! Soy miembro de muchas juntas. ¡No siempre deseo asistir a sus reuniones! Grabo muchos programas de radio. ¡No siempre tengo ganas de grabarlos! Filmo muchos programas para la televisión. ¡No siempre tengo ganas de filmarlos! Hago muchas cosas que no siempre deseo hacerlas, pero me lleno de ánimo y me esfuerzo por hacerlas. ¡Ese es el secreto de mi éxito como ministro! Y todo lo que hago lo realizo con pasión.

El esfuerzo contrarresta la debilidad, y el ánimo neutraliza el desánimo. ¡Esfuérzate y ten ánimo! ¡Manos a la obra! ¡Levántate y actúa! ¡Di que sí, aunque no sientas ganas de hacer algo!

Segundo: "…pues tú introducirás a los hijos de Israel en la tierra que les juré…". A Josué, Dios le dio su asignación. ¿Sabes cuál es la asignación de Jesucristo para tu vida? ¿Para qué has sido llamado al ministerio? ¿En qué esfera de trabajo te quiere emplear el Espíritu Santo?

Moisés fue el líder de las expectaciones, pero Josué fue el líder de las realizaciones. Uno vio la tierra prometida, y el otro la pisaría y la pisó. Uno sacó de Egipto a un pueblo, el otro metería a un pueblo en la tierra de Canaán. Ambos ministerios eran complementarios del mismo propósito divino. Uno llegó a su meta, el otro comenzaría en esa meta.

A pesar de que el pueblo de Israel le fallaría a Dios, este no le fallaría en cumplir la promesa de darle la tierra prometida. Lo que Él juró a los patriarcas —darle una tierra— lo cumpliría en aquella generación.

¿Cuántas promesas y bendiciones nos da Jesucristo, a pesar de que sabe que le fallaremos como Iglesia. Pero "El Caballero de la Cruz" —como lo ha llamado el Lic. Rafael Torres Ortega— cumple siempre su Palabra.

Tercero: "...y yo estaré contigo". Josué no estaría solo en esta comisión divina. Él no haría el trabajo solo. En este trabajo asignado, Dios y Josué serían socios. El cantante Miguelito tiene un cántico que expresa cómo él fue sacado del mundo secular del merengue, titulado: "Tengo Un Nuevo Empresario".

Aunque Moisés moriría, el proyecto de introducir al pueblo de Israel a la tierra prometida continuaría adelante. Josué empezaría donde Moisés terminaba.

La obra de Dios nunca quedará trunca. Los planes de Dios seguirán adelante como los ha programado. El Dios que estuvo con Moisés seguiría acompañando a Josué. Dios se lleva sus hombres y mujeres al cielo, pero pondrá a otros para que continúen donde aquellos se quedaron. Tú y yo moriremos, pero las asignaciones de Jesucristo no morirán. Llegaremos hasta la cima de la montaña y veremos la tierra prometida, pero ya Jesucristo tendrá a alguien que nos sustituirá e introducirá al pueblo a la tierra de la promesa.

Conclusión

Dios ya tiene programado el día de nuestra cita con la muerte. La esperanza de Dios en nuestra vida nos ayudará a enfrentar los temores que se asocian con la muerte.

"Y MURIÓ ALLÍ MOISÉS"

"Y murió allí Moisés siervo de Jehová, en la tierra de
Moab, conforme al dicho de Jehová" (Dt. 34:5).

Introducción

En Deuteronomio 32:48-52, Dios le dio instrucciones a Moisés de
subir al "...monte de Abarim, al monte Nebo..." (Dt. 32:49), para
que viera por última vez la tierra de Canaán. Le ordenó morir en
el monte (32:50), le recordó su pecado en el desierto, cuando por su
ligereza fue privado de la promesa terrenal (32:51); y le dijo: "Verás,
por tanto, delante de ti la tierra; mas no entrarás allá..." (32:52).

En Deuteronomio 33:1-29, Moisés, al estilo de Jacob, el patriarca
(Gn. 49:1-27), bendijo a las doce tribus de Israel. Este sería el
último discurso del libertador Moisés. Se despidió de su pueblo
bendiciéndolos.

I. La visión

"Subió Moisés de los campos de Moab al monte Nebo,
a la cumbre del Pisga, que está enfrente de Jericó; y le
mostró Jehová toda la tierra de Galaad hasta Dan" (34:1).

Hoy día, en la cumbre Pisga del monte Nebo, se levanta un asta
con una culebra metálica enrollada en forma de cruz, que representa
el asta con la serpiente levantada por Moisés en el desierto (Nm.
21:9); y que es tipo de Jesucristo (Jn. 3:14-15).

En Deuteronomio 32:48-49, leemos: "Y habló Jehová a Moisés
aquel mismo día, diciendo: Sube a este monte de Abarim, al monte
Nebo, situado en la tierra de Moab que está frente a Jericó, y mira la
tierra de Canaán, que yo doy por heredad a los hijos de Israel".

En Deuteronomio 32:52, leemos: "Verás, por tanto, delante de ti la tierra; mas no entrarás allá, a la tierra que doy a los hijos de Israel".

Todavía en días claros, antes de que comience la evaporación del Mar Muerto, desde la plataforma del monte Nebo (nombre dado a uno de los dioses paganos de los moabitas), donde hay unas flechas indicativas que señalan Jericó, Bethel, Gilgal, Beersheva y Jerusalén, uno puede ver mucho de lo que vio Moisés.

El milagro está en que le "...mostró Jehová toda la tierra de Galaad hasta Dan" (34:1). Si tú miras el mapa de tu Biblia, verás que Dan y Galaad están al Noroeste y Noreste; ni con un telescopio se podría ver, pero Dios hizo un milagro final para Moisés. Otros lugares que vio Moisés fueron: Neftalí, Efraín, Manasés, la tierra de Judá, el mar Mediterráneo, el Neguev, Jericó y Zoar (34:2-4). ¡Le dio visión telescópica! Dios le dio a Moisés una visión sobrenatural. El hombre y la mujer de Dios no podrán ver muchas cosas en el orden natural, sino en el orden sobrenatural.

En la vida, a muchos de nosotros quizás Dios nos permitirá ver muchas cosas que no habremos de disfrutar. Pero como quiera que sea, tenemos que estar agradecidos a Dios por lo que Él nos permita ver y por lo que puedan disfrutar nuestros hijos.

II. La muerte

"Y murió allí Moisés siervo de Jehová, en la tierra de Moab, conforme al dicho de Jehová" (34:5).

Como a todos los mortales, que han nacido y disfrutado la vida, la sentencia de muerte también se cumplió en Moisés. El escritor de Deuteronomio 34:11 que escribió sobre la muerte de Moisés posiblemente haya sido Josué.

Leemos: "Y murió allí Moisés siervo de Jehová...". Aunque Moisés haya sido libertador, legislador, dirigente, profeta... murió como "siervo de Jehová". Nuestra oración debe ser: "Señor Jesucristo, ayúdanos a morir como siervos tuyos". Esa palabra *siervo* implica aquí alguien que fue útil y de provecho, en este caso, a Dios.

Del único personaje en la Biblia que Dios anunció su muerte antes y después fue Moisés. De él Dios dijo: "Mi siervo Moisés ha muerto..." (Jos. 1:2). La muerte de Moisés movió el corazón divino de Dios, así como la muerte de Lázaro hizo llorar a nuestro Señor Jesucristo (Jn. 11:35). Dios siente la muerte de sus siervos; especialmente aquellos y aquellas que lo han honrado, que le han servido con todo el corazón, que han sido instrumentos para que Dios revelara su voluntad a otros.

Hoy se destacan demasiado los títulos: Apóstol **X**, Profeta **W**, Pastor **M**, Evangelista **T**, Maestro **Q**, Dr. **Z**, Obispo **P** y Superintendente **S**. Pero no se destaca el titulo Siervo **C** y Sierva **D**. El título más alto que hay en el reino es el de "Siervo" (gr. *doulos* = esclavo, siervo, trabajador). Pero ¡*siervo* es el título menos deseado! Suena muy pequeño e insignificante para el orgullo humano. Este título parece que rebaja a muchos y los baja del pedestal del reconocimiento. ¡Emprendamos una campaña para ser reconocidos como siervos!

La noticia de la muerte de Moisés, aunque esperada por la revelación divina, no dejó de tener fuertes efectos sentimentales y emocionales. Durante cuarenta años, aquel pueblo no había tenido a otro líder ni a otro comandante en jefe, sobre todo a un líder espiritual que vivió en intimidad y comunión con Dios. Un hombre que dialogaba con Dios.

Allí en Moab, frente a Bet-peor, Dios enterró a Moisés y nunca se supo del lugar de su sepultura (34:6). La razón de este enterramiento desconocido radica en el hecho que menciona la epístola de Judas, versículo 9: "Pero cuando el arcángel Miguel contendía con el diablo, disputando con él por el cuerpo de Moisés, no se atrevió a proferir juicio de maldición contra él, sino que dijo: El Señor te reprenda".

El hecho de que apareciera Moisés con Elías, junto a Jesús en el Monte de la Transfiguración, estando los tres con cuerpos glorificados, es una prueba firme circunstancial de que Moisés fue resucitado. Por eso estuvo con Jesús (Mt. 17:1-3). Apocalipsis 11 nos habla de dos misioneros que del cielo vendrán a la tierra previo a la gran tribulación apocalíptica. Leemos: "...y tienen poder sobre las aguas para convertirlas en sangre, y para herir la tierra con toda plaga, cuantas veces quieran" (11:6). Esto nos recuerda a Moisés, quién creemos será uno de los dos testigos apocalípticos. El otro será Elías.

Leemos: "Era Moisés de edad de ciento veinte años cuando murió; sus ojos nunca se oscurecieron, ni perdió su vigor" (34:7). Moisés murió con visión y lleno de vigor. Tenía ciento veinte años de edad, pero estaba en buena condición física. Este pasaje se añade para demostrar que Moisés no murió enfermo, no murió de vejez, no murió accidentalmente, sino que murió por voluntad de Dios. Nunca experimentó glaucoma, diabetes, alzheimer ni problemas del corazón, sino que la providencia de Dios lo cuidó y guardó hasta que completó su ministerio aquí en la tierra. Con Moisés terminó la gran longevidad humana, que había comenzado con Adán, que vivió novecientos treinta años.

Leemos: "Y lloraron los hijos de Israel a Moisés en los campos de Moab treinta días; y así se cumplieron los días del lloro y del luto de Moisés" (34:8). A Moisés se le dio un luto nacional de un mes. El pueblo entero lo lloró. Un día muchos serán llorados y recordados por personas ayudadas, agradecidas, bendecidas, dirigidas, enseñadas, aconsejadas, asesoradas y marcadas por el amor y la atención humana.

Todo lo que hagamos en esta tierra por otros no será archivado en la gaveta del olvido. Alguien un día contará la historia de que tú y yo pasamos por esta tierra e hicimos una gran diferencia. Como dice el himno: "Trabajemos por el Maestro, desde el alba hasta el vislumbrar".

Matthew Henry dijo estas palabras: "Los siervos de Dios mueren por tres razones: para descansar de sus labores, para recibir su recompensa y para dejar su lugar a otros" (*Comentario Bíblico de Matthew Henry*, Editorial CLIE, 1999, p. 208).

Aquel duelo de lloro y luto por Moisés duró exactamente treinta días. Por más que amemos a nuestros seres queridos, por más falta que nos puedan hacer, por más que hayamos dependido de ellos, la vida debe continuar. El tren de la vida no se puede detener. ¡Nacen unos, y mueren otros!

El duelo prolongado es dañino a la salud del alma y produce sinsabores. Así como aceptamos la vida, debemos resignarnos a la muerte. Hasta un mes podemos llorar a alguien, después de eso debemos recordar con alegría y agradecimiento las cosas buenas que hizo y dijo esa persona. Donde esa persona terminó, les tocará a otros continuar. Esa es la montaña rusa de la vida, y debemos descender por ella.

III. El sucesor

"Y Josué hijo de Nun fue lleno del espíritu de sabiduría, porque Moisés había puesto sus manos sobre él; y los hijos de Israel le obedecieron, e hicieron como Jehová mandó a Moisés" (34:9).

Josué Ben Nun fue confirmado con la llenura "del espíritu de sabiduría". Eso era todo lo que él necesitaba: ¡sabiduría! ¡Dones sin sabiduría producen abusos carismáticos, extremos en la ministración, fanatismo religioso! ¡Carácter sin sabiduría produce rechazo! ¡Autoridad sin sabiduría produce abuso de poder! ¡Educación sin sabiduría produce intelectualismo! ¡Dogmas sin sabiduría producen legalismo enfermo! ¡Prediquemos con sabiduría! ¡Enseñemos con sabiduría! ¡Dirijamos con sabiduría! ¡Enfrentemos los problemas y las crisis de la vida con sabiduría! ¡Criemos los hijos con sabiduría! ¡Luchemos por la estabilidad matrimonial con sabiduría!

Salomón le dijo a Dios en oración: "Ahora pues, Jehová Dios mío, tú me has puesto a mí tu siervo por rey en lugar de David mi padre; y yo soy joven, y no sé como entrar ni salir" (1 R. 3:7). Luego añadió: "Da, pues, a tu siervo corazón entendido para juzgar a tu pueblo, y para discernir entre lo bueno y lo malo; porque ¿quién podrá gobernar este tu pueblo tan grande?" (1 R. 3:9). Salomón lo que estaba pidiendo era sabiduría.

Y dice así 1 Reyes 3:10-12: "Y agradó delante del Señor que Salomón pidiese esto. Y le dijo Dios: Porque has demandado esto, y no pediste para ti muchos días, ni pediste para ti riquezas, ni pediste la vida de tus enemigos, sino que demandaste para ti inteligencia para oír juicio, he aquí lo he hecho conforme a tus palabras; he aquí te he dado corazón sabio y entendido, tanto que no ha habido antes de ti otro como tú, ni después de ti se levantará otro como tú".

Continuando con el relato de Deuteronomio, leemos: "…porque Moisés había puesto sus manos sobre él…" (34:9). Con la imposición de manos, Moisés confirmó la investidura del puesto sobre Josué como sucesor. Pero además, espiritualmente le transfirió la unción para dicho puesto, fue una unción de liderazgo.

Leemos: "…y los hijos de Israel le obedecieron, e hicieron como Jehová mandó a Moisés" (34:9). Josué sembró obediencia en Moisés, ahora Josué cosecharía obediencia en el pueblo. La ley de la siembra y la cosecha produce frutos buenos o frutos malos. En la vida de todo creyente, hay dos estaciones: primero, la estación de siembra, y segundo, la estación de cosecha. ¡Siembra buenas semillas y en abundancia, y cosecharás buenos frutos y en abundancia!

El obituario de Moisés decía: "Y nunca más se levantó profeta en Israel como Moisés, a quien haya conocido Jehová cara a cara; nadie como él en todas las señales y prodigios que Jehová le envió a hacer en tierra de Egipto, a Faraón y a todos sus siervos y a toda su tierra, y en el gran poder y en los hechos grandiosos y terribles que Moisés hizo a la vista de todo Israel" (34:10-12).

Moisés fue único: "Y nunca más se levantó profeta en Israel como Moisés…". Josué no sería otro Moisés, tenía que ser él con la ayuda y el favor de aquel que había llamado a su antecesor. Donde terminaba Moisés, Dios comenzaría con Josué. El único que no cambia y permanece es Dios.

De Juan el Bautista dijo Jesús: "...Entre los que nacen de mujer no se ha levantado otro mayor que Juan el Bautista..." (Mt. 11:11). Sin embargo, Juan no se puede comparar con Moisés dentro del contexto leído, aunque dentro del marco de su época sobresalió como profeta. La grandeza de su profetismo radicó en el hecho de que Juan el Bautista preparó el camino al Mesías Jesús. Después de Malaquías, no se había levantando ningún otro profeta con las credenciales que poseyó Juan el Bautista. Su manifestación rompió el silencio profético del periodo intertestamentario de cuatrocientos años.

Moisés fue un ser humano especial: "...a quien haya conocido Jehová cara a cara". Aquí no dice que Moisés conoció a Jehová, sino que Jehová conoció a Moisés. Esto implica que Dios le habló a Moisés "cara a cara". Los dos hablaban de tú a tú.

Moisés fue un ser humano sobrenatural: "nadie como él en todas las señales y prodigios que Jehová le envió a hacer en tierra de Egipto...". Fue a Egipto equipado con los dones para actuar sobrenaturalmente en representación de Dios.

Moisés fue un ser humano poderoso: "y en el gran poder y en los hechos grandiosos y terribles que Moisés hizo a la vista de todo Israel". El ministerio de Moisés fue confirmado ante una nación con los hechos y el poder de Dios.

Conclusión

¿Qué dirá nuestro obituario? ¿Qué palabras se podrán leer en nuestro epitafio o lápida? ¿De qué manera seremos recordados por aquellos que nos han conocido? ¿En qué manera pensamos que nuestra vida ha influenciado otras vidas? ¿Qué opina Jesucristo del servicio que, como creyentes, le hemos dado a Él y hemos rendido a nuestro prójimo?

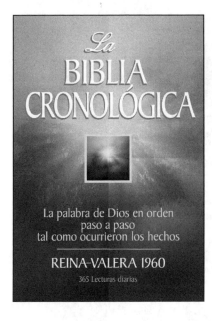

La Biblia cronológica
F. LaGard Smith

UNA BIBLIA COMO NINGUNA OTRA
La Palabra de Dios en orden, tal como ocurrieron los hechos.
Esta presentación única de la Palabra de Dios en orden de acontecimientos nos ayuda a ver y entender con más claridad el plan redentor desde la creación hasta el Apocalipsis. Mediante el orden de sucesos, el creyente apreciará el plan de Dios para su vida como nunca antes. La lectura de la Biblia será más informativa y vibrante. Al ver la perspectiva global y cada parte individual en su contexto adecuado, el lector se sentirá a veces complacido, a veces sorprendido, y siempre edificado.

En *La Biblia cronológica* encontrará:

La versión Reina-Valera 1960
…la versión más utilizada de las Escrituras, una traducción respetada y fácil de entender.

Un arreglo histórico de cada libro de la Biblia
…permite comprender el plan redentor de Dios desde la creación hasta el Apocalipsis en el orden de los acontecimientos.

Comentarios devocionales
…para guiar al lector de pasaje en pasaje y preparar la escena con datos históricos y nuevas percepciones espirituales.

365 secciones de fácil lectura
…para leer toda la Palabra de Dios en un año.

Un enfoque temático de Proverbios y Eclesiastés
…para conocer aspectos concretos de la sabiduría de Dios.

ISBN: 978-0-8254-1635-4 / **Tapa dura**
ISBN: 978-0-8254-1609-5 / **Deluxe**

Otros libros de
PORTAVOZ

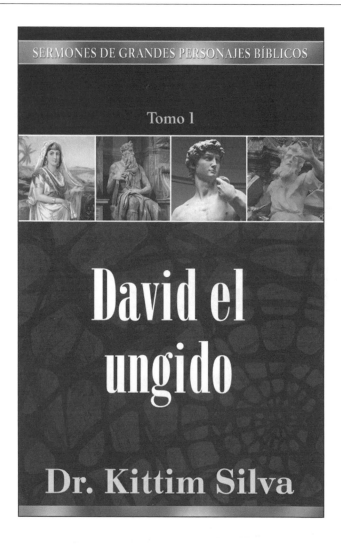

David el ungido es el primer tomo de la serie *Sermones de grandes personajes bíblicos*. Contiene sesenta y cinco sermones con comentarios acerca de David, un pastor de ovejas que llegó a ser un rey y un héroe bíblico.

ISBN: 978-0-8254-1681-1 / rústica

Disponible en su librería cristiana favorita o en www.portavoz.com

Símbolo de Excelencia Cristiana

El Águila

Kittim Silva

Bosquejos de sermones que se basan en el simbolismo del águila. Toma como punto de partida la vida y costumbres de esta poderosa ave. Trata temas como el nido del águila, su territorio, su vuelo y su visión.

ISBN: 978-0-8254-1684-2 / rústica

Disponible en su librería cristiana favorita o en www.portavoz.com

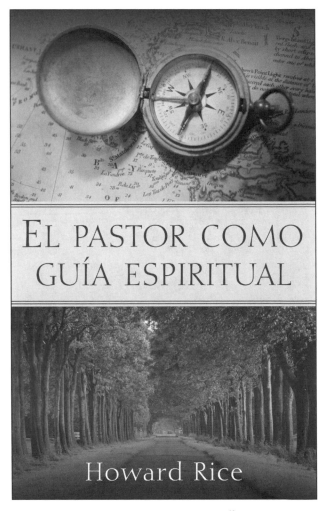

EL PASTOR COMO GUÍA ESPIRITUAL

Howard Rice

En estos momentos más que nunca se necesita llegar a una cierta comprension del ministerio pastoral como vocación y del pastor como guía espiritual. Este libro será de ayuda tanto para los ministros como para los laicos que deseen transformar la iglesia de una institución altamente secularizada, a una comunidad de amor, el Cuerpo de Cristo.

ISBN: 978-0-8254-1607-1 / rústica

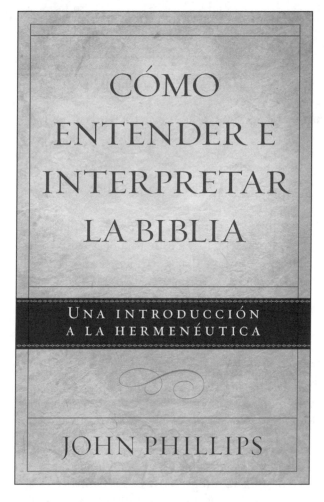

CÓMO ENTENDER E INTERPRETAR LA BIBLIA

UNA INTRODUCCIÓN A LA HERMENÉUTICA

JOHN PHILLIPS

Una orientación acertada y práctica que ayudará a todo creyente a investigar las Escrituras y descubrir su significado y trascendencia. Presenta los principios fundamentales de la interpretación bíblica; enseña cómo entender los símbolos utilizados en pactos, parábolas y profecías bíblicas; y ofrece recursos prácticos tales como una visión general de toda la Biblia, una armonía de los Evangelios y un resumen de la historia y los nombres bíblicos.

ISBN: 978-0-8254-1573-9 / rústica

PORTAVOZ

NUESTRA VISIÓN

Maximizar el efecto de recursos cristianos de calidad que transforman vidas.

NUESTRA MISIÓN

Desarrollar y distribuir productos de calidad —con integridad y excelencia—, desde una perspectiva bíblica y confiable, que animen a las personas a conocer y servir a Jesucristo.

NUESTROS VALORES

Nuestros valores se encuentran fundamentados en la Biblia, fuente de toda verdad para hoy y para siempre. Nosotros ponemos en práctica estas verdades bíblicas como fundamento para las decisiones, normas y productos de nuestra compañía.

Valoramos la excelencia y la calidad
Valoramos la integridad y la confianza
Valoramos el mérito y la dignidad de los individuos
y las relaciones
Valoramos el servicio
Valoramos la administración de los recursos

Para más información acerca de nuestra editorial y los productos que publicamos visite nuestra página en la red: www.portavoz.com